本书是 2010 年度国家社科基金重大项目"中国土地制度变革史"（项目批准号：10ZD&078）的成果

龙登高 主编

The History of Land Institution in Traditional China

国家出版基金项目

中国土地制度史

【卷一】

地权制度与基层秩序

龙登高 陈月圆 丁春燕 著

中国社会科学出版社

图书在版编目(CIP)数据

中国土地制度史：全五卷/龙登高主编．—北京：中国社会科学出版社，2022.2（2023.4重印）

ISBN 978-7-5203-9484-0

Ⅰ.①中… Ⅱ.①龙… Ⅲ.①土地制度—经济史—研究—中国 Ⅳ.①F329

中国版本图书馆 CIP 数据核字（2021）第 273780 号

出 版 人	赵剑英
责任编辑	宋燕鹏
责任校对	李 硕
责任印制	李寡寡

出　　版	中国社会科学出版社
社　　址	北京鼓楼西大街甲 158 号
邮　　编	100720
网　　址	http://www.csspw.cn
发 行 部	010-84083685
门 市 部	010-84029450
经　　销	新华书店及其他书店

印刷装订	北京君升印刷有限公司
版　　次	2022 年 2 月第 1 版
印　　次	2023 年 4 月第 2 次印刷

开　　本	710×1000　1/16
印　　张	80.5
插　　页	2
字　　数	1197 千字
定　　价	598.00 元(全五卷)

凡购买中国社会科学出版社图书，如有质量问题请与本社营销中心联系调换
电话：010-84083683
版权所有　侵权必究

目　　录

上篇　传统中国的地权制度

第一章　中国传统地权制度概论 …………………………（3）
　　第一节　土地产权形态的理论建构 ……………………（3）
　　第二节　地权交易体系的系统论述 ……………………（5）
　　第三节　地权市场、家庭农庄与传统经济的特征 ……（9）
　　第四节　近代以来地权制度的变化与认识误区 ………（13）

第二章　地权交易形式辨析：以典为中心 ………………（18）
　　第一节　典与活卖 ………………………………………（20）
　　第二节　典与押租 ………………………………………（27）
　　第三节　典与抵押 ………………………………………（33）
　　第四节　结语 ……………………………………………（39）

第三章　清代田宅交易中的官中与基层治理 ……………（41）
　　第一节　官中与普通中人的职能比较 …………………（43）
　　第二节　官中的约束与激励机制 ………………………（50）
　　第三节　官中与基层公共管理 …………………………（53）
　　第四节　结语 ……………………………………………（56）

1

目 录

中篇　产权制度与民间主体

第四章　传统民间组织治理结构与法人产权制度 ……………（61）
　第一节　中国本土渊源的理事会治理模式 …………………（63）
　第二节　作为制度的法人产权及其主体的运营管理 ………（70）
　第三节　民间的制度创造力及其影响 ………………………（76）
　第四节　法人产权与多样化的民间组织 ……………………（82）
　第五节　结论 …………………………………………………（87）

第五章　清代书院的财产属性及其市场化经营 ……………（90）
　第一节　书院财产的法人产权性质 …………………………（91）
　第二节　书院理事会与监院的资产管理 ……………………（96）
　第三节　书院财产的市场化经营 ……………………………（100）
　第四节　资产经营与书院职能拓展 …………………………（109）
　第五节　结语 …………………………………………………（111）

第六章　武训理财兴学的制度基础 …………………………（113）
　第一节　初将土地变现为资金，继以资本放贷生息 ………（115）
　第二节　法人产权：土地的未来收益支撑义学持续
　　　　　运营 …………………………………………………（120）
　第三节　募捐筹资 ……………………………………………（124）
　第四节　武训理财与经营之道是如何得来的 ………………（126）

下篇　产权与基层秩序

第七章　公共利益冲突中的产权交易与基层治理 …………（133）
　第一节　民间组织视角下的狮山封禁 ………………………（135）
　第二节　产权交易与矿禁冲突 ………………………………（139）
　第三节　民间组织与地方公共事务 …………………………（142）

第四节　官、吏冲突与民间组织的参与 …………………（147）
　　第五节　结语 ……………………………………………（150）

第八章　论传统中国的基层自治与国家能力 ……………（152）
　　第一节　基层自治与政府间接控制 ……………………（153）
　　第二节　基层自治的制度基石 …………………………（159）
　　第三节　基层自治支持国家能力 ………………………（162）
　　第四节　政府直接控制的替代 …………………………（166）

第九章　比较视野下的传统经济变迁 ……………………（168）
　　第一节　传统经济的生命力 ……………………………（171）
　　第二节　近代落后归咎于中国传统 ……………………（175）
　　第三节　近代中国经济落后的直接原因 ………………（178）
　　第四节　结语 ……………………………………………（182）

附录　中国史观的 20 世纪偏误及其探源 ………………（183）
　　第一节　20 世纪的中国学界的主流思潮 ………………（183）
　　第二节　比较视野下挖掘和提炼历史遗产 ……………（186）
　　第三节　走出误区的清代经济史研究创新 ……………（193）

参考文献 ……………………………………………………（197）

民间契约留影 ………………………………………………（217）

上 篇

传统中国的地权制度

第一章　中国传统地权制度概论*

作为农业社会最主要的生产资料，土地及其相关制度是资源配置与经济运行的核心，是认识中国传统经济社会及其近代变迁的基础与根本性问题，还是当前农地制度改革的关键，并且在世界经济史上具有独特的理论价值。以往，这一根本问题的认识与评价，众说纷纭，差之毫厘，失之千里。近一二十年来，这一领域研究成果丰硕，取得突破性进展。①

笔者通过对原始文献特别是准确性很高的土地交易契约、刑科题本等资料的大样本考究，还原中国传统土地产权及其交易制度，尤其是对近千年中国土地制度遗产及其演变进行深入挖掘。在此基础上以经济学原理和工具对地权制度与资源配置和经济运行展开全方位的分析与解释，力求以地权为轴心对传统经济历史演进及其对近现代中国经济变革的影响形成系统性的认识和解释框架。

第一节　土地产权形态的理论建构

土地私有产权、法人产权、国有产权并存于传统中国，其中土地私有产权形态较为成熟，基于传统中国土地产权的概念界定与系统性

---

* 本章原题为《中国传统地权制度论纲》，发表于《中国农史》2020年第4期，《新华文摘》2020年第17期全文转载。

① 文献综述无从备列，详见龙登高《中国传统地权制度及其变迁》，中国社会科学出版社2018年版，第1—13页。其他学者的成果恕不一一引用和评述。同时，笔者的观点也在不断研究的过程逐渐完善，请以本章为准。

的理论构建具有中国渊源的创新性。

第一，土地权利可以分层次、分时段地独立存在并进入市场进行交易，由此形成所有权、占有权、使用权等产权形态及其相应的交易形式，构成地权交易体系。

第二，凡此不同层面的产权形态的实现形式，都可以通过投资与交易获取，形成了社会普遍认可的规则，并得到政府和法律的规范而具备法律效力。

第三，通过契约来表达的产权凭证与交易凭证，在民间源远流长，并得到历代政府或法律的认可与规范。

第四，在土地私有产权基础上，又衍生和发展了法人产权。

历史上中国缺乏产权意识与契约精神，这种感性认识的影响延续至今。其实，朴素的产权意识与制度植根于传统乡土，深入人心。无论私有土地还是法人土地都以契约为产权凭证与交易凭证，不同层次的土地权利都可以通过投资工本获得（除继承等途径之外）；非土地所有者也可以通过投资控制土地收益增值进而获得相应的土地权利支配权，可与所有者分享地权，其典型形态就是田面权，它作为财产权与田底权并存，与普通佃权有质的区别。典权亦与田面权类似，都成为富有特色的土地产权形态。

法人产权是私有产权的衍生拓展形态，反映了私有产权制度的发育程度。诸如家族、宗教寺庙、书院私塾、公益机构、慈善组织和各类工商、金融、文体及娱乐业的"会""社"等，通常都拥有自身的土地与财产，自成一个产权单位、交易单位与纳税单位，具有整体性、不可分割性和排他性等特征。[1] 在中国传统文献中通常称为"公产"，与政府所有的"官产"、私人所有的"私产"相对应。

国有土地历代都存在，通常是不能交易的。只有当国有土地私有化时，才可以进行交易，但此时其性质也转变成了私有或法人产权，

---

[1] 龙登高、王正华、伊巍：《传统民间组织治理结构与法人产权制度——基于清代公共建设与管理的研究》，《经济研究》2018年第10期。

这种情况在每个朝代都不鲜见。但总的趋势来看，国有土地的比重是逐渐减少的。

第二节　地权交易体系的系统论述

一　典权及其交易

作为"最具中国传统特色"的土地产权与交易形态，典权的研究受到高度重视，同时争论纷纭，有的认为是使用权，有的认为是所有权。在深入挖掘原始典契的基础上，笔者以经济学分析，发现典是约定期限内土地经营权及其全部收益与利息之间的交易，而不是表面上的"租息相抵"。典是一种占有权形态的财产权，能够形成担保物权的功能。也就是说，典是土地占有权与资本利息之间的交易，既不同于所有权转让的买卖，也不同于作为使用权交易的租佃，由此澄清了以往的认识误区。出典方实际上是将未来土地权益变现获得贷款；承典方获得约定期内的占有权，可以根据自身的偏好与需求，选择典田的经营收益（自耕）、投资收益（出租），或变现未来收益（转典）。承典人可以出租，包括租佃给出典人，反映了田主、典主、佃农三者依托市场交易构筑的共享地权格局，突出地揭示了传统地权市场的特征与取向。[①]

二　多种地权交易形式及其辨析

不同层次的土地权利都可以进入市场，不同时段的土地权利也都可以进行交易，于是形成买卖、典、押租、租佃及抵押、胎借等多样化的地权交易形式，至明清时期形成了地权交易体系。依使用权、占有权、所有权之序，土地权利越大，收益越高，交易价格就越高。

多层次的土地产权、多样化的地权交易形式，具体而言相对复

[①] 龙登高、林展、彭波：《典与清代地权交易体系》，《中国社会科学》2013年第5期。该文获第18届孙冶方经济科学奖（2018）。

杂，以往颇多歧义、纷争与认识误区，最主要的原因是缺乏理论解释框架。笔者关于土地权利的不同层次与跨期调剂的分析框架，明辨各种地权交易形式的功能，特别是彼此差异与相互关联。

典脱胎于卖，唐宋时期"典卖"连用，交易规则、纳税手续尚未彻底分清，典主要通过"合契同约"契约形制与产权交割时的"田骨"存根来与"卖"相区分。清代二者进一步明显分离，同时所有权的"卖"又分解出"活卖"与绝卖。活卖的性质是所有权交易，活卖能够回赎，但只是一种优先权，典的回赎则是交易结束的环节。

租佃是使用权的交易。一般租佃是后付租金，押租则是部分预付租金。佃与典之间存在土地权利的递进关系，押租最大化时接近于典，如图1-1所示，唯不能形成担保物权。如果把押租视为对土地使用权的投资与购买，那么，权能进一步拓展的田面权，所获得的权利与典相似，也是一种财产属性的土地占有权。

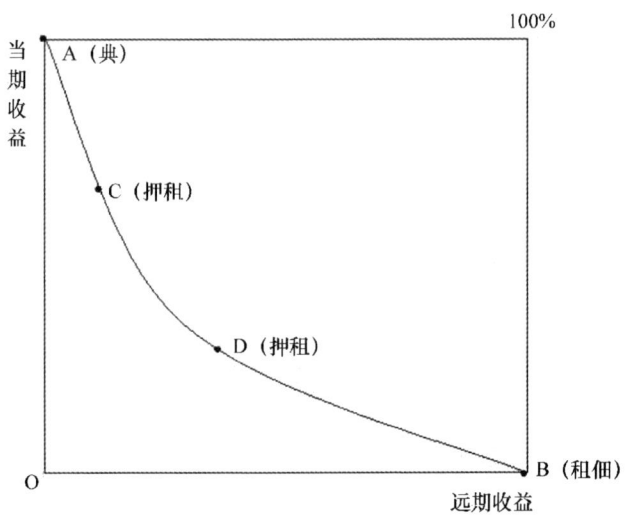

图1-1 一般租佃、押租、典之间的关联

典与抵押都能形成担保物权，但土地抵押通常是短期性贷款，地权转移风险高，典权交易则有效地缓冲了地权的最终转移，因而受到民众青睐与政府肯定，这也是典在地权市场长期普遍存在的原因之一。

以上辨析揭示了不同地权交易形式之间的相互关联与逻辑体系。[1] 地权交易体系满足了要素市场行为主体的多样化偏好与需求，降低了地权交易特别是所有权转让的系统性风险。[2] 在此基础上发育的地权市场，有利于个体农户独立经营能力的增强，并促进传统经济社会的稳定与发展。

三 地权制度的演化过程

战国秦汉以来地权交易形式日渐增多，土地产权形态日渐丰富，唐宋典权，宋元永佃制，明清出现田面权、押租、活卖。其中典权从宋代到清代的演进与差异突出反映了地权交易规则从自生自发产生，到逐渐完善和规范的过程，社会认知与政府管理方式亦随之变化。

宋代处于典权发育初期，其表现相对简单，也因此易于把握典之本原；清代典权的发展衍生出复杂多样的形态与表现，其派生的权利逐渐显性化，不再像宋代那样被禁止，但也可能因此而掩盖或曲解典之本原。

第一，典之本原。宋代"典需离业"，田地控制权与全部经营收益在约定期内转让，这是典权的本原与核心，但在清代典权表现形式的多样化与复杂化可能反而茫然迷失典之本原。

第二，典之派生权利与多样化表现，突出地表现在典田使用权的处置上，宋代与清代各有不同的认识误区都与之相关。

第三，宋、清两朝关于典权交易的政策和规定的不同，也是与上

---

[1] 详见龙登高、温方方《传统地权交易形式辨析——以典为中心》，《浙江学刊》2018年第4期。

[2] 当今有学者质疑典权交易的效率或合理性是不成立的，其实是一种误读（详见龙登高、温方方《论中国传统典权交易的回赎机制——基于清华馆藏山西契约的研究》，《经济科学》2014年第5期）。传统时期则恰好相反，典被视为"正典"，抵押则受到道德抨击。其实每一种交易方式都有其偏好，不能孤立地看待，而应该将其置于交易体系中，就会理解各有偏好的交易方式同时存在，能够降低系统性风险。

述规则相配合的。宋代典田交易需要过割田赋,缴纳交易税,典契形制也相应采取合同式以便回赎时"合契同约"。清代管理则简约化,长期免除典税,不必办理田赋过割手续。合同式典田契约也多改为单契形制,适应了清代典田后续交易或相关交易形式的增加,原契原约上就可以转典、添典、加典及加找等。

凡此现象与差异,不是孤立的存在,而是相互关联与配合,可以彼此印证的,具有内在的逻辑,形成了解释框架,典权演进的阶段性差异与特征反映了地权交易规则的演化过程,从而更全面地理解传统中国的土地产权与交易形态。①

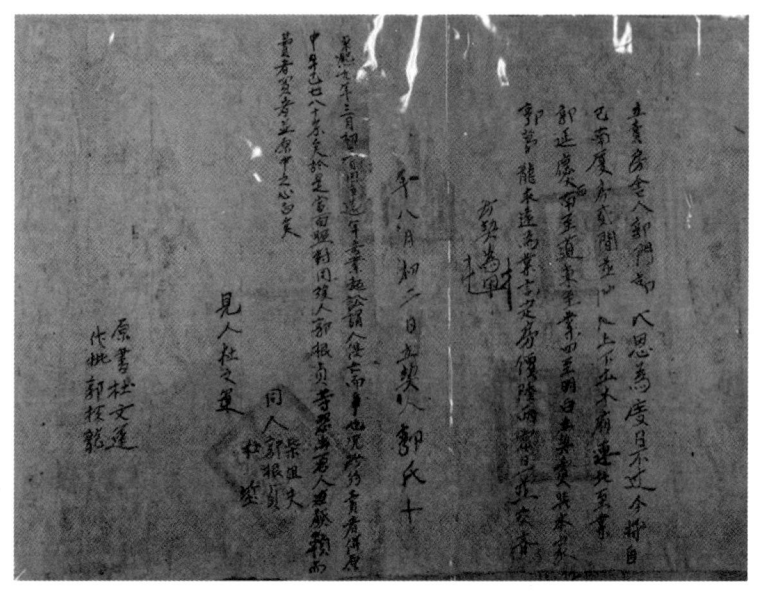

图1-2　"立卖房契"

(清华大学图书馆藏,未编号,粘连契约为康熙九年所立)

---

① 龙登高、温方方、邱永志:《典田的性质与权益——基于清代与宋代的比较研究》,《历史研究》2016年第5期。

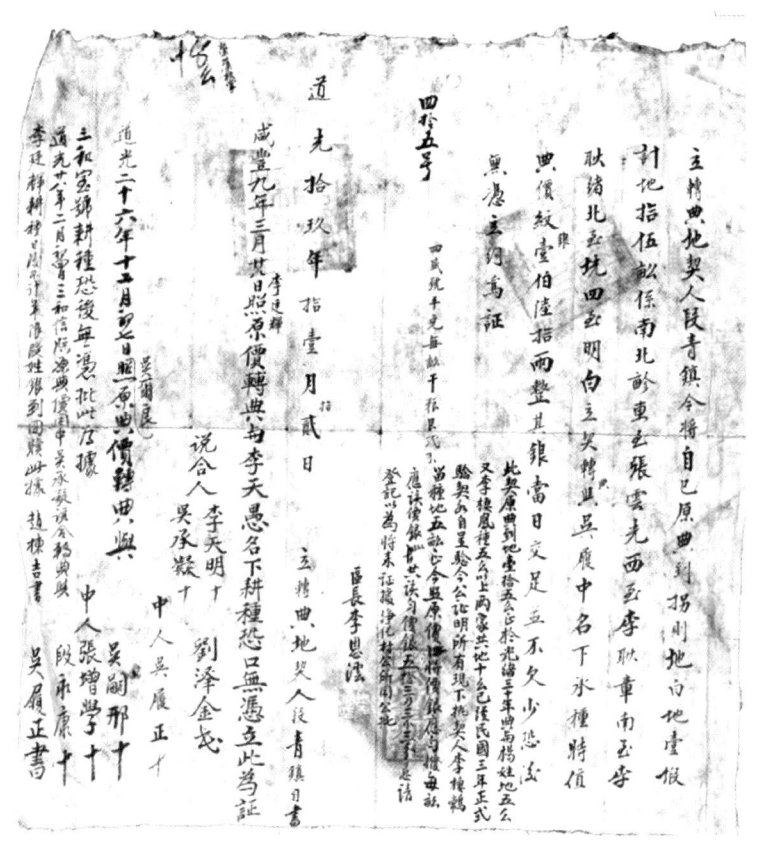

图1-3 道光十九年（1839）立转典地契

(清华大学图书馆藏，未编号)

第三节 地权市场、家庭农庄与传统经济的特征

一 地权市场与个体家庭农庄之间的关联与影响

地权市场与个体家庭农庄相互关联，构成中国传统经济两个最根本性的特征与独特发展路径。二者相互促进，彼此强化，提高了经济效率与土地产出，带动了传统经济的稳定发展，也抑制了其向近现代经济形态的转型与变革。这解释了中西经济形态演进的差异，也解释了中国传统经济未能源发性走向工业革命的基本原因。

上篇 传统中国的地权制度

自耕农、半自耕农、佃农，以其土地所有权、占有权、使用权建立个体家庭农庄，借助市场的要素与资源组合，完成生产与再生产。多层次的地权交易体系，使农户能够根据市场价格与风险偏好进行多样化选择，以满足自身需求，并有助于实现当期收益与远期收益之间的跨期调剂，从而促进土地流转与生产要素结合，提高经济增长率。①典、活卖、押租的回赎机制，有效维护了农户保障与恢复地权的意愿，压缩了绝卖和带有高利贷性质的抵押所容易导致的地权转移空间，在一定程度上抑制了土地集中，保障了农户经营的稳定性。

地权市场具有低门槛、可分割性、可复制性，借助其支持可使个体家庭农庄在遭遇天灾人祸后东山再起，新增人口从原有家庭或村庄中分溢出来，可以建立自己的独立农庄；唯其如此，家庭实行诸子均分制而不是长子继承制，家庭、土地与个体农庄不断分割和再生；个体家庭农庄的自我再生性和活力同时也抑制了规模经营与资本主义经营的成长，新的异质因素不能破茧而出，而原有的本质却被不断强化。

西欧前近代的变革主要来自庄园体制外的新生力量。由于个体农户独立经营的能力弱，农民对庄园的依赖性强。同时，庄园具有整体性和不可分割性，这与其产权属性相关，也与庄园农牧结合的经营方式相关。因此，庄园的新增人口分溢出去，或长子继承制下的其他后代，就可能在庄园之外建立自己的农业庄园，独立存在和发展，推动新质素的成长，进而发生质变。

二 重建佃农理论，反思"自耕农最优论"

租佃与地权交易使得禀赋不同的要素所有者得以进行有效的合作，提高了生产要素的流动性和使用效率，带来不同阶层的变化和经营的变迁，从中也反映了当时社会的流动性。

关于佃农，以往通常认为佃农为地主劳动，其性质类似于雇农，

---

① 龙登高：《地权交易与生产要素组合：1650—1950》，《经济研究》2009年第2期。龙登高：《地权市场与资源配置》，福建人民出版社2012年版。

所获报酬也与雇农工资相当,这一成说使经济解释与历史认识陷入误区。实际上,明清佃农已经具有较大的独立经营性质,通过人格化与市场化的渠道将家庭的、地主的、市场的不同生产要素组合起来创造财富,形成多样化的农庄形态。佃农支配剩余索取权,在不确定性中获取企业家才能报酬与风险收益,其对土地与农庄投入的未来收益可以通过交易变现。凡此种种,雇农都与之无缘。正如当今的创业者,并不是自己拥有资本、土地、劳力或技术,而是通过市场整合这些生产要素与资源建立企业去创造财富。地权交易与租佃制度之下生产要素流转、选择与配置所推动的经济效率和土地产出,是佃农经营与小农经济活力的重要源泉。①

自耕农制度公平而具有效率,租佃制度下佃农受到地主的剥削且效率较低,这一传统主流成说受到史实与理论的质疑。在自由市场的情况下,地权结构取决于交易费用以及制度总盈余的高低。利用最优所有权结构理论分析自耕农、租佃和雇工的制度总盈余,认为土地最优经营规模、技术水平、土地禀赋、市场状况等都会影响地权结构的选择,自耕农并不一定是最优的。统计方法检验农产品市场化程度、运输成本以及土地经营规模和地权分散程度对租佃率的影响,将近世自耕农与佃农的生产规模、利润等指标进行统计和比较后发现,租佃经济在很多方面表现出优势,其原因在于租佃制使土地的资产功能和生产要素功能分离,使土地经营面积不受土地产权面积的制约,并且也实现了对耕者的择优。②

二 法人产权、民间组织与基层秩序

如果说土地私有产权是农民独立经营的基石,那么法人产权则是民间组织独立发展的基础,二者共同构成传统社会私人领域与公共领域的有机体系。

---

① 龙登高、彭波:《近世佃农的经营性质与收益比较》,《经济研究》2010 年第 1 期。
② 赵亮、龙登高:《土地租佃与经济效率》,《中国经济问题》2012 年第 2 期。

上篇　传统中国的地权制度

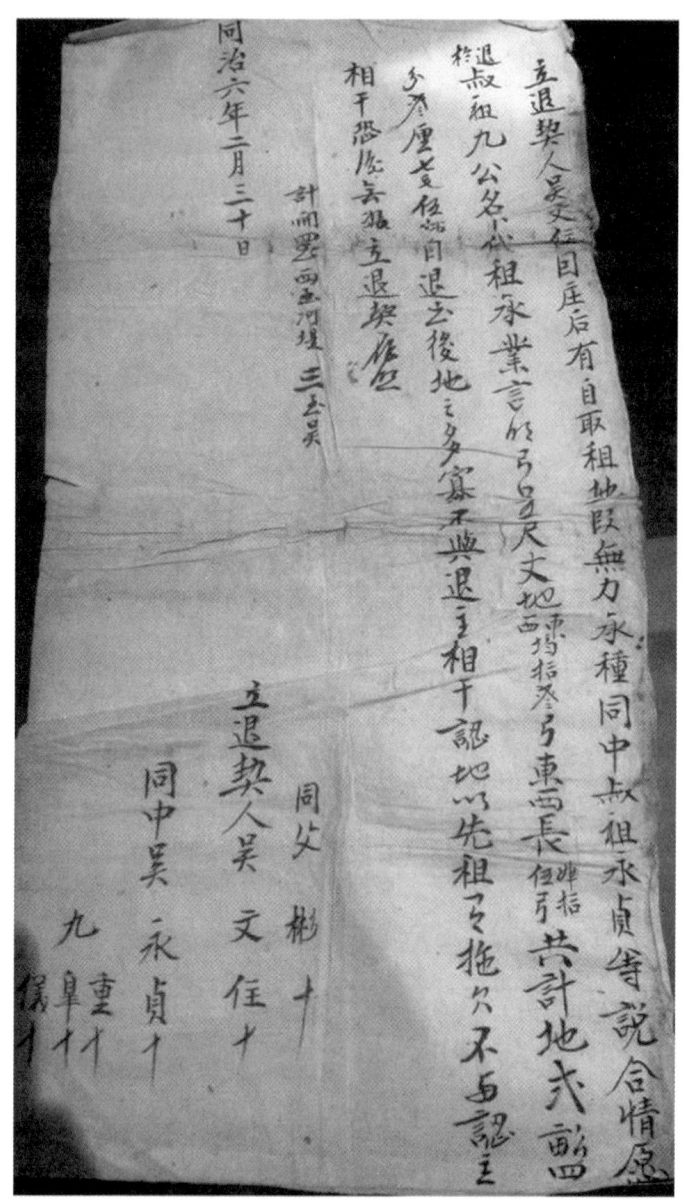

图1-4　同治六年（1867）立退契
(清华大学中国经济史研究中心李光明特藏，未编号)

12

以各类民间组织为代表的非政府性、非营利性微观主体普遍存在于基层社会与公共领域。它们拥有独立的财产，特别是具有未来增值收益的田产与基金（会金），以供长期运营。这种独立的财产属于法人产权，具有排他性、整体性和不可分割性，并得到政府和法律的保障。法人产权不仅存在于桥会、义渡，也广泛存在于水利会（闸会）、工商业会馆、行会，及秘密会社，更普遍存在于家族、寺庙、书院及慈善救济机构中，成为凡此民间组织独立和可持续发展的基石，可以不依赖于强权而长期存在与发展。

以各类民间组织为代表的法人产权的微观主体，形成了有效的组织体系与治理结构，运行公开透明，向社会与利益相关各方负责，有明确的章程与制度保障，能够走上可持续发展之路。有效的激励机制与约束机制，不仅与民间组织经济利益直接相关，而且与当时的宗教、伦理与道德相配合，理事甘心付出，倾情投入，雇员努力工作，同时严格的条例与民众的监督，约束他们无法也不能中饱私囊或消极怠工，有效地克服了寻租与腐败现象。

简言之，独立的法人产权，明确的章程与规则，有效的治理结构，公开透明的运作，社会与经济利益的激励，民众的监督与约束，凡此构成传统中国民间组织的制度安排。政府通过民间微观主体对基层社会实现间接管理，这些微观主体成为公共领域的主导力量，为基层提供公共产品、公共服务与公共服务。[①] 基层私人领域与公共领域具有独立性与自主性的微观主体大量存在，使政府权力部门得以低成本地实现和维持大一统。

第四节　近代以来地权制度的变化与认识误区

近代地权制度与秩序受到强权与暴力的破坏，造成晚清民国社会经济的动荡与衰落，但人们归咎于产权制度本身，特别是感性地推断

---

① 陈月圆、龙登高：《清代书院的财产属性及其市场化经营》，《浙江学刊》2020年第3期。亦可见龙登高、王正华、伊巍《传统民间组织治理结构与法人产权制度——基于清代公共建设与管理的研究》，《经济研究》2018年第10期。

上篇　传统中国的地权制度

地权自由交易导致土地兼并与集中，近二十年来经济史学界的前沿成果实际上论证了这种传统观点是明显夸大了事实。

一　土地占有状况的检验与分析

地主富农占有多少土地，是近代地权分配的重要指标，也是对土地产权制度与近代经济的一个基本判断，然而一直缺乏令人信服的基础数据。土地改革进行了全国范围的翔实普查，虽然并未公布全国准确数据，但为统计工作奠定了基础。笔者以土地改革普查数据为主要依据，考证了土地改革前夕农村前10%的富有阶层占有土地的比例，南方各省的准确数据为30%左右（±5%），而北方低于这一水平。如果考虑田面权、永佃权及公田等土地权利的占有状况，更低于这一数据所呈现的水平。[①] 也就是说，农村富有阶层占有30%左右的土地所有权，但其土地权利与收益则是与其他阶层所共享的。

土地集中现象与趋势被夸大，还有一个重要的原因在于人们认为这是自由交易所必然导致的结果，缺乏令人信服的学理分析，使人们忽视了抑制和对冲地权集中的负反馈机制。

地权集中的对冲因素，或地权分散的因素与机制，除了为人熟知的诸子均分制之外，还有其深刻的原因。其一，交易形式越多样化，越有可能降低系统性风险，如回赎机制保障弱势群体权益，延缓地权的转移交割，为农户度过时艰、恢复和重建农庄独立经营提供了可能。其二，土地占有状况，不能仅看所有权，还要看占有权，广大中下层农民拥有田面权、典权，也是一种财产权。其三，族田、寺庙田、学田、各种会田、社田等法人产权土地，在一定程度上降低了私人土地占有的不平均，如广东、福建的公田比重可达30%左右。这些制度安排使农户个体经营获得持久的竞争力与生命力，一定程度上抑制了土地集中与兼并。

---

① 龙登高、何国卿:《土改前夕地权分配的检验与解释》,《东南学术》2018年第4期。

二 平均地权：历史与现实的省思

"平均地权"政治口号自孙中山提出以来，就成为中国的主流思潮，并在20世纪中后期在全国范围内付诸实践。1949—1952年土地改革运动是一次土地所有权平均的强制性变迁，历1950年代后期以来的集体化运动，再到1981年家庭联产承包责任制，则是土地使用权的平均分配。

无论是所有权的平均，还是使用权的平均，在女性出嫁、家庭人口成员结构变动、人口流动、耕作能力等变量的影响下，初始的平均状态很快被打破；加之其他变量的影响，很难维持土地与劳动力的动态结合。21世纪转向鼓励土地流转，意味着农地由政府配置转向强化市场配置的作用。①

从学术的角度，平均初始状态之后地权状况如何变化，这是极其难得的经济"实验"与研究素材，具有不可替代的价值。尽管关于平均地权与每一次土地制度变革的成果很多，但贯通性的系统考察却有限。从现实来说，每次变革都对中国社会经济与政治产生了深刻的影响，不仅对当前的土地制度改革提供借鉴与启示以把握改革的取向与基本思路，而且从变迁中总结中国特色的历史内涵，总体性把握中国社会、经济等各层面的变迁和特征。

事实上，自耕农最优论、租佃制不公平与低效率论、平均地权等20世纪的主流思潮，其片面性都是缺乏市场思维所致，都是建立在土地等生产要素不流动前提下的静态思维，在近代中国经济落后的强烈刺激下成为主流思潮。

三 传统经济向近代经济转型的困境与认知

拥有土地产权并通过交易去创造财富，可以说是一种朴素天性，这在传统中国民间得到了释放，但到了近代，却迷失于落后挨打的混乱之中。人们感性地将贫穷落后归咎于——土地私有产权导

---

① 龙登高：《从平均地权到鼓励流转》，《河北学刊》2018年第3期。

上篇　传统中国的地权制度

致地权集中，造成农民破产流亡与贫困，要素市场与商品市场导致经济失序。只有通过政府控制资源与配置资源才能走出混乱，实现富国强兵，凡此成为20世纪的主流思潮。然而细绎之，近代中国经济凋敝，主要的经济外原因是长期战乱，而经济内的根本原因则在于传统经济向近现代经济转型（或农业经济的工业化转型）的失败。

许多学者提出这样的假设：如果中国能像英国一样源发性地产生工业革命，应该就能避免落后挨打。与此相似，不少学者也探讨了法国、西班牙、印度、伊斯兰世界为什么没有产生工业革命的问题。事实上，英国之外的其他地区，都是通过学习和模仿"英国模式"而实现工业化的。没有出现自发性的工业革命，并不能由此说明中国传统经济的停滞与缺乏活力，更不能以此全面否定中国传统制度与文化。比较中国与西欧前近代的产权形态与经营方式，发现传统中国的特征——基于土地私有产权与市场交易的个体农户经营，具有低门槛、可分割性、可复制性、易恢复性，造就了农业时代庞大的农业中产阶段，形成了经济与社会的相对稳定。这种稳定性和本质属性的自我强化，另一方面却抑制了变革和异质因素的成长。由此解释了中国传统经济的本质特征及其与西欧经济发展道路的分异。

通过近千年来传统土地产权制度的系统考察，重新审视地权制度与传统经济，反思一些影响颇深的既有成说，形成了新的认识。同时，对这一不可再生也不可替代的制度遗产的全方位挖掘，对土地产权与多样化的交易形式进行深入考察，提炼了原创性的学术发现与理论创新，形成了系统性认识与解释框架。

本章所论，反思了既有成说，但并非有意标新立异，而是将自己的观点建立在自成逻辑体系的解释框架基础之上。对相关问题所做的解释，并不是以某种理论的推导，也不是模型的演绎，而是来源于还原历史事实基础之上的新见。独具特色的传统地权制度遗产，对当前市场化的农地制度改革具有借鉴价值。当前所进行的市场经济建设，是具有特定的传统制度与文化基础的，只不过这些制度遗产，在过去很长的时期内未能得到很好的挖掘，相反长期被忽视甚至被扭曲。[①] 本章将这些宝贵的遗产清楚地展示在世人面前，使我们能够更好地理解具有中国特色的市场经济体制，由此也更显示出其理论价值。

---

① 李伯重：《序》，载龙登高《中国传统地权制度及其变迁》，中国社会科学出版社2018年版。

第二章 地权交易形式辨析：以典为中心[*]

近一二十年来，经济史与法制史学者挖掘和利用民间地权交易契约，深刻揭示了中国传统土地产权的丰厚制度遗产，论述多层次的地权交易体系，特别是富有特色的典权交易研究逐渐得到重视。但对于典与其他地权交易形式的联系与区别，尤其是其内在的逻辑关系以及在各种交易中所实现的土地权利配置，缺乏深入而细致的辨析；一些似是而非的论断，如下文将要逐一商榷的常见观点：典与活卖不加区分；典是一种使用权的交易；典与抵押可相互替代等，引发歧义与认识误区。如果典就是活卖，那么它属于所有权的交易；如果典是一种使用权的交易，那么它与押租有何区别？如果抵押可替代典，那么二者担保物权的功能有无差异？这些疑问也揭示了对各种地权交易形式之间进行比较非常重要，能够带来启示，能够摆脱单一地权交易形式考察的局限与误区；另一方面，不同的土地权利及其交易的功能，也为辨析比较指明了切入点，特别是如果认清最容易被混淆的典权，就能对地权交易形式条分缕析，整体性把握地权交易体系。

土地权利可分为不同层次，也可以跨期调剂，都能够进入市场进行交易，从而形成不同特性的地权交易形式。本章由此出发对各种地权交易形式进行辨析，可望澄清相关歧义，更准确和清晰地认识地权交易体系及其作用。

---

[*] 本章原名为《传统中国地权交易形式辨析——以典权为中心》，载《浙江学刊》2018年第4期，署名龙登高、温方方。收入本书略有改动。

第二章 地权交易形式辨析：以典为中心

从产权经济学的角度，土地产权可分为所有权、占有权、使用权等不同层次的权利。法学特别是大陆法系则以物权将土地权利分为所有权、他物权、用益物权、担保物权。为简明起见，占有权可大体视同为他物权，是根据所有者的意志与利益分离出来的所有权属之外的权利，通常是事实上的土地控制权，约定时限的全部土地权益。典权就是典型的占有权（他物权），能够形成担保物权，是一种约定时限的财产权。相对而言，活卖是具有回赎优先权的所有权转让；租佃、押是一种使用权的交易；抵当、抵押则形成担保物权。①

从此概念出发，这些地权交易形式的区别应该是明晰的。通过逐一的辨析与历史演进的梳理，将对不同层次与时段的土地权利及其交易手段，以及上述概念，形成具体的区分与拓展认识，廓清歧义与认识误区，从而更深刻地把握地权交易制度遗产及其作用。

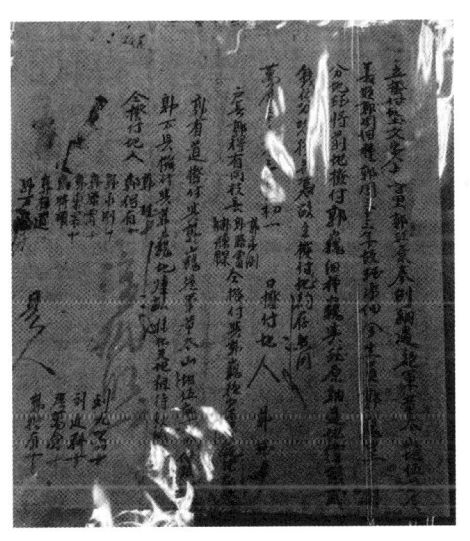

图 2-1 万历三十五年（1607）"立拨付地土文书"
（清华大学图书馆藏，未编号）

---

① 龙登高：《中国传统地权制度及其变迁》第二章，中国社会科学出版社 2018 年版；龙登高、林展、彭波：《典与清代地权交易体系》，《中国社会科学》2013 年第 5 期。

第一节　典与活卖

典与活卖是两种具有鲜明中国传统特色的土地交易形式，典是占有权（他物权）的交易，卖则是所有权的交易，这种根本的性质差别是明晰的，也是没有争议的。但为什么仍有许多人认为典就是活卖呢？主要是因为"典卖"连用在史书记载中司空见惯，而且二者都可以回赎。但细绎之，典与活卖在交易双方的观念中是不能等同的。清代尽管没有宋代合契同约那样特定格式的典契，但契约内容通常明确是典还是活卖，至少其交易与回赎的对象是可区分的，因为两种不同的交易关系到双方迥异的土地权利。从二者差异的辨析中，可以更深入地了解典与活卖的特征和内涵。

一　典脱胎于卖，清代出现"活卖"

宋代的典，刚从卖中分离出来，还带有"卖"的许多痕迹[1]，仍习惯"典卖"连用。办理田地税的交割手续，缴纳交易税，都与田地买卖没有差异，但通过"合同"形制的典契与保留田骨或田根，来便利回赎并与卖相区隔。[2] 至清代，典权日趋独立，不仅在田税与交易税等方面与田地买卖明显区分，而且新出现了活卖的交易形式，这使典的交易规则更为清晰且专门化，彻底切断与卖的胎连，其不能满足的需求则由活卖来实现。这一历史演进的视角，可以澄清"典就是活卖"[3] 的误区。

典出现的首要的也是原初的需求是回赎，田主不希望绝断与土地的关系。除了这一点明晰之外，典与卖还没有完全清楚和彻底分离。元代典卖交易契约的标准格式与宋代基本相同，其区别仅在于，"典云：约限

---

[1] 赵晓耕等学者已论及宋代典与卖在一定情况下开始分离，清代进一步明确了典和卖的区别。见赵晓耕、刘涛《论典》，《法学家》2004年第4期。

[2] 龙登高、温方方、邱永志：《典田的性质与权益——基于清代与宋代的比较研究》，《历史研究》2016年第5期。

[3] ［美］黄宗智：《中国历史上的典权》，《清华法律评论》第一卷第一辑，清华大学出版社2006年版；陈志英：《宋代物权关系研究》，中国社会科学出版社2006年版；吴向红：《典之风俗与典之法律》，法律出版社2008年版。

第二章　地权交易形式辨析：以典为中心

几年，备元钞取赎。如未有钞取赎，依原管佃"①。名称上"典卖"相连习以为常。宋人郑刚中针对白契典卖田宅之弊，建议限期赴官办理手续：

> 典卖田宅者，并依条为合同契，一处赴官投印。如是则白契可以尽革，上不致于亏损官钱，下不致于以典为卖。②

有趣的是，这段话中，既有"典卖"连用，又提醒不要"以典为卖"，可见人们对二者的区别与联系是清楚的。"典卖"相连的说法，要么侧重于典，要么是两种情况都存在时的泛称。郑刚中显然是侧重于典，由于日后回赎，交易可以不经由政府，即以白契进行交易，以规避交易税——在宋代典与卖都要缴纳此税。

由典而卖的手续，宋代田主是将保留在政府登记中的田根出卖给买方，③清代则办理推收过户。在价格方面，典价如果加上贴纳价或找价就等于卖价。④清代有的当契载明，如有欠租，将推收过户，或过户办粮。这意味着由占有权（他物权）的典，过渡为所有权的卖，是一种对违约的惩罚措施。道光十九年（1839），台湾江佐元兄弟水田出典黄登岸。"如有过限未能取赎，佐元兄弟情愿将此原典契内之田仍付典主掌管，以典作卖。"⑤承典人拥有购买土地的优先权，这一后世遵循的规则，⑥早在宋太宗雍熙年间就确定下来了：

---

① 《新编事文类要　启札青钱附清明集》，台北大化书局1980年影印版。
② （宋）郑刚中：《北山集》卷一"论白疏"。
③ 吴亚休出典田地，几年后他的三个儿子"复同共立契将上项田根于嘉定八年并卖与陈税院之父，印契分明，吴朝兴等复立租札佃种亦二十余年矣，契内之兄弟商议卖故父亚休所典之田，领钱尤分晓．父典于其先，子卖于其后"。（《名公书判清明集》卷六"伪批诬赖"，中华书局1987年版）
④ 清代的找价，宋代称为贴纳价。"典主某人就买已典田宅，贴纳到价钱若干；原买或卖与别人，计价钱若干，除还原典钱若干外，合发钱若干。"见（宋）谢深甫《庆元条法事类》卷三〇"财用门一"，清钞本。
⑤ 台湾银行经济研究室：《台湾私法物权编》（中），台湾省文献委员会1999年版，第785—786页。
⑥ 田地典卖时，原来的租户、典户分别享有优先权，各地皆然。湖北、吉林、奉天习俗分别见前南京国民政府司法行政部编《民事习惯调查报告录》，中国政法大学出版社2000年版（以下简称《民事习惯》）第25—27、38、346页。

望今后应有已经正典物业,其业主欲卖者,先须问见(现)典之人承当,即据余上所值钱数,别写绝产卖断文契一道,连粘元典,并业主分文契批印收税付见典人,充为永业,更不须问亲邻。如见(现)典人不要,或虽欲收买,着价未至者,即须画时批退。准。①

承典人优先购买权,明白无误地显示典不是活卖,不是所有权的转移。

田地买卖的交易形式在明清时期继续分化为活卖与绝卖,或者说在典与卖之间出现活卖。活卖与典一样可以回赎,基于这一共同点民间或统称为"活业",因此不少学者认为典就是活卖。从宋代的迹象看有些道理,因为典从卖中分离之初,交易规则还不完善②。二者在宋代的确很相似,因为都要办理交割过户手续,只不过典保留了"田骨"这一所有权凭证。清代的典与卖在交易程序上的区别,已经非常明显了,典不办理税赋与产权的交割过户,只有由典而卖时,才办理投税、过割、执业。③ 也就是说,典不发生所有权交割,而活卖则发生。如江苏"南汇县习惯,活买田亩,买主亦皆以过户承粮为必要",因此活卖契约通常就是卖契乃至绝卖契,只不过注明了回赎,或另附赎约。江苏丹徒县活卖田产,"卖主仍写绝卖文契,另由买田之人出一放赎据约,交与卖主收执,以为赎田之据"④。因为官府只负责办理产权交割,至于日后的回赎优先权,是交易双方的约定,官府不会也无法为之背书,法律亦无从规定。可见活卖只是一种民间的惯例。

---

① 《宋会要辑稿》食货六十一之五十六,上海古籍出版社2014年版,第7586页。
② 宋代还没有活卖之专有名称,但有时"典卖""契卖"表达了这种交易形式。
③ "如原业主不能赎,听典主投税过割执业",清《钦定户部则例》卷一〇,同治十三年刊本。
④ 《民事习惯》,第191、209页。江苏丹徒县的调查员解读为"实系典押",误。民国初年民商事习惯调查报告中,一些活卖的契约,被调查员与编辑者解读为典(《民事习惯》,第177—178页)。江苏等地有"立杜绝卖田文契",但同时另立"立留赎字",载明"五年为满,听凭顺成照原价取赎"(《民事习惯》,第183页),这是活卖的一种契约形式,正如该中的"契买",就是"活卖"的一种说法。但调查员误释为"典当契约"。调查员混典、抵押、活卖,情有可原,因为在清代所形成的民间惯例中,三者都不需要赴官办理手续,而民间也不会在相近概念上作字面上的严格区分;但从其交易属性中,是可以区别的。

更重要的是，典和活卖的交易双方的权利具有本质的不同。田地出典之后所有权人田主还可出卖，即"典不拦卖"。清代山东商河县惯例，"乡间典当田房，没满年限，只要向原典主说明，就算不得朦混"，原地主即可转卖。① 田主也可再行抵押，获得贷款。但活卖之后，原田主与土地权利再无关联，当然不能再行出卖或抵押，也无以出典与出租，唯一保留的权利就是回赎优先权。将典与活卖混同，显然忽视二者交易之后的不同土地权利。

二 回赎是典权交易的一个不可缺少的环节，于活卖只是一种优先权

典与活卖，两种回赎是截然不同的。在时间上活卖是在所有权转移之后发生回赎，在回赎对象上，活卖是回赎产权证。典则是没有发生所有权转移的回赎，那么典回赎什么呢？典回赎的是他物权（占有权），而活卖回赎的是自物权。典之回赎，是当次交易的最后一个环节，回赎意味着该次交易的结束，尽管这次交易可能跨期几年乃至数十年。这是宋代典之合契同约的文本格式的原因，而活卖与绝卖，则不需要日后能偶合的契约文本形式，因为产权证交割已经完成。活卖之回赎只是一种优先权而已，属于另外一次相关性的交易。下文对典与租进行比较时，对此区分将会更为清晰。

典与活卖的回赎权性质不同，涉及交易双方的土地权利也大相径庭，严格说来是不可混同的。宋代浙江临安府的一则土地纠纷案例，正是由回赎权在典与活卖中的认定不同所致：

第一次交易：临安府昌化县寡妇阿章的住房及地基，11年前"典卖"与徐麟。

第二次交易：依"亲邻优先权"，阿章亡夫的从兄弟徐十二9年前从徐麟那里"赎"归己有。

第一次判决：寡妇阿章要求从徐十二那里赎回，因为11年前是

---

① 《乾隆刑科题本租佃关系史料之二：清代土地占有关系与佃农抗租斗争》下册第96条，中华书局1988年版。

"典"而不是卖与徐麟。据此昌化县判决徐十二须接受赎款,房产交回阿章。

第二次判决:徐十二上诉到临安府,出示了他赎房时连带的上手契约,包括阿章出卖房产的卖契,且经官"过割"产权,上有加盖了官印的"赤契"。临安府由此判决阿章是卖而不是典。① 这样,寡妇阿章以典的申诉及其伴随的回赎权不成立,而徐十二依据亲邻优先权获得和行使卖地之后的回赎优先权成立。

宋代还没有活卖之专名,契约中的"典卖"表达了其内涵。这一几经交易与判决的案例可以发现,典与卖都有回赎权,但典的所有权仍为原主,卖的所有权则不然,原业主失去对地权的最终控制权。这有力地证明,典之回赎,其前提是所有权没有转移,卖之赎回则是在所有权转移之后。

表2-1　　　　　　　　　典与活卖的辨析

	典	活卖	绝卖
所有权交割	不发生	转让并办理所有权过割手续	最终转让
占有权转让	占有权在约定期限内转让;"离业典田"	所有权的无条件转让	最终转让
赎回	约定期限赎回占有权;	所有权转让后有回赎优先权	特殊情况
交易税	清代无,宋元有	有	
出售方称呼	业主、出典人	卖方	
承接方称呼	钱主或银主、承典人、典主	买主	
交易余绪	加典、续典	找价	不应找价
交易性质	债权关系;占有权交易	所有权买卖	

三　由典而卖:最大限度地减少所有权转移

典与卖又是密切相关的。典尽为卖,由典可转为卖,或者说卖之

---

① 《名公书判清明集》卷六"已卖而不离业"。

第二章 地权交易形式辨析：以典为中心

前以典的方式进行交易。这也就是典卖相连的原因之一。如果逾期无力回赎，通常自动延续，因为债权人控制着田业。或以找价的方式，增加典价，一而再，再而三，直至转为卖①，变为所有权的转移。从这里可以看到，由于人们对土地所有权的高度重视，非到万不得已不会出卖田地，但可以通过"典"来实现融通需求，所以典又可以视为卖的缓冲，也可能是卖的过渡。

> 贫民下户，寸土皆汗血之所致，一旦典卖与人，其一家长幼痛心疾首，不言可知。日夜夫耕妇蚕，一勺之粟不敢以自饱，一缕之丝不敢以为衣，忍饥受寒，铢积寸累，以为取赎故业之计，其情亦甚可怜矣。②

这里的"取赎故业"，就是回赎典出的田业。通常的情况下，农户都是先典田，无力回赎时不得已再出卖，而此时可能是三十年之后的事情，相当于一两代人之后了。因此法律保护原业主的倾向是明显的，或者说，典交易就是保护原业主的一种制度安排。《大清律例》保护出典人的权益，规定即使典期已过，回赎仍应有效。活卖亦然。只要没有明确载明绝卖，就视为活卖，允许回赎，③ 或找贴之后绝卖。乾隆五十一年（1786），山东督抚上奏：

> 但小民之恒产，为衣食之本原。因济一时之急，遂至永失故业，情殊堪悯。自应推广圣仁，仿照豫省之例，无论契绝卖，一

---

① 张富美：《清代典买田宅律令之演变与台湾不动产交易的找价问题》，载陈秋坤、许雪姬主编《台湾历史上的土地问题》，"中央"研究院1992年版。[日] 岸本美绪：《清代民間の找價問題》，《東方史學》2003年第4期。
② 《名公书判清明集》卷五"典主迁延入务"。
③ 光绪《大清会典事例》卷七五五《刑部·户律田宅》。雍正八年（1730）："如契未载绝卖字样，或注明年限回赎者，并听回赎。若卖主无力回赎，许凭中公估找贴一次，另立绝卖契纸。"

上篇　传统中国的地权制度

概准令回赎。庶无力贫民，不至有岁无田。①

这种做法得到乾隆的肯定。当然这种倾向也导致交易纷争的增多，有时会导致市场无序性。乾隆六十年才明确规定，30年以上，契约未注明者不许找赎。

由典而卖，承典人享有第一优先权，位列亲邻优先权之上。宋朝规定：

> 已经正典物业，其业主欲卖者，先须问见典之人承当，即据余上所值钱数，别写绝产卖断文契一道，连粘元典，并业主分文契批印收税付见典人，充为永业，更不须问亲邻。②

由于不需要产权证（所有权）交割，雍正时，清朝因袭明律"凡民间活契典当田房，一概免其纳税。其一切卖契，无论是否杜绝，俱令纳税"③。实际上这鼓励了非所有权转移的交易方式，也出现以典代卖的舞弊行为。因为多次典的交易，其价格通常是递减的。第一次典，价格高，第二次典的价格会大大降低，第三次更低。如果在再典或三典时转为卖，表面上的交易价格与税额负担就会很低，当然也就比卖的价格与税额相差甚远。官府为了防止这种舞弊行为，规定典必须载明典期，因为通常来说，典期长则价格高。由典而卖，再次显示了典与活卖的性质不同，而典的取向与特征就是最大限度地维护所有权稳定。

---

① 《朱批奏折》，乾隆五十一年七月，"山东布政使为恭录朱砒晓谕官吏富商不得越境置产图利"。感谢彭凯翔教授提供史料。

② 《宋会要辑稿》食货六十一之五十六。

③ 光绪《大清会典事例》卷七五五《刑部·户律田宅》。乾隆二十四年（1759）终于有了明确的界定。在该年新增加的条例中，清政府对于典当宅是否纳税问题，明确给予了"免其纳税"的规定。"凡民间活契典当田房，一概免其纳税。其一切卖契，无论是否杜绝，俱令纳税。其有先典后卖者，典契既不纳税，按照卖契银两实数纳税。如有隐漏者，照例治罪。"（参见马建石、杨有裳主编《大清律例通考校注》卷九《户律田宅·典买田宅第九条例文》，中国政法大学出版社1992年版，第437页）

第二章 地权交易形式辨析：以典为中心

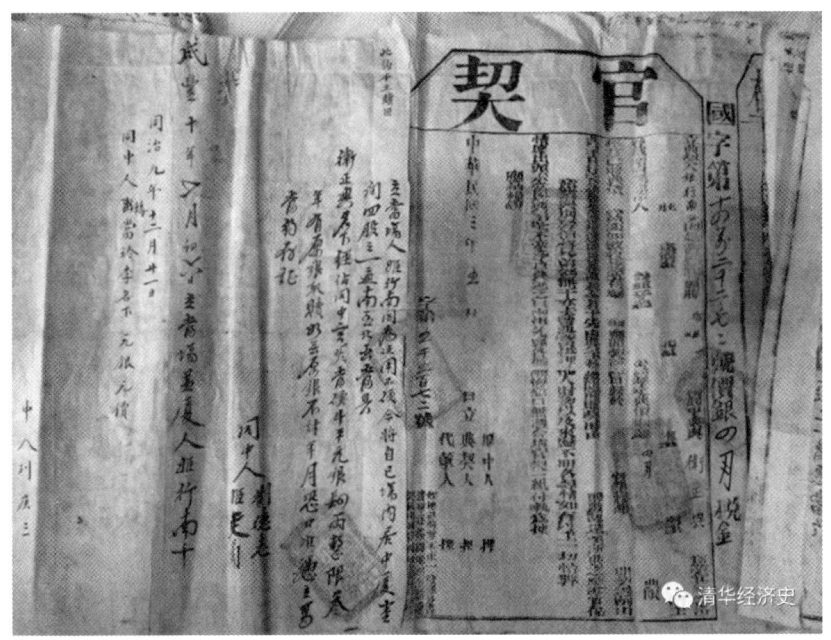

图 2-2 咸丰十年（1860）立典契

（清华大学图书馆藏，未编号）

第二节 典与押租

有人说典是一种使用权的交易，[①] 然则它与租佃特别是押租之间有何差异？事实上，典与租的区别显而易见，出典的田主获得融资；出租的田主获得土地未来收益流。承典方获得约定期限的土地占有权（他物权），承佃方获得使用权。押租可以看作租的一种特殊形式，由于押租金的变化，押租制可视为典与租佃之间的过渡形式。

一 典与押租：相似与差异

在典与租佃之间，明清时期出现并普遍流行新交易形式——押租

---

① 如戴建国《宋代的民田典卖与"一田两主制"》，《历史研究》2011 年第 6 期。

上篇 传统中国的地权制度

制。押租是一种地租保证金①,从地权交易形式的角度来看,它与典的相同之处是,典主或佃主向田主付款或放贷,以交换某种土地权利,从而能够支配未来的土地使用、经营与收益。有趣的是,"离业典田"与押租的方向是一致的,承典方或承佃方获得土地耕种。"出典自佃"则与押租相反,出典人从银主放贷人(承典人)那里租回田地,并交纳地租;押租制下,则是银主(承佃人)向田主交租。

押租金越大,土地权益越多,越趋近于典。购买土地权利时,资本越多,获得的土地权益越大。或者说,投资越多,未来土地收益或地租的贴现就越多,从而表现为不同的交易手段。在时间既定的条件下,依投资的多少,土地权利可强可弱,典的投放资金多,获得他物权(用益物权与担保物权);押租获得强使用权。押租最大化之下,每年交纳的地租为零,就类似于典了,所不同的是,押租始终不具备担保物权功能。

与之相反,典也可以转化为押租。湖北利川县"摊典不摊佃"恰好反映了从典向押租转化的事例。田主出典土地后,债重难支,欲售卖田地获得更多的资金,打算原价赎回所出典之田。此时承典人为继续保有土地经营权,"将所出典价作成佃本,仍向业主稍纳秾谷(地租),庶几日后回赎或售卖时,其所作佃本可以免减"②。这里典价转化为押租金(即"佃本"),钱主(承典人)变身为佃农,每年向田主交纳地租,实际上是将未来一次性支付的典资,平摊到每年的地租。出典人通常是不能获得地租的,转变为押租后,出租人则能获得地租。另一个重要变化是,原承典人获得田面权。"佃本"也就是田面权的购买价格。田面权是一种占有权,或者说自物权释放出来的他物权。如果说典权是约定期限的占有权,田面权则通过"佃本"与地租的交易获得无期限的自主支配的土地权利,也是一种财产权,能够抵押与典当。这一转化,满足了双方的需求。

---

① 何国卿从经济学上论述了押租的特征与功能:作为地租保证金的基础押租模型;作为地租收入跨期替代的贴现押租模型;作为长期土地改良收益分配的稳佃押租模型(《传统农地押租制多重功能的制度经济学研究》,硕士学位论文,清华大学,2012 年)。
② 《民事习惯》,第 327 页。

第二章 地权交易形式辨析：以典为中心

押租与典看似相同，但相同的只是使用权的转让，此外的权利是不一样的，特别是否具有担保物权。江苏丹阳县的一则押租与典的案例饶有趣味。

张潮阳（A）有田4亩4分，原值价银50多两，江潮宗（B）交纳押金，以"顶首银"16两2钱租种。其租佃契约（租票）议定，"向后银不起利，每年纳租钱2千文正"。因为交了押金，所以地租相对较轻。乾隆四十三年，张（A）的母亲患病，急着要卖田。买主王际昌（C）只肯出价银19两4钱，于是双方改以典成交。然而，由于原佃江潮宗（B）交付了押金，每年交纳给田主的地租相对减少，田租甚轻，王际昌（C）于是要收回自种。此时佃户江潮宗（B）面临退佃，于是要向田主张潮阳（A）讨回顶首银。但张（A）无现银。同时由于典价甚轻，出典人张潮阳（A）说好隔几日就要向王际昌（C）找贴的，王也应允。三方相互纠缠。当原佃户江潮宗（B）直接向王际昌（C）找价时，双方发生冲突。①

这里典价与押租金，金额相差不大，但二者的权利不一样。承佃户江潮宗（B）的押金16两2钱，不仅得不到利息，还要向田主交租；承典人王际昌支付典价19两4钱，不仅不需要每年交纳地租，还获得典所赋予的全部土地经营权及其收益，因此双方协商要通过找价增加典钱，以弥补原田主的权益。

1）A è 获得押金16.2两出租 è B
B è 交纳地租 è A
2）A è 获得典价19.4两出典 è C
B è 交纳地租 è C

---

① 《乾隆刑科题本租佃关系史料之一：清代地租剥削形态》，中华书局1982年版，第194页。

29

3）Aè3.2 两（典价减去押金）èC

典与押租的这种区别与关联，为交易各方提供了灵活性。在清代东北旗地有大押小租，即押租数量最大化，地租数量最小化，一定程度上满足了典当需求，有效地规避了旗地禁典令。清末则以这种形式的押租规避新增的典税。① 伪满时期大押小租仍在流行。② 成都平原还有"干押"的现象，又称"大押佃"，即佃户一次交缴若干银（或其他实物）与地主，地主以此生息作为地租收入，不再另外取地租，到佃户退田时将押金退还佃户。虽与典当类似，但干押始终不能形成担保物权功能。因为地主不愿出卖或出典祖宗之遗产，故行此制。③

二 租佃、押租与典的关联：从使用权到占有权的交易

租佃与典的区别没有争议，但二者的关联也未曾被揭示，再比照租佃制的衍生交易产品——押租制与田面权，则可以发现典与租两种交易形式的相通之处，从而对二者形成动态的立体的把握。

租佃，是历史悠久且最为普遍的地权交易形式。租佃的交易对象也非常明确，即合约期限内土地使用权或用益物权的转让；与之相比，典则是合约期限内用益物权与担保物权的转让。二者的共同点是都不发生所有权证交割。就交易权利的层次而言，形成一种递进关系：

    租佃（使用权）   典（占有权）   卖（所有权）

由租（赁）而典的案例，揭示了二者的递进关系与区别。租赁房

---

① 宣统二年十二月廿二日《政治官报》。引自南满洲铁道株式会社调查课《满洲旧惯调查报告书》后篇第二卷《押ノ慣习》，参考书第27页。东京印刷株式会社，大正二年（1913）（非卖品）。以下简称《押慣习》

② ［日］清水金二郎：《契の研究》，株式会社大雅堂昭和二十年（1945）版，第162页。

③ 李德英：《民国时期成都平原的押租与押扣——兼与刘克祥先生商榷》，《近代史研究》2007年第1期。

第二章 地权交易形式辨析：以典为中心

屋相当于租佃土地，宋代叶岩峰判决"谋诈屋业"的案例云，学谕陈国瑞陈闻诗父子假馆养贫（开私塾谋生），

> 于嘉定十三年租赁沈宗鲁沈崈书院屋宇三间而居，越六七载之后，沈宗鲁于宝庆二年春将上件屋一间半就典与陈国瑞。契云所典屋与基地，系陈学谕在内居止。续沈崈于宝庆三年冬复将一间半并典与陈国瑞。契亦云，其屋原系陈学谕居住，所有房门板障乃陈学谕自己之物，以两契观之，可见陈国瑞赁居多年，今从赁至典，正合条法。①

租赁房屋只需付租金而获得房屋的使用权，典则以债权获得房屋的物权，原房主必须偿还债务后才能赎回房屋的占有权。房门板障则为陈学谕自己添置，拥有所有权。

土地收益可以分享，土地权利可以分割，地权中的物权可通过典而分离出来，物权中的使用权则可以通过租佃分离出来。如下述一个宋代土地纠纷常被误读的案例②：嘉泰之前，吴家拥有5亩3角10步之田，吴五三之父出典与陈税院家（批约）。同时立租约（租札），吴氏仍佃种此田。"吴五三同兄弟就佃，递年还租无欠。"

吴五三家仍是政府田册上的田主，但在出典期间田地的物权，却归承典人陈税院，可以将其控制的土地使用权出租给任何人，本案承典人是将土地租佃给名义上的业主吴五三。如果吴五三赎回此田，就不需要每年交地租给陈税院，即租佃关系不再成立。

1) 通过典契，吴氏保留所有权出让占有权获得了债务借贷；而陈氏通过放贷获得土地的占有权（他物权）。

2) 通过佃约，吴氏又获得土地使用权（耕作权）；陈氏则

---

① 《名公书判清明集》卷五"谋诈屋业"。
② 此后，嘉定八年吴家兄弟将"上项田根"立契卖给陈家，兄弟瓜分卖田之所得；"契内之兄弟商议卖故父亚休所典之田，领钱尤分晓.父典于其先，子卖于其后。"（《名公书判清明集》卷六叶岩峰"伪批诬赖"）

上篇　传统中国的地权制度

获得土地的投资收益，即地租。

因此变成了形式上典未离业，宋代需要借助于"佃"来完成，而在近世，则演化为永佃权或田面权。佃农对土地的控制权也越来越强，趋近于永佃制。在永佃制下，佃户对土地不仅有使用权，而且逐渐地拥有事实上的占有权。佃权至明清时期，通过多种途径，从使用权扩展为占有权，这就是田面权。田面权主，不仅可以出租土地，而且可以抵押或典当土地。湖北钟祥县，有一种"自卖自种之永佃权"："其田地所有权虽已移归于买主管业，而买主欲取田自种，或另佃他人，则绝对不能。"[①] 出卖所有权而保留占有权（他物权），是永佃制或田面权的一种来源。

租佃，很少有人视为债权关系来看待，实际上租佃可以衍生出土地的债权交易，特别是明清时期的押租制。试看咸丰年间一则台湾租佃契约"立招佃耕字"：

> 番人田主因"日食难度，有借欠他人账项，将田付佃耕作，扣抵利息，究难清款。奈何告贷无门，故将此田再招别佃重赚，加借银元"。与中人、新佃"三面议定碛地银要多，田租愿少。明备足重碛地银七大元交收足讫"。将来若有力备足碛地银，才可赎回此田。[②]

这则契约明确显示出佃田以出租土地使用权来还债的取向——"将田付佃耕作扣抵利息"来清偿债务。事实上，既然出让他物权可以借贷或还债，使用权被出让来借贷或还贷也是顺理成章的事情。由于不敷还债，又重新通过押租来获得更多的现金。

押租，就是佃户向土地所有者交纳一笔保证金。田主采取增加当前的押租金（碛地银），而减少未来的地租来更多地将未来收益变

[①] 《民事习惯》，第325页。
[②] 台湾银行经济研究室：《台湾私法物权编》（中），《第二六　招佃耕字》，台湾省文献委员会1999年版，第680页。

现。此契约明确提出"碛地银要多，田租愿少"，押租达 7 大元。押金越多，每年交付的地租随之减少。当每年交付的地租为零时，押租最大化。这其实就类似于典了（但典还能形成担保物权）。只有当土地所有者交还押金时，才能撤佃收回土地的占有权，这也就相当于回赎。可见，押租制与典有相通之处，在某种程度上也可视为对土地所有者的一种放贷，押租制的债权关系在此表现突出。

以上典、押租及一般租佃的比较，进一步清晰了典的交易对象是土地占有权，包括用益物权和担保物权，押租制交易的是使用权。随着田面权的出现，承佃方逐渐获得了土地占有权（他物权，包括用益物权与担保物权）。

第三节 典与抵押

典与抵押有着类似的融资功能，法学界有学者主张废除典权，[①]或谓，与其将不动产出典而获得典价，不如将房屋设定抵押以获得更多的借款。然而，在中国土地产权交易制度的千年演进中，典权为何没有被抵押取而代之？其中蕴含的权益取舍以及深层的人文关怀值得深思。

一 抨击抵押而鼓励"正典"，保护弱势群体的取向

所谓抵押（抵当），就是通过土地产权的担保来获取借贷，如不能偿还债务和利息，则以地权让渡来清偿。因此，政府、法律和社会伦理通常限制、不提倡抵当的交易方式，一是基于反对高利贷的道德伦理，二是抑制土地产权的被迫转移。宋朝称典为"正行交易"，谓之"正典"，指向政府交税并由政府备案的典和卖。抵当、抵押又称"倚当"，被视为"不正当"的交易。抵当属于高利贷款，利滚利，弱势农民容易失去所有权。

[①] 张新宝：《典权废除论》，《法学杂志》2005 年第 3 期。王剑锋、贺冰洁：《也论典权制度的存废》，《武汉理工大学学报》（社会科学版）2003 年第 5 期。

豪富之家，多务侵并穷民庄宅，惟以债负累积，立作倚当文凭，不逾年载之间，早已本利停对，便收折所倚物业为主。①

强势的买方愿意采取抵当的交易方式，有时甚至以名义上的典来欺诈性地展开实质性的抵当交易。"乡民以田地立契，权行典当于有力之家，约日克期还钱取契，所在间有之。为富不仁者，因立契抵当，径作正行交易投税，便欲认为己物者亦有之。但果是抵当，则得钱人必未肯当时离业，用钱人亦未敢当时过税。其有钱业两相交付而当时过税离业者，其为正行交易明，决非抵当也。"②

典与抵押方式的选择取向在契约文书中有具体体现，清华大学图书馆藏有清末山西石甲寅抵押、典当的三则契约：

T2137-2③：立借钱文约人石甲寅因为使用不便，今借到文海全名下卖买银十两整，同保言明每月每两一分五厘行息，内指当村西平地一段，其地东西畛，计地三亩，东至坟、西至坟、南至张全林、北至业主，四至分明行走依旧，约至来年八月内本利付还，如本利不上，保人□业查还，恐口不凭，立借约为证，此照。

宣统元年（1909）九月二十日立借钱文约人　石甲寅（画十）保人：白玉忠、黄祥林

T2137-1：立典平地文约人石甲寅因为使用不便，今将自己祖遗村西平地一段计地五亩八分，其地东西畛，东至道、西至坟、南至张全林、北至许偏儿，四至分明行走依旧，同保言明典与石反儿名下管业，时值典价银二十两整，钱四十八千文，当日钱业两交并不短少，恐口不凭，立典约为照。

宣统二年（1910）四月二十二日　立典平地文约人石甲寅

---

① 《宋会要辑稿》食货卷三十七之一二
② 《名公书判清明集》卷六吴恕斋"以卖为抵当而取赎"。
③ 清华大学图书馆藏契约文书，此编号为馆藏编号。

第二章　地权交易形式辨析：以典为中心

（画十）中人：赵枝盛、白辛娃

T2137-3：立典平地文约人石甲寅因为使用不便，今将自己祖遗村西平地一段，计地五亩，其地东西畛，东至道、西至坟、南至张全林、北至许偏儿，四至分明行走依旧，今立契出典与李□儿名下官业，时值典价银十八两整，同中言明当日银业两交并不欠少，恐口不凭立约为照。

大清宣统二年（1910）十二月十六日　立典平地文约人石甲寅（画十）中人：赵顺合、石全盛

后批宣统三年（1911）十二月十五日同中人常赦姓原约原价退与许克文名下管业

从这几件相关契约中可见土地所有者石甲寅利用土地进行融资的过程。宣统元年九月，石甲寅因为做生意需要融资，以村西平地三亩为抵押向文海全借银十两，按照双方规定于第二年八月之前本利还清；至宣统二年四月份，大概是由于还债的压力，石甲寅又将村西平地五亩八分出典给石反儿，得典价二十两银；至宣统二年十二月，又缺乏资金，将村西平地五亩出典与李□儿，得典价十八两整。

从中也可以发现典与抵的一些区别，及不同偏好的市场行为主体的选择。抵押贷款通常时间不长，几个月到一年的时间。指地借贷的利息相对较低，此处为1分5厘，低于通常的2分及以上[①]。但如果不是像石甲寅这样做生意，一般人届期难以还本付息，通常很难避免利滚利，以致最终地权交割的结果。由于风险高，信用不足，因此交易时效短，需要保人，承担连带责任。政府与社会也从道德上反对抵押贷款。

典田交易的时限可以较长，短则三五年，长则一二十年，甚至数十年。即使届期无力原价赎回，多可以自动延续。对于"出典自佃"类型而言，出典土地获得贷款的同时，还可以将土地租回来，虽然交纳地租，但能延续其家庭农庄经营，拥有农庄的剩余索取权与风险收

---

① 彭凯翔、陈志武、袁为鹏：《近代中国农村借贷市场的机制——基于民间文书的研究》，《经济研究》2008年第5期。

益。① 即使从市场上获得土地与资金，只要建立了家庭农庄，佃农也就获得了安身立命、自我发展的基础。对于放贷者而言，不需要自己经营土地而获得投资收益地租，而且在回赎前，拥有土地占有权，交易双方都可以实现风险最小化。

引入抵押的比较之后，还可发现典的另一交易特征，这就是价格变动所带来的风险，由债权人（承典人）承担，与出典人无关。就抵押而言，如果由于市场价格的变动，导致担保的债权变价后金额不足时，债权人可向债务人请求清偿。典权通常是原价赎回，即使典期长达一二十年乃至三十多年，也是原价不变。如果土地价格上升，业主（即出典人）赎回后，再另行高价出典，可获升值收益；如典价不足，出典人可放弃回赎。债权人则只能自行承担价格变动带来的损失，如果地价下降，以至低于典价，债权人将受到损失——当然地价下降的情况很少。典交易保障业主出典人而将风险归之于债权人，这成为当代学者诟病的一个理由。

但在历史上，限制和反对抵当这一高利贷性质的交易手段，保护土地所有者，正是典交易盛行的制度取向基础。与历代政府的导向相反，当今有不少学者主张以抵押替代典，恰恰是没有把握典权的内涵和独特作用。如果当代概念或术语无法解释历史现象或制度，恰恰说明学术研究的不足和所存在的创新空间。

二　典的担保功能及其与抵押的关联

典权的担保功能②已有论述，而其在清代得到发育和拓展值得关注，突出表现为典权可以成为抵押品进行借贷。

清代一般农民融资的方法通常按照"指地借钱—出典—出卖"的顺序进行。③ 这是典权作为他物权行使担保功能的拓展，有效地缓冲

---

① 龙登高、彭波：《佃农经营的性质与收益比较》，《经济研究》2010年第1期。
② 德国民法上的土地债务（Grundshuld）也是一种法定的担保物权。土地债务的权利人是物权享有人，可直接支配指定的土地，从中获取一定数额金钱给付的物权变价。
③ 指地借钱，即抵。参见［日］清水金二郎《契の研究》，株式会社大雅堂昭和二十年（1945）版，第164页。

第二章 地权交易形式辨析：以典为中心

了土地所有权的转移。

其一，已典出之土地，仍可以资抵押进行借贷。宋智彬有地11亩，早年分典在外。宣统元年，又以地契向王国柱押借（抵）钱15000吊。因无力还债，将契内地亩，改典王国柱名下。一块土地形成两个担保物权，只要有能力偿还地租或利息，是可以成立的。但宋智彬无力偿还，只得取消前一个典权交易。奉天高等厅判决：应将原出典在外之地赎回，交与王国柱接收，[①]但以其他地契抵押借贷是可以成立的。

其二，转典之地，仍可以行使抵押。转典时如何处理债主与原地主的关系？孙太长接典朱姓册地3亩，并有自住房屋3间，用它们押借关庆有2000吊，计房屋地契5纸。由于无力清付，将房地归关庆有租种。"至作抵借本钱屋地，系朱姓原产，关庆有声明，将来朱姓抽地，须由孙长太经手交钱向其抽地，不与朱姓直接。"[②]孙太长并非土地所有者，但能够以其承典之地抵押获取贷款；无力清偿时，还可以将田宅转典债权人关庆有。典契也可以抵押。周爱莲出贷钱160000文，接受的抵押品是典契1纸、租约2纸，粮串2纸等，同治六年"批借卤字，各执为证"，同治七年收本钱，退回抵押契据。[③]

除了抵押品的增多之外，可能是受转典的启示，清代还出现了转押。蒲仙洲496亩3分地，光绪三十二年以该地照押借徐丹宸钱1万吊，徐丹宸又以该地照，转押借杨荣卿3500吊，均言明月息4分，立有借字。其间发生错综复杂的债务与地权关系，最后链条中断而付之法庭仲裁。判令蒲仙洲借齐本利钱13542吊，交付徐丹宸，递由徐丹宸交付杨荣卿木利钱812吊500文，将地照赎给蒲仙洲。[④]实际上这是一种债务的转移。清代不少见，以至于形成转借的专门格式文本：

[①] 新民地方审判厅判决，"原系以地契作押，现在无力清偿，则以地作抵本钱，正当办法"。引自《押惯习》，参考书第24页。
[②] 《押惯习》，参考书第25页。
[③] 引自滨下武志、岸本美绪等编《东洋文化研究所藏中国土地文书目录解说》（上），东京大学东洋文化研究所昭和五十八年（1983）版，第108页。
[④] 《押惯习》，参考书第28—29页。

上篇 传统中国的地权制度

立转借文约人ΔΔ，切于 年 月 日，有来人经手ΔΔ，无钱使用，指熟地ΔΔ，借身市钱ΔΔ，历年给利，使有数年，无本偿还。身现有急用，无奈又烦来人，将指原地，又转借到ΔΔ名下市钱ΔΔ，至后将利钱给转主收用。如利钱不到，把地倒出耕种，不与身相关。如利钱不交，原指熟地不到，均有ΔΔ并先后承保人为证。①

身（我，A）借出本钱若干给B，即B以自己的田地作为抵押向A贷款，并支付利息。但现在债权人A急需钱，而债务人B无法还本金，因此A向第三方C借钱若干，仍以B之地为抵押。债务关系由A-B，转为C-B。

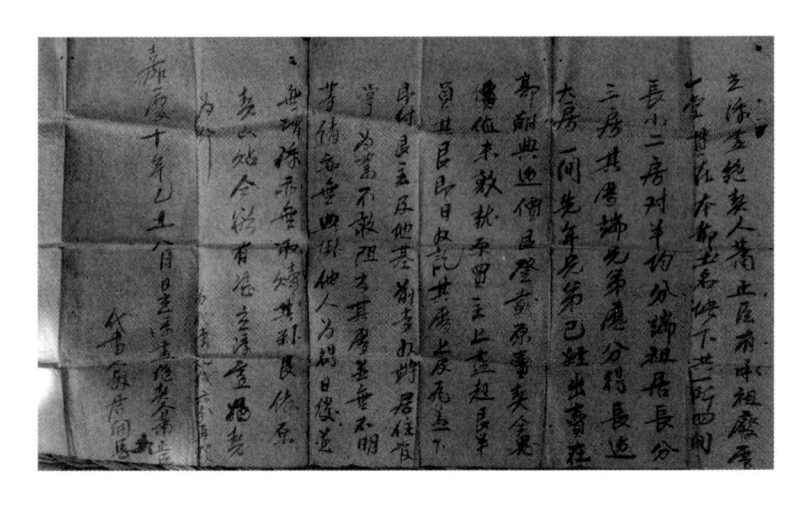

图2-3 嘉庆十年（1805）立添尽绝契
（清华大学中国经济史研究中心李光明特藏，未编号）

清代可用物权、使用权的转让来实现抵押的目的。典权的担保功能的发育，减少了人们选择抵押及由此带来的地权转移风险。可见，清代

---

① 《押惯习》，参考书第19页。

较之宋代，典权进一步发育，内涵更为丰富，可以说交易各方将典权发挥得淋漓尽致，从而推动了交易形式的丰富多样，促进了地权交易体系的形成与发展，为市场行为人提供了更多的选择，并降低了风险。

第四节 结语

典与活卖、押租、抵押等地权交易方式有着显著的区别，同时也体现出内在的逻辑联系。简言之，活卖是具有回赎优先权的所有权转让，押租是使用权的交易，典既不是所有权也不是使用权的交易，而是占有权（他物权）的交易。典能够形成担保物权，与短期性抵押贷款相比，风险低并能有效抑制地权的最终转移。

以往在地权交易方式上产生歧义、纷争与认识误区，最主要的原因是缺乏理论解释框架，笔者关于土地权利的不同层次与跨期调剂的交易理论，提供了明辨各种地权交易形式的分析框架。其次是历史演进的视野，如从宋代到清代典权设定规则的变化与逐渐完善过程。

典脱胎于卖，唐宋时期"典卖"连用，交易规则、纳税手续尚未彻底分清，典主要通过"合契同约"契约形制与产权交割时的"田骨"存根来与"卖"相区分。清代二者进一步明显分离，但所有权的"卖"又分解出"活卖"与绝卖。活卖能够回赎，但只是一种优先权，典的回赎则是交易结束的环节。

更重要的是，不同于活卖的所有权交易性质，典是土地占有权与资本利息之间的交易，它也不同于作为使用权交易的租佃。佃与典之间存在土地权利的递进关系，押租最大化时接近于典。如果把押租视为对土地使用权的投资与购买，那么，权能进一步拓展的田面权，所获得的权利与典相似，也是一种财产属性的土地占有权。

典与抵押都能形成担保物权，但土地抵押的地权转移风险高，典权交易则有效地缓冲了地权的最终转移，因而受到民众青睐与政府肯定，这也是典在地权市场长期普遍存在的原因之一。

通过以上辨析，进一步深化了典权性质与特征的认识，揭示了不同地权交易形式之间的相互关联与逻辑体系。该体系满足了要素市场行为主体的多样化偏好与需求，降低了地权交易特别是产权转移的系统性风险。在此基础上发育的地权市场，有利于增强个体农户独立经营的能力，[①] 从而促进传统经济社会的稳定与发展。

---

① 龙登高：《地权市场与资源配置》，福建人民出版社2012年版，第196页。

第三章　清代田宅交易中的官中与基层治理[*]

清代的民间土地、房宅等不动产交易中广泛存在着提供中介和规范交易的中人，其中获得政府授予特许权的官中的重要性不可忽视。以往对于商品市场中官牙、牙行的相关研究，已有相当出色的成果，但是土地要素市场上的官中却鲜少被提及。官中与官牙、房牙、土牙、田牙、牙纪等相似，其职能和表现因不同历史时期、不同地域、不同文本、不同场景而有所差异，[①] 其与原本掌握田宅交易的里册、乡地、乡约、乡保等主体的替代包含关系也并不绝对，[②] 因此本章暂且不加详细区分。他们与商品市场中的牙行、歇家、经纪等都属于政府授权从事公共管理的一类群体，部分学者也从不同

---

[*] 本章同名论文发表于《中国经济史研究》2021年第4期，作者为丁春燕、龙登高。

[①] 以光绪年间河北清苑房契官纸后附"写契投税章程"来看，"牙纪遇民间……所减之契价，照官牙第一条罚办"，"凡税契事宜，均田房地牙又名土木牙或又名五尺及官中者评价成交"。参见刘秋根、张冰水主编《保定房契档案汇编（清代民国编）》，河北人民出版社2012年版，第131页。部分地区仍以官经纪、官牙、官尺、产行相称。参见南京市地方志编纂委员会编《南京房地产志》，南京出版社1996年版。

[②] 王正华《晚清民国华北乡村田宅交易中的官中现象》（《中国经济史研究》2018年第1期）一文认为，官中的范围要远远大于官牙，部分乡地、乡保等也被"牙化"，成为官中，这自有道理。但是在所见契约中也可得见官中与里书、册书、地方、乡约、保甲等原本掌管田宅交易的人员共存，可见两者并不是完全替代的关系，这一范围的大小也并不影响本章所要讨论的官中的职能、与普通中人的本质区别以及官中在整个基层治理体系中的重要作用，因此本章对市场主体官中与这些基层行政人员的关系暂时不做深入探讨。

◈ 上篇　传统中国的地权制度 ◈

角度对此进行了探索研究。① 其中，王正华专门探讨了晚清民国华北乡村田宅交易中的官中现象，认为推动官中经制化是晚清整顿契税的重要改革措施之一。② 然而，对于官中与普通中人的差异及官中在传统田宅交易甚至基层社会中的特殊地位和作用，已有研究尚不够系统和明确。这一群体所反映的基层治理制度特征有待进一步深化认识。本章以新面世的保定府等地的房宅田地交易契约及清华大学图书馆藏民间文书为核心资料，将官中与普通中人进行比较来辨析官中的职能，并由此出发考察其在维护地权市场秩序与管理基层社会中发挥的作用。本章发现，拥有政府授予特许权的官中与歇家、牙行等机构性质相似，不属于政府职役，但接受政府委托，凭借其独特的信息优势和管理优势协助政府进行公共管理、提供公共服务。这些民间主体植根于基层社会，不仅拥有较强的自主性和独立性，而且得到了政府的认可和支持，一同构成了政府连接民间社会的桥梁和纽带，弥补了传统中国基层社会公共管理和公共服务覆盖的不足，代理政府或协助政府低成本地实现基层的公共治理，③ 形成了传统中国基层治理体制的一大特色。

---

① 张小林《清代北京城区房契研究》（中国社会科学出版社 2000 年版）一书对清代北京城区的房契进行了考察，详细阐述和分析了在田宅交易中占据重要角色的房牙。丁萌萌《地权市场的制度演化（1650—1950）》（《中国经济史研究》2013 年第 1 期）一文描述了中人和租栈等中介机构的发展。胡铁球《明清税关中间代理制度研究》（《社会科学》2014 年第 9 期）一文指出明清两代政府都曾利用歇家牙行这一群体来为政府办理事务，这一群体是政府与百姓之间的中间连接者，具有民间和准衙门的双重性质。姜修宪《〈孔府档案〉所见官中探研》（《中国社会经济史研究》2019 年第 2 期）一文考察了特殊的孔府庄园官中的任职条件、职能等方面的内容。李怀印在《华北村治——晚清和民国时期的国家和乡村》（岁有生、王士皓译，中华书局 2008 年版，第 136 页）一书中对官牙这一特殊的中人群体做了相关研究，对于清代民国时期这一身份群体的职能、演变以及反映的社会变化等给出了不同层面的见解。

② 王正华：《晚清民国华北乡村田宅交易中的官中现象》，《中国经济史研究》2018 年第 1 期。

③ 龙登高、王正华、伊巍：《传统民间组织治理结构与法人产权制度——基于清代公共建设与管理的研究》，《经济研究》2018 年第 10 期。

第三章　清代田宅交易中的官中与基层治理

第一节　官中与普通中人的职能比较

中国传统契约有"行契立中"的传统，中人在契约签订的过程中扮演着重要角色，是在土地房宅交易中除买卖双方之外必要的第三方群体。其称谓不一而足，如凭中、中见人、中保人、凭亲中等；其职能包括契约签订之前的中介说合、契约签订之中的见证和担保，以及契约签订之后的调解和仲裁等。其中，获得政府授权的官中具有特定的职能和作用。官中与普通中人不同的组成成分、社会地位等导致其在契约实际签订过程中的作用存在显著差异，这些差异并不局限于是否取得政府授权，更在于两者的参与范围、责任和权限等方面。

首先，基于政府所授予的代征契税职能，官中主要参与所有权转让的地权买卖，通常不参与其他形式的地权交易。

我国传统土地市场在长期的发展过程中形成了类型繁多、独具特色的土地交易形式，这些交易形式相互关联，互相补充，形成了"胎借—租佃—押租—典—抵押—活卖—绝卖"这样一个逐级递进、层次分明、内在逻辑严密的地权交易体系，在此体系中，土地使用权、占有权、所有权均可独立进入市场。① 而政府只对所有权的转让（绝卖）征收契税，因而官中所参与的交易类型也仅限于参与绝卖等类型的交易，监督缴税和代收契税，协助完成所有权交割。②

关于监督缴税一责，清代早期的官文书中规定，官中需要监察督促民间土地房宅交易缴纳契税，所谓"设立官中，本为疏通税契起

---

① 龙登高：《中国传统地权制度及其变迁》，中国社会科学出版社2018年版，第52页。
② 典权交易在清朝雍正至宣统期间通常不需要与官府发生所有权交割与赋税变更，因此官中也多不参与田宅的典权交易，直至清末宣统年间，田宅交易的契税征收范围扩大，"民间买典推当田房须自成立草契之日起，遵照契税条例第三条于定限六个月之内备具税款纸价连同草契一并呈县投税粘给官纸"（出自《宣统二年枣尔胡同宋翼臣卖房契（买卖田房草契例则摘要）》，参见刘秋根、张冰水主编《保定房契档案汇编（清代民国编）》，第412页），典契也同样需要与政府实现交割，与此相配合，官中也参与典契交易之中。

见，如有买卖田地不用官发契纸及不随时投税者，自应由官中禀明传究"①。清中后期政府发放给官中的戳记，以及光绪年间河北清苑房契官纸后附"写契投税章程"，也对官中参与民间交易和代理政府监察稽征契税做出了较为详细的规定。如"官为稽征契税以杜绝隐漏事，戳给官牙。凡有业户成交，即将姓名、坐落、银款逐一查填，循环治册，朔望倒换，定限半月内投税"②；又如"嗣后遇民间用司印官纸写契后，责成牙纪将存根填好截下，按月同纸价呈送本管州县分别存转，嗣后凡遇契价与存根不符及契纸已用而存根不缴者，即系牙纪主使漏税，应将牙纪斥革，仍予监禁十年"③。这表明清代官中一直是政府授权民间监察契税的重要主体，且随着管理的日益完善，政府对官中稽征契税职能的规定也日益具体和全面。

除监察征税职能之外，官中还可以代征契税。这不仅是民间习惯，④官方文书也表明政府授予其定额代征杂税（包括契税在内）的权力，如"杂税不可以无纪，杂税有牙税，有木税、煤税，有契税，凡官牙定之以额"⑤，"但充当牙纪，办理税课"⑥。具体到田宅交易市场管理方面，宣统年间河北清苑官契纸后附《买契投税章程》载明将官中代收契税权转交自治会的规定，也从侧面证明官中拥有政府授予的代理征收民间契税的权力，"各属税契事务，前由书吏、牙纪经管者，现改归……代收存税价及官契纸价银钱"，"房书、里书、牙纪等在此次定章以前，如有收受民间银契，未经代为投税印契者，统

---

① 庄纶裔：《卢乡公牍》卷二，清末排印本。参见官箴书集成编纂委员会《官箴书集成》第3册，黄山书社1997年版，第609页。
② 南京房产档案馆藏，编号T1015，转引自曹伊清《清末房地产法律制度运作之二元结构——以交易参与者为视角的分析》，《学习与探索》2011年第6期。
③ 《光绪元年薛家胡同薛龙尔、薛钊卖房契》，刘秋根、张冰水主编：《保定房契档案汇编（清代民国编）》，第131页。
④ "国民政府统一华北之前，在许多集镇，有一官府任命的监证契约人，称'官中人'，他有时也包交契税。"中国农村惯行调查刊行委员会：《中国农村惯行调查》卷三、卷五，岩波书店1953年版，第161、200、600页，转引自[美]杜赞奇著，王福明译《文化、权力与国家：1900—1942年的华北农村》，江苏人民出版社1996年版，第209页。
⑤ 王庆云：《石渠余记》，北京古籍出版社1985年版，第155页。
⑥ 《清德宗实录》卷五二八，光绪三十年（1904）三月己丑，中华书局1987年版，第30页。

第三章　清代田宅交易中的官中与基层治理

限半个月一律完理清楚"[1]。

与之不同，普通中人则可参与各类田房交易，包括租赁（及押租）、典、抵押及田面权转让等多种交易形式，[2] 这些交易毋须纳税，政府及其授权的官中亦不会牵涉其中。

可见，官中不仅可以作为政府的民间代理人，协助政府稽查征税，监管民间缴税情况，而且是获得政府授权的民间代收税银的主体，受政府委托代行了政府职役的部分职能，在沟通连接民间基层与州县税务机关的同时，[3] 协助各方实现所有权转让交割和契税事务的上传下达。

值得注意的是，虽然同属租赁一项，使用权层面的永租权（永佃权）契约不需要缴纳契税，但晚清通商口岸地区的外国人或教会被允许永租房基地建屋而形成的特殊永租契约却被列入契税管理范围，且需要类比田房买卖缴纳契税，因此此类契约也必须要有官中参与其中，如光绪三十二年永租官契[4]和宣统三年（1911）三瑞堂永租官契[5]均显示有官中参与。这也再一次印证了官中参与的交易类型、交易范围与缴纳契税及政府职能直接相关。

其次，官中不涉及债务往来，不承担连带担保责任，不参与后续相关债务偿还环节。

---

[1] 《光绪元年薛家胡同薛龙尔、薛钊卖房契》，刘秋根、张冰水主编：《保定房契档案汇编（清代民国编）》，第131页。

[2] 需要说明的是，典权交易在清朝雍正至宣统期间通常不需要与官府发生所有权交割与赋税变更，因此在这一期间官中不参与典权交易，但在清初和清末，官中还是会依规定参与其中。参见龙登高、温方方、邱永志《典田的性质与权益——基于清代与宋代的比较研究》，《历史研究》2016年第5期。

[3] 投税人在立契之时将契纸价和应交税额交予官中，官中将半幅契尾存根与税银、契纸价一并送往州县完成投税事宜。

[4] 南京房产档案馆藏，编号T1036，转引自曹伊清《房地产契证制度与清末社会稳定——以南京地区房地产契证为范例的分析》，《北方法学》2010年第1期。其中，宣统元年官契纸载："各国洋人在通商口岸永租屋地及教堂在内置买公产，照约均应立契报税。由地方官盖印交执于中国民间无异。现在民间田房契税既经通用官契纸填写，则洋教堂租地置产自应一律照办。其税价银两应即比照民间契价数目征收，以昭公允。"

[5] 《宣统三年永租契（三瑞堂）》，引自曹伊清《法制现代化视野中的清末房地产契证制度——以南京地区房地产契证为范本的分析》，博士学位论文，南京师范大学，2012年，第103—104页。

◆ 上篇　传统中国的地权制度 ◆

在田宅交易中，官中作为交易方完成契税缴纳和产权过割的必要保障，与普通中人并不存在绝对的竞争关系，政府甚至鼓励官中与民间中人共同参与契约的签订，① 以此促使其互相监督，相辅相成。但就所承担的责任而言，两者却不尽相同。

第一，在部分契约中，普通中人需要承担连带担保责任，官中则不会牵涉其中。一旦交易双方出现违约，中人不仅需要进行调解，甚至可能在调解不成的情况下进行相关赔偿。这类案例并不罕见，在契约中经常会出现中人承管的表述，如"自卖之后，……俱有中人一面承管，恐口无凭，立卖房契永执为据"②，或"若有……，有说合人一面承管"，"倘有族中、地邻争竞不允者，有业主与中说人一面承管"③。这说明在交易出现纠纷的情况下，中人肩负调解的责任。明清时期《萧曹遗笔》《折狱明珠》和《折狱新语》等讼师秘本，以及清代《刑科题本》中所见的"追中"案例，还体现出中人在调解不成的情况下有可能身受牵连，承担连带责任。④ 乾隆年间，福建侯官县举人张南辉等恃势诈骗寡妇潘庄氏母子田产、湖北荆门州马高怀转卖载明允许原业主回赎之田，以及安徽阜阳县康青让佃种典出土地后又绝卖与人等案件中，就将参与其中的中人按情节轻重判处承担法律责任。⑤ 这里的中人，自然是普通中人。

但是官中除了提供部分中介服务之外，还要承担政府委托的提供公共管理的责任，若与普通中人一样承担连带担保责任，不仅自身所承担的风险过大，还会将授予其特许权的政府牵扯陷入民间债务纠纷

---

① 《清光绪二十二年（一八九六年）蓟州乔顺卖房官契》（列后写契投税章程）中规定："民间置买房地契后，牙纪盖用戳记，准买卖两家亲友的添数人，以免牙纪拮持而为日后证据。"参见张传玺主编《中国历代契约会编考释》（下），北京大学出版社1995年版，第1465—1469页。

② 《宣统三年闰六月地产正契及契尾买卖地产正契》，转引自张兰普整理《1837—1957年的一组土地、房产、租税契据》，《历史档案》2011年第4期。

③ 史吉祥、宋丽萍：《清代吉林土地买卖文书选编》，《清史研究》1993年第4期。

④ 王云红、杨怡：《中国传统民间契约履约机制探析》，《公民与法（法学版）》2016年第7期。

⑤ 中国第一历史档案馆、中国社会科学院历史研究所合编：《清代土地占有关系与佃农抗租斗争》，中华书局1988年版，第76—81、299—302、556—559页。

第三章　清代田宅交易中的官中与基层治理

中。因此，官中是不能承担连带担保责任的。[1]

第二，由于民间田宅等不动产交易的复杂性，普通中人需要参与找价、加绝等形式的后续交易，这些交易虽同属民间田宅交易体系，但大部分后续交易主要是以债务偿还形式体现，且已与所有权转让交割不直接相关，因此官中极少参与。普通中人则常常负责到底，嘉庆二十三年韩立操典地白契后有于道光元年（1821）"同原中找钱伍仟文"[2]的后缀。咸丰六年（1856）至咸丰八年戴心如卖屋基地与朱姓的交易中，共签订了卖契、加契、绝契、叹契、升高起造契、借据、永远叹契七项契约，后续六项契约中均有"复央原中""再央原中""恳央原中""再恳原中"等原中人后续参与交易的文书证明，[3] 这些后续交易与相关交易实质上也是一种债务关系，由政府授权的官中不能卷入其中。

再次，官中通常具有更强的约束力和公信力，违约惩罚金可能"入官公用"。

一是有效地评估市场价格。官中需要对所经手的土地房宅的地理位置、长宽面积、四至等信息进行确认，以规范市场秩序，避免日后纠纷，保证交易的公正性和有效性。政府规定交易立契时田宅的具体信息需经官中丈量确认，由官中于契内填写亩数价值，盖用戳记，"民间嗣后买卖田房务须令牙纪于司印官纸内签名"[4]，以免出现以大作小、以卖作典等漏税行为。

---

[1] 由契约中的原中承担。《嘉庆二十五年东礼拜寺石魁横、石邦庆卖房官契》（刘秋根、张冰水主编：《保定房契档案汇编（清代民国编）》，第19页）中就有"日后倘有邻族人等争端，有业主原中一面承管，恐后无凭，立此存照"的描述。《光绪三十二年后卫路马顺卖房房契官纸》（刘秋根、张冰水主编：《保定房契档案汇编（清代民国编）》，第348页）也有类似描述，"自卖之后，如有……俱有中人一面承管"。两则契约中既有原中人也有官中，但是这里承担责任的中人是指契约签订过程中的普通中人，而非官中。

[2] 《嘉庆二十三年韩立操典地白契》，清华大学图书馆馆藏，暂未编号。

[3] 上海市档案馆编：《清代上海房地契档案汇编》，上海古籍出版社1999年版，第64—68页。

[4] 《光绪元年薛家胡同薛龙尔、薛钊卖房契》，刘秋根、张冰水主编：《保定房契档案汇编（清代民国编）》，第131页；《光绪三十三年温国祥等裁典浮房契文》，宋美云主编：《天津商民房地契约与调判案例选编（1686—1949）》，天津古籍出版社2006年版，第106—107页。

上篇　传统中国的地权制度

　　在此基础之上，官中还需对参与交易的土地房宅进行估价。例如，"凡税契事宜，均田房地牙又名土木牙或又名五尺及官中者评价成交，社书等统其成而已"①；"务须两相情愿，凭中照时定价，公平交易，永息讼端"②；"京城钱文一项，向设官牙经纪，领帖评价……如铺舍扰价，责成官牙谕令平减"③；"准房产著官牙、家属从时估值，召主承买"④。这些表明官中作为重要的市场主体，不仅在田宅交易中提供中介服务，还承担着监督市场交易公正进行的责任，甚至必要时还需要平准物价，协助政府维持田宅市场的稳定。官中能够发挥这一职能，一方面得益于官中常年游走于基层，充分了解所处区域内田宅的价格等级、风水位置、田宅实际状况等信息，这保证了官中能够增强买卖双方的信息对称性，从而提高交易的公正性水平；另一方面政府授权也赋予了官中相比于普通中人更强的公信力。

　　二是官中可以像普通中人一样，或与普通中人一起，作为中介，撮合土地房宅交易。清初顺治年间，中人已经作为中介人存在于房宅交易契约之中，顺治二年（1645）的《顺天府大兴县孙华茂卖房契》有"今凭官房牙袁礼说合"的记载。⑤康熙二十五年的《孀妇五门罗氏同嫡侄王梦弼卖畦地契文》载："央凭中人凌仲金、庄头王守才等，同官经纪毕大富等说合，将故夫自置静海县征粮大地九亩七分二厘三毫，计小地三十五亩，情愿卖与李名下，永远为业。"⑥孀妇卖地，买方需要更强有力的约束与保障，契约上写明此地为"故夫自置"，并非来自继承或分家，与家族无关，"如有族弟男子侄争竞情由，俱在罗氏并嫡侄一面承管，不与买主相干"，7位族侄全部签名。

---

　　① 《光绪元年薛家胡同薛龙尔、薛钊卖房契》，刘秋根、张冰水主编：《保定房契档案汇编（清代民国）》，第131页。
　　② 四川大学历史系、四川省档案馆编：《清代乾嘉道巴县档案汇编》（上），四川大学出版社1989年版，第195页。
　　③ 《清高宗实录》卷一六五，乾隆七年四月乙巳，中华书局1985年版，第80页。
　　④ 黄六鸿：《福惠全书》卷20《刑名部》，清康熙三十八年（1699）金陵濂溪书屋刊本，见官箴书集成编纂委员会《官箴书集成》第3册，黄山书社1997年版，第444页。
　　⑤ 原件藏中国社会科学院近代史研究所，转引自张小林《清代顺治朝北京城区房契研究》，《中国史研究》1999年第1期。
　　⑥ 宋美云主编：《天津商民房地契约与调判条例选编（1686—1949）》，第1页。

民间中人外，还要官经纪共同参与交易契约签订。中人阵营强大，除了"同中凌仲金"外，签名还有"中人：吕秀之"，官经纪更多达5人：毕大富、高坤、靳绍箕、靳伯顾、靳图南。光绪年间山东巡抚发出的《山东巡抚为发给官契事章程》所附的清末山东官府的官契格式中有"邀同原中△等，官中△公同议明买价"①。清末民初调查各县诉讼，"当事人所呈之文契，殊不一致。有仅载明中人者，有载明官中人者"②。官中与普通中人一起，共同说合与见证交易。

三是官中参与的契约，违约惩罚金可能"入官公用"。几乎所有契约都有违约惩罚的规定，以"此系两愿，各无反悔"③，或"自成交之后，二家各无悔易（异），如先悔者甘罚银伍两，与不悔人用，仍依此契为准"等，④对交易双方进行约束。与一般中人参与的契约不同，官中参与的契约有可能将违约惩罚金"入官公用"。雍正十一年（1733）《刘乙照、刘文园卖房契》现存草契：

> 立卖契刘乙照、刘文园，因需银使用，今将自己祖业坐落九门内东房门面铺□间，后院壹□，东至景，西至冯、南至街，北至李，四至分明，凭官中经纪冯琦等说合，卖与崔明亮名下永远为业，言定时值卖价银六十两整，其银当日交足，并无欠少，房内一切门窗户壁俱全上下土木相连，自卖之后，永不找贴，如有亲族人等争端，卖主一面承管。两家情愿，各无反悔，先悔者罚银十两入官公用，欲后有凭，立卖契存照。
>
> 因是祖房原契失落，日后寻见视为作废并照
>
> 此契必用契纸填写上税
>
> 立卖契　刘乙照　刘文园

---

① 参见唐致卿《近代山东农村社会经济研究》，人民出版社2004年版，第318—319页。
② 施沛生：《中国民事习惯大全》，上海书店出版社2002年版，第742页。
③ 《光绪二十五年陈传侠等立卖田契》，陈娟英、张仲淳编著：《厦门典藏契约文书》，福建美术出版社2006年版，第82页。
④ 《祁门县方邦本卖田赤契》，明弘治六年（1493），安徽省博物馆编：《明清徽州社会经济资料丛编》第1集，中国社会科学出版社1988年版，第49页。

上篇　传统中国的地权制度

　　官中经纪　冯琦

　　中见　杜进禄　李景王滕园　张进若

　　邻右　景吉　冯振裕

　　亲友　孙得华

　　雍正十一年二月二十八日①

此交易"凭官中经纪冯琦等说合",并有"中见"(普通中人与签约见证人)参与,还有利益相关人邻右和亲友参与。因为是草契,所以写明了需要重新填写官契纸照章纳税,而且违约惩罚为"先悔者罚银十两入官公用",相当于此契约中契价总值的六分之一将被罚没入官。与此类似,在顺治二年(1645)顺天府大兴县今据刘名用价伍拾伍两税银八钱贰分伍厘契约中,如果交易双方反悔,则"甘罚白米十石入官公用";②顺治十一年(1654)大兴县王家栋卖房官契中,"如有先悔之人,甘罚白米五石入官公用"③。契约中特意注明"入官公用",表明交易为官中参与的交易,若交易双方反悔,导致交易未能最终达成,则需在官中的见证下向官府支付"违约金",以强调官中的公信力和交易契约的有效性。

第二节　官中的约束与激励机制

传统公共产品供给理论认为,由于公共产品具有非竞争性和非排他性,只有政府才能进行有效率的供给,公共管理更是如此。如果公共管理不由政府直接承担,而由民间微观主体从事或政府委托间接执行,是否会引发混乱与失序?官中会不会凭借政府的授权,滥用权力,鱼肉百姓,反而降低政府征税效率,扰乱基层社会秩序?为此,

---

①《雍正十一年刘乙照、刘文园卖房草契》,刘秋根、张冰水主编:《保定房契档案汇编(清代民国编)》,第1页。
② 转引自张小林《清代顺治朝北京城区房契研究》,《中国史研究》1999年第1期。
③ 姬元贞:《明清土地契约中对"信"的追求》,《人民法院报》2018年4月20日,第5版。

◈ 第三章 清代田宅交易中的官中与基层治理 ◈

清政府采取了一系列措施严加防范。有学者曾考察了清朝通过利益鼓励和责任重究的方式激励官中充分参与民间田宅交易的举措，但认为此种措施是国家政权介入市场的表现，是政府对于民间买卖契约秩序的干预。[①] 本章认为此举恰恰是政府通过完善相关制度以发挥政府的服务职能，更好地保证了官中作为竞争性市场主体能够在制度范围内发挥作用。

以委托—代理理论观之，政府（委托方）与官中（代理方）的利益是不完全一致的。对于政府而言，授权官中的第一目的是管理民间市场秩序，完成契税征收。但是对于官中而言，追求自身利益最大化才是主要目的，而其收益主要有三个来源：一是按规定从田房交易中抽取成交额百分之五的中介服务费；二是承担公共管理过程中可能借机谋取的私利；三是为其自有经营获取相关资源与机会。其中，第一点应该与委托方的利益是一致的，完成中介田房交易越多，官中的提成与政府的税收都越大。但第二点（官中可能的寻租收益）和第三点（官中作为代理方获取的剩余收益或附加值）却与政府目标大相径庭。这就促使委托方要设立明确的边界，防止代理方为谋取私利而破坏田宅交易市场秩序，特别是要着力防范寻租行为。因此，政府在激励官中完成公共管理职能的同时，也要严加约束。

为保障官中能够有效地实行公共管理，并防止其谋取私利，政府颁布了一系列规定，包括对官中的人选进行限制：既要"必系殷实良民"，从而"有产可抵，无护符可恃，庶几顾惜身家，懔遵法纪，不敢任意侵吞"，又规定衿监等身份地位较高者不能充任，"如有衿监充认者，即行追帖，令其歇业，永著为例"[②]，以防止这些人利用其特殊的身份地位垄断市场，扰乱秩序。并且将条例印制在官版契纸上，制度公开透明，这也从光绪年间河北清苑房契官纸后附"写契投税章程"可以看到明确的规定。

首先，规定官中在获取中介费的同时，能够在收缴契税达到一定

---

① 刘高勇：《官牙与清代国家对民间契约的干预——以不动产买卖为中心》，《赣南师范学院学报》2008年第1期。

② 《清高宗实录》卷一九五，乾隆八年六月己卯，中华书局1985年版，第510页。

额度之后获得抽成奖励,"每房地牙能劝征税银一千两以上者,准酌给犒赏百分之五",这为官中参与田房交易设置了一定的激励门槛。而且为防止官中与交易方串通逃税漏税,官中还有一定的"监察补贴","于罚款内提五成充赏",促使官中更加积极地参与田宅市场的交易和相关管理,保证了田房交易税的有序征收。

其次,鼓励包括官中在内的民间各方相互监督,以达到以民治民,在保障各方权益的同时,促使官中承担起提供公共管理和公共服务的责任。具体包括以下两个方面:

第一,严厉打击民间舞弊漏税,保障政府税收利益。政府委托官中代理的重要目标之一是保障政府税收的高效性,因此对于民间逃税漏税行为的打击也最为严厉,条例中也包括对旧契新契的置换、暗减契价、以买作典等多项关于逃税漏税行为的规定,"牙纪于更定新章之后,见有新立之私契,因贪使用钱不即告官者,别经发觉,并照所得用钱数目加二十倍,照官牙第一条罚办"。对官中"扶同舞弊"的行为更是从重惩戒,以保障政府税收,"嗣后凡遇契价与存根不符及契纸已用而存根不缴者,即系牙纪主使漏税,应将牙纪斥革仍予监禁十年",等等。

第二,严防官中寻租行为,维护民间交易双方利益。一是"准买卖两家亲友酌添数人",预防官中把持契价;二是严厉惩罚官中垄断行为,防止官中在进行公共管理之时以权谋私,"官牙领出司印官契纸,遇民间买用不准该牙纪勒掯不发,例外多索,犯者审实照多索之数加百倍罚,令该牙纪交出充公免予治罪,仍予斥革,如罚款不清暂行监禁"。在此情况下,官中借机谋取私利的行为就需要衡量寻租所得收益与被告发风险所带来的损失。

最后,防止民间诬告,保障官中权益。政府在约束官中行为的同时,也打击民间诬告行为,"牙纪与卖主及邻右里书,如有挟嫌诬告,及吏役因系舞弊滋扰者,一经查实,除照例枷责外,并予永远监禁"。这些措施为官中正常估值评价、征收契税和实施公共管理清除了阻碍,提供了保障。

上述激励与约束措施将官中、普通中人以及其他民间各方置于同一体系之中，既能通过激励官中监察民间契税缴纳，提高税收效率，加强市场管理，又能够促使民间自发监督官中行为，督促其有效地提供公共管理和公共服务。

此外，政府针对官中的法规条例也限制了官中的非市场行为，为正常的市场运行提供了相对公正的制度环境，从而能够利用市场的竞争性间接对官中进行约束。与普通中人不同，政府规定官中不能由衿监充任，防止这些人利用身份垄断市场，寻租谋取私利，扰乱市场秩序。由于官中不属于衙门吏役，没有财政收入和补贴，收入主要来源于自身经营和中介抽成，与其参与的田宅交易数量直接相关，且官中不像总甲、册书等有管辖区域的明确划分与数量的限定，因此官中之间存在明确的竞争关系，要想获得更多的中介费用就需要维持一定的公正性，这也抑制了官中的垄断寻租行为。

第三节　官中与基层公共管理

在传统中国基层社会，各类民间组织与微观主体承担着提供公共产品、公共服务乃至公共管理的职能。[①] 与此相似，官中作为田宅交易中的重要参与者，其存在不仅是地权市场演进的结果，更是政府利用民间主体协助自身进行基层公共管理的一种表现。

清代沿袭明代的官牙制度。官牙（官中）分布于全国不少行业，在民间市场交易活动中占据了相当地位。从根据牙帖统计的官牙数量来看，各地牙行数量虽根据当地情况有所调整，但是绝对数量均不在少数。雍正三年，湖北省牙行共5242户；乾隆年间，汉口"承充牙行者不下数百户"。乾隆五十八年（1793），直隶"牙行"13602名，江西"通省牙帖"4490余张，平均而言，每个县所设置的官牙达55.5个。[②] 清政府严格规定了官中（牙行）的从业人员甄选。官中的

[①] 龙登高、王正华、伊巍：《传统民间组织治理结构与法人产权制度——基于清代公共建设与管理的研究》，《经济研究》2018年第10期。

[②] 方行、经君健、魏金玉主编：《中国经济通史·清代经济卷》，中国社会科学出版社2007年版，第1315页。

上篇 传统中国的地权制度

从业人员需"系殷实良民",且"有产业可抵"①。这样既保证该群体具有良好的信用,值得政府委托授权,同时也保证该群体拥有维持生计的财产与收入,在获取中介交易抽成作为公共管理的报酬之外,不需要耗费政府财政开支。"民间懋迁有无,评物价以助市政"②,政府授权官中等代行基层公共管理职能,构成传统中国基层治理的重要特征。

其一,官中协助政府进行公共管理,降低了行政成本。《清史稿·职官三》中记载:"知县掌一县治理,决讼断辟,劝农赈贫,讨猾除奸,兴养立教。凡贡士、读法、养老、祀神,靡所不综。"③县官需要负责行政、司法、劝农、征税、文教等多重任务,如果全部由其属下的政府职役办理,就不可避免地导致基层行政人员队伍膨胀,随之引起政府财政负担加重,间接加重百姓税赋负担,而且一旦监管不足,胥吏徇私勒索的可能性就会提升,从而导致百姓增加面临苛捐杂税的风险。因此,胥吏衙役的数量被严格限制在每县数十人以下。④

与此相对,官中作为民间主体,不是政府职役,尽管也承担着协助开展基层公共事务管理的职责,他们主要依靠自身经营与代理服务所获得的收入而非依赖于财政拨款来维持生计,因此利用官中完成政府对民间交易的管理,能够使政府机构尽可能地保持简约化、小型化和轻型化,降低财政负担和监管成本。另外,官中植根于民间,以市场为生,更贴近基层民众,信息畅达,熟知所在地区发生的交易以及产权变动等信息,拥有政府所不具备的信息优势和活动优势,"何人有契未税,房地牙均了如指掌"⑤,减少了信息搜寻成本。这些优势的存在使得政府只需要耗费较小的激励成本和管理成本,就可以委托官中对基层社会进行有效的管理,实现维护基层社会秩序的目标,对

---

① 《清高宗实录》卷一九五,乾隆八年六月己卯,第510页。
② 王庆云:《石渠余纪》卷六《纪杂税》,第277页。
③ 赵尔巽:《清史稿》卷九一《职官三·外官·县》,中华书局1977年版,第3357页。
④ [美]黄宗智:《集权的简约治理——中国以准官员和纠纷解决为主的半正式基层行政》,《开放时代》2008年第2期。
⑤ 《清光绪二十二年(一八九六年)蓟州乔顺卖房官契》(列后写契投税章程),张传玺主编:《中国历代契约会编考释》(下),第1465—1469页。

第三章 清代田宅交易中的官中与基层治理

于提高基层管理效率颇有成效。

其二，官中作为基层社会中政府征税的代理人，其存在便于民间变更所有权和缴纳契税，增强了基层治理的便捷性。民间土地房宅交易不仅需要缴纳契税，还需要凭有效的纳税凭证完成过割，实现产权法律形式下的正式转移。"凡买典田房成交之后，随将契纸送印粘尾，方准过割。"① "契不投税，则户册不清，是否过割无从查考。"② 因此，立契之后的纳税和粘贴契尾成为必要的手续。

在清代早期，纳税和粘贴契尾的流程十分复杂严格，"今税契杂项，契尾与照根并送查发，是杂项更严于正赋"，存在着耗时长、胥吏勒索寻租、民间匿税等诸多弊端，"需索之费，数倍于前，将来视投税为畏途，观望延挨，宁匿白契而不辞，于国课转无裨益"。针对于此，政府提出要简化契税缴纳和契尾粘贴的流程，将此权力下放到州县，由州县作为基层征税单位征收契税："应将该布政使奏请州、县经收税银，将契尾粘连存贮，十号申送府、州查发，并知府、直隶州照州、县例，径送藩司之处，均毋庸议"，且不再进行重重契税查验，"嗣后州县给发契尾如契价在千两以下者，仍照旧办理，毋庸申送查验。其契价在千两以上者……令各州县将所填契尾，粘连业户原契，按月申送知府、直隶州查验，直隶州则申送该管道员查验相符"③。由于在契税征收过程中，"若令民自报，且开讦告之门。若官为估值，无此琐屑之政"④，因而在后续的操作中，官中逐渐发展成为契税的实际主要代理征收群体，负责田房纳税事务的具体操办。如清代官府以契尾和循环号簿相互配合管理民间契税，官中在其中承担

---

① 康熙年间绩溪县官版契纸，安徽省档案馆藏，编号46.35.1，参见王正华《晚清民国华北乡村田宅交易中的官中现象》，《中国经济史研究》2018年第1期。
② 《兵部尚书军机大臣刚毅整顿江苏税契大略情形奏片》（光绪二十五年五月初十日奏，五月十六日奉硃批：览。钦此），江苏省财政志编辑办公室编：《江苏财政史料丛书》第1辑第3分册，方志出版社1999版，第676页。
③ 《嘉庆十九年福建契尾》，福建师范大学历史系编：《明清福建经济契约文书选辑》，人民出版社1997年版，第724页。
④ 《御史黄桂鋆江苏办理税契苛索扰累折》（光绪二十五年九月初六日），江苏省财政志编辑办公室编：《江苏财政史料丛书》第1辑第3分册，第679页。

上篇　传统中国的地权制度

了部分登记造册的工作,"凡有田房交易,定由官牙画名画押,交易三日内官牙具单报县"①,简化了民间纳税流程。

因此,官中参与民间所有权转让交割和契税管理,事实上弥补了基层公共管理和公共服务覆盖的不足,为民间纳税提供了更多的可选途径,简化了民间纳税过割的流程。一方面,官中参与立契规范了民间交易转让流程,提升了契约的可信度,增加了契约的合法性,而且间接减轻了胥吏对民间的侵扰;另一方面,民间在完成交易之后,由官中统一将契纸根和税银交付政府,民人无须亲赴州县纳税粘连契尾,在简化了政府管理的同时,节省了民间交易的时间成本和交通成本,有效地实现了政府和民间社会信息的上传下达。

其三,民间社会本就具有一定程度的自主性,政府能够通过以官中之类的微观主体连接基层社会,实行间接管理与统治。传统中国幅员辽阔,交通不便,政府对于基层民间的管理实行经济自由主义政策,基层社会的各项事务多由具备自主性和独立性的民间组织、基层微观主体自我管理,并形成了自生自发的社会秩序,如桥会、书院等都在其市场化、社会化经营的过程中,突破了原本的职能界限,延展至公共领域,为基层社会提供公共产品和公共服务。② 与之相似,官中、歇家、牙行等各类微观主体和民间组织生于基层,长于基层,能够克服信息不对称,有效地在基层社会的多维层面中发挥作用。同时,这些组织又得到了政府的认可和保护,被赋予了相当程度的公信力,因而成为政府联结民间社会的桥梁和纽带,协助政府连接、沟通和协调民间社会,是传统中国的重要一环。

第四节　结语

清代官中在估价立契和提供中介服务等服务性职能之外,代理或

---

① 黄六鸿:《福惠全书》卷八《杂课部》,清康熙三十八年金陵濂溪书屋刊本,见官箴书集成编纂委员会《官箴书集成》第3册,第309页。
② 陈月圆、龙登高:《清代书院的财产属性及其市场化经营》,《浙江学刊》2020年第3期。

第三章 清代田宅交易中的官中与基层治理

协助政府进行公共管理。由于负有代理政府进行公共管理的责任，官中获得政府授权，与普通中人存着明显的差异。首先，官中主要参与涉及需要缴纳契税和所有权变更的交易，田宅买卖需纳税，而政府无法获取分散零星的交易信息，掌握更多信息的官中来督促缴税和代理收税更具有相对优势。政府委托官中代理基层公共事务，不仅简化了民间所有权转让和纳税程序，而且也有利于政府利用官中对田宅市场进行管理。其次，官中不参与"加找"等债务性质的后续交易，不会承担连带担保责任。一般中人多需要参与后续一系列的交易，甚至承担连带担保责任，需要在交易发生纠纷时进行调解，如果调解不成，还要受到追责，这是代理政府承担大范围公共管理职能的官中所不必承担的。由于官中不涉债务性质的交易，且类似于押、顶、租等交易方式及雍正之后的典权交易并不需要向政府报备缴税，官中也就不是这些交易中的必备角色。最后，官中可以与一般中人共同参与契约说合与签订，评估交易价格，官中通常具有更强的约束力和公信力，违约惩罚金可能"入官公用"。

作为契税缴纳过程中政府和百姓之间的桥梁，官中的存在一方面使得政府不必扩充政府职役的规模，避免了产生更多的行政成本，实现了对基层的低成本治理，有效地提高了"小政府"背景下的基层治理水平；另一方面，官中的存在也为民间纳税和所有权转让提供了更多的可选路径，简化了上传下达的程序。当然，这一公共管理模式的有效运转也得益于政府为官中有效地稳定市场秩序与实施基层公共管理提供了保障。一方面，政府以规章制度的形式对官中可能的垄断与寻租行为加以限制；另一方面，通过相关制度的确立，也为官中参与市场竞争创造了稳定的社会市场环境。

清代民间社会的市场化发展，使得基层社会的自组织能力能够不断释放出来，民间主体的组织形式更为丰富多样，在基层社会的公信力也有所扩大，成为除了政府和市场之间的第三方。这种多元化的社会结构也使得政府、市场、民间组织三者相互补充，民间主体得到政府的认可和保护，利用政府的授权获取更强的公信力和组织能力，而政府利用民间组织与微观主体低成本地进行基层社会治理。

中 篇
产权制度与民间主体

第四章 传统民间组织治理结构与法人产权制度*

传统中国政府在公共工程与基础设施建设中的主导作用，长期以来似乎成为先入为主的前提，以致早期令人信服的学术成果一时也难以改变这一主流成说。① 近年来，越来越多的成果论证了民间力量在公共基础设施与公益事业中的重要地位与影响。试聚焦于清代津渡桥梁观之，各地学者的成果显示，明确见之于记载的官修、民修、主体不明等三类桥梁渡口之比，湖北桥梁为155∶1338∶1994，渡口为90∶288∶861，桂东南津渡为62∶537∶158，桥梁是9∶122∶6。② 民修主导，其他地区亦然。19世纪安徽的道路津渡，几乎全部是由地方族绅、邑绅组织兴建；可考证的四川义渡323个，福建龙岩州义桥228座，嘉庆广东大埔义渡47个，湖南醴陵县渡口70个全为义渡。③

---

* 原题为《传统民间组织治理结构与法人产权制度——以清代公共建设与管理为中心》，合作者为王正华、伊巍，发表于《经济研究》2018年第10期。

① 杨联陞反驳了魏特夫《东方专制主义》为代表的这种观点（杨联陞：《国史探微》，新星出版社2005年版）；张仲礼更早揭示19世纪大量地方事务实际管理都操诸绅士手中，包括修路造桥、开河筑堤和兴修水利等公共工程（张仲礼：《中国绅士：关于其在十九世纪中国社会中作用的研究》，上海社会科学院出版社1991年版）。

② 张俊：《清代湖北桥梁、渡口的修建与管理研究》，《理论月刊》2004年第3期。林世云：《清代桂东南地区的桥梁与渡口研究》，硕士学位论文，广西师范大学，2013年。

③ 张研、牛贯杰：《19世纪中期中国双重统治格局的演变》，中国人民大学出版社2002年版；王日根：《论明清时期福建民办社会事业的发展》，《中国社会经济史研究》1993年第3期；李坚：《清代韩江流域的渡口及其管理》，《国家航海》第11辑，2015年。肖奔：《从清朝民国渡志看湖南义渡》，硕士学位论文，湖南师范大学，2014年。

◈ 中篇　产权制度与民间主体 ◈

其实政府主导论的成说并未经实证，也经不起验证，为什么新成果不足以挑战这种成说呢？重要的原因可能在于这些成果多停留于碎片化整理，尚未形成系统性的解释框架，一些关键点上还缺乏基础性的支撑论述与贯通性的逻辑体系。民间是否真的具有强大的组织与动员能力？民间兴建桥梁津渡，往往不是投资行为，并不以营利为目的；这种公益性的基础设施建设，或工程浩大，或需长期维护，那么，资金如何筹集？如何组织和管理？这种公共产品的产权形态和组织运作方式是怎样的？凡此种种，尚未得到充分揭示与系统论述。

本章以新发现的湖南《永锡桥志》[①]为线索，综合学界关于义渡、桥梁的新成果特别是新发现的碑刻、志书，包括清华大学图书馆藏民间契约文书等原始资料，复原并论述民间公共设施兴建与组织机构的产权形态和治理模式，进而深入考察其性质与特征。最后，综合慈善与救济、寺庙、家族、书院与各种会社等民间组织，探讨其广泛存在与可持续发展的内在逻辑与制度基础。在传统中国，由于自然条件与技术手段的限制，朝廷对民间与基层实行经济自由主义政策，官不下县，基层自治[②]。公共设施与各种事务均由民间组织自发完成，与西欧传统社会公共物品的制度安排迥异，比较视野有助于分析公共物品提供的政府和民间的边界，具有普遍性的理论意义与历史价值。本章系统论述各类民间组织的治理结构与产权制度遗产，有助于构建中国传统基层经济社会形态及其解释框架，澄清一些认识误区，并提供难得的历史启示。

---

① （清）贺会淇竹春氏纂集：《永锡桥志》，光绪八年刊本，政协安化县委员会重印，安化县进良文印社2015年承印。本章所引《永锡桥志》史料，以文中注，如（卷上"桥事纪略"）。该志由安化县赵亚飞发现，内容与碑刻相印证。承蒙赵先生惠赠，同时介绍和提供资料，谨此致谢。在调研过程中，向赛金、赵速飞、刘补夫、姚自安、李升浩、尹鹏伟等提供线索和帮助，一并致谢。田野调研中获得的资料，不另注明。

② 龙登高：《历史上中国民间经济的自由主义朴素传统》，《思想战线》2012年第3期。

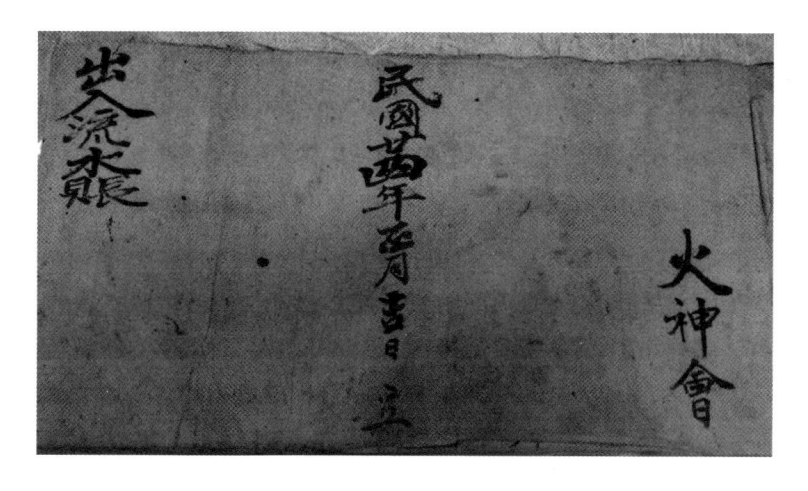

◈◈ 第四章 传统民间组织治理结构与法人产权制度 ◈◈

图 4-1 民国二十四年（1935）火神会账簿
（清华大学图书馆藏，未编号）

第一节 中国本土渊源的理事会治理模式

风雨廊桥是传统时期富有代表性的公共设施，在短缺经济时代可谓是地方社会的重大公共工程，在湖南、福建、浙江、安徽、江西、广东、广西、贵州、四川等南方山区普遍存在。[①] 廊桥内有舒适的条凳可供休憩，桥亭还为行人专门提供免费茶水。相对于普通木桥而言，加盖的廊桥使用寿命长，抗风雨能力较强，但修建耗时久，耗资耗工较大，工程复杂。义渡则更为普遍。所谓义渡，以其民间性与官渡相对，以其非营利性与私渡相对。茶亭在山区也常见，民国时期安化县达300座，在崇山峻岭、荒无人烟的山道，供行旅休憩甚至餐宿（商旅常自带米和熟食），提供免费茶水。凡此公共设施，广泛存在而且长期持续，各地普遍自发形成良好的组织机构进行有效的管理。

[①] 湖南安化一地的风雨廊桥就有80多座，建于清道光至光绪年间（1821—1908年）者多，几乎一两年兴建一座。现仍保留下来的桥梁约有30座。福建屏南，光绪年间就有140座桥梁，其中有亭者82座，见吴艳霞《廊桥中的民间信仰——基于福建省屏南县的田野调查》，《东南学术》2012年第5期。

63

图4-2 国家重点文物：湖南安化永锡桥

一 理事会的构成

永锡桥建立之前原有锡山义渡，渡船在光绪二年（1876）的洪水中倾覆，十余人溺亡。乡民聚于义渡公屋，商议兴建风雨桥。通过民主推选产生首事，组成桥会，相当于今天的理事会。① 一致推选8人为董事，董事者，董其事也，又叫首事，或首士，亦有称"经管"者，一般指出头主管其事的人，这种用法在宋代早已存在，② 相当于理事。在兴建桥梁的阶段此8人被称为"主修"，有22名协修配合。除首事外，具体财务等事务则由"司会"来处理。创建于南宋的屏南龙井桥，清嘉庆年间有9名董事，9名副缘，17名协缘的姓名，显

---

① 董事会通常是营利法人的权力机构，理事会则是非营利性法人的权力机构。
② 宋代蔡襄写有《万安渡石桥记》，万安桥的兴建历时六年，"职其事者卢锡、王寔、许忠、浮屠义波、宗善等十有五人"。见蔡襄著，吴以宁点校《蔡襄集》卷二八，上海古籍出版社1996年版，第498页）；职其事者，就是董其事，这项浩大的工程，理事会成员达15人。

第四章 传统民间组织治理结构与法人产权制度

示出三个层次。① 理事会实行集体负责制，重大决策，会同公议。《永锡桥志》十五条章程，就是由首事公议而成，非出一人臆见。理事会成员通常是有资产、有担当、有声望、有号召力者担任。桃花港黄獭溪口小河义渡"原系公同设立，应由里人择殷实廉明者二人经管钱谷出入"②。如果违反章程规定，将受到惩戒，甚至被开除出桥会，再通过推选等方式产生新的首士成员。永州老埠头义渡碑刻记载，嘉庆二年（1797）首士被县民控告，因为经管懈怠，致船夫懒惰，船破不修。判案立碑《流芳百世》以警世。③ 首事完全是义务性质，有责任却无报酬，不像股东一样有分红与收益。通常首事捐赠钱物数额也较大，以为表率。

首事因纯属奉献，人数与任期多没有严格的规定。不过时间越长，逐渐约定俗成某些成文或不成文的规则。湖南平江南浮义渡首事人数从不固定到相对稳定，初期逾三十人，嘉庆年间固定为八九人。④ 父子相承的首士，亦不少见。刘炳藜祖孙担任永州老埠头首士长达60年；镇江义渡局自同治年间成立起至1949年，于树滋、于小川等父、子、侄三人都相继担任经管。⑤ 乡绅富户是地方建设与公共事务的主导者，责任的家族传承亦在情理之中。

值得强调的是，桥梁、义渡往往横跨江河两岸，而江河通常是各级行政区的分界线，桥会、渡会往往成为跨乡、跨县甚至跨州府的机构，或者跨城乡的机构。这意味着它们往往也是不同家族、不同群体

---

① 该桥乾隆年间毁于火，嘉庆二十五年重修并立碑《龙井桥志》，据张世带桥碑照片识读。见张世带《闽东北木拱廊桥碑》，《大众考古》2015年第9期。
② （清）江芝润：《桃花港黄獭溪口小河义渡志·章程》，湖南图书馆藏，民国十三年（1924）鉴龟堂刻本。龙湾上公义渡亦"举殷实之家端正者"。见（清）陈文学《武陵县龙湾上公义渡志》卷七"公约"，湖南图书馆藏，光绪二十七年（1901）刻本。
③ 碑刻引自周艳华《基于碑刻文献的潇湘古渡——永州老埠头研究》，《湖南科技学院学报》2016年第1期。以下永州老埠头碑刻资料，均出自此文，不另注明。
④ 从乾隆元年（1736）创建，到光绪二十九年（1903）《南浮义渡印谱》修成，170年间首士名录35届，由乾隆年间不定的长任期（最长达31年）到嘉庆年间趋于固定3年的短任期。见（清）义渡会《南浮义渡印谱》，湖南省社会科学院图书馆藏，清光绪三十二年（1906）刻本。
⑤ 于锡强：《瓜镇义渡念曾祖——略记曾祖父于树滋与镇江瓜镇义渡局》，《镇江日报》2011年8月5日第4版。

中篇　产权制度与民间主体

之间合作的产物，需要克服不少行政障碍、习俗差异，责任、义务与利益的协调颇费周章。理事会的构成由两个或多个行政区之间协调商定。长沙与善化之间跨湘江义渡，也是跨城乡义渡，分工合作。"长善各二，乡城分管。乡管田业，城查河船；支发银两，岁修油舱等项，仍公同办理。"①

始于同治年间的镇江义渡局，可能是最大规模的义渡机构。跨越长江天堑，谈何容易！义渡主导方属南岸镇江府，北岸扬州府江都县配合，协调长江两岸各府县官民相关事务。总局设于镇江西津坊，分局设于瓜洲七濠口与江口，均有局屋和码头。日常运行义渡船10艘，船尾均书白色字样"瓜镇义渡第×号江船"。董事逾十名，任职时间，有长达38年的，有29年的，任职短的则为3年。

即使小至山间的茶亭，也设有亭会，安化甘露亭由首士们共同负责亭子的修建与维护，置有亭产，有专门佃户，承担守亭人的责任，为过路之人提供免费茶水等。亭会管理运行方式与桥会基本相似，只是人员多少、规模大小不一而已。

二　理事会的职责与管理模式

其一，兴建桥梁或义渡。

风雨廊桥的兴建是一项复杂而浩大的工程。永锡桥会调动和耗费巨大的人力、物力和财力，从光绪二年（1876）到光绪七年（1881）历时六年建成。理事会既不能像政府部门一样依靠权力强制性发号施令，也不能像企业一样可以凭借金钱与回报来调动资源，然而桥局依然能够调配各方社会力量，完成复杂的浩大工程。这一方面是社会各方在修桥上达成利益一致，同心协力；另一方面，也在于桥局的精心组织，其管理能力达到相当的程度。

首先成立专门机构桥局，统筹建桥全部事务，公议局中事务，合理分工，"或司会计，或募费资，或督各色工匠，或办各样材料，均

---

① （清）刘采邦、张延珂等：同治《长沙县志》卷五《津梁·附载义渡章程》，清同治十年（1871）刊本。以下关于长沙义渡的引用材料均出自于此，不另详注。

第四章 传统民间组织治理结构与法人产权制度

分任之"。随后桥局聘请石工、木工、土工、瓦工,安排建桥的各个环节。个别环节是义工,但绝大部分人员都是聘雇。建桥用工量大,门类多,工头的技术含量高,到底是使用义工还是雇工?理事会曾为此进行过讨论,结果采取了聘雇。一是为了保证有序进行,避免劳力时少时多;二是为了保证质量。永锡桥为石墩木结构桥梁,采用了鹊木梁架技术和砌石建基的固基技术,桥身采用榫卯结构,不用钉铆,承袭着中国古老的大木作工艺。由于每一个环节的技术要求都很高,如果选用义工,则难以聘请到高水平的稳定的设计与施工队伍。而选用聘雇,工人则会用心选材选料,精益求精,且人员稳定便于统筹安排。廊桥修建技术水平高,施工组织严密。整个工程共花费石工 37769 个,锯工 1825 个,木工 2044 个,瓦匠 866 个,建公屋花费锯工 358 个,木工 711 个,另外建桥过程中还曾雇用土工。合计耗资 14466 千 818 文,其中石工钱 6161 千 110 文,锯工钱 310 千 252 文,木工钱 409 千 314 文,土工钱 1146 千 662 文等,工钱合占总经费的 55.5%。

廊桥则由"主墨"总承包,桥会将与之签订造桥合同"桥约"。浙江、福建等地发现 21 封桥约,均由董事、缘首与造桥匠师签订。[①]"同治三年造屏南双龙桥桥约"议定了桥梁规格、造桥报酬,还有严格的违约惩罚条款。理事承担监理、验收之责。屏南张氏匠师世家的桥约由嘉庆历光绪至民国,延绵百余年,富有信誉。利益驱动有利于技术传承与进步,有利于工匠队伍的成长。

其二,负责募集资金。

风雨廊桥作为一项耗资巨大的公共工程,其资金全部来自于民间募集。永锡桥理事会成立后,即订捐簿一部,由县宪盖印批准,获得合法性与信任度。捐资来源范围超过永锡桥周边乡镇,甚至延及邻县

[①] 吴积雷所引 5 封桥约,从嘉庆到光绪,造桥匠师均来自宁德十九都秀坑的张姓"司务",应该是造桥世家,有"成"字辈、"茂"字辈多名司务,见吴积雷《桥约:珍贵的木拱廊桥建桥合同》,《兰台世界》2012 年第 13 期。民国二十四年(1935)古田公心桥(田地桥)桥约是由黄承坚等 11 名董事与造桥工匠主绳周宁县秀坑乡的张鹤昶签订的。见林丽金《闽东北廊桥田地桥的历史文化》,《黑龙江史志》2015 年第 5 期。

新化。捐献方式除了捐钱之外，也有捐田、捐物（木、石、墩基等）等多种形式。募捐是一个持续的过程，不可能一蹴而就，几乎与五六年兴建过程相始终；募捐工作并非一帆风顺，理事会为此殚精竭虑，[①]富家大户是募捐的重点对象，由协修亲自上门劝募。

永锡桥的捐赠单位总数2278个，捐赠总额为14752千文。30千文以上的捐赠者101个，仅占捐赠单位总数的4.4%，捐赠金额却占总数的43%；其中100千文以上者30个，捐赠金额计3404千文，占总金额的23.07%。可见这百名富户对资金筹集起到了主导作用，还不包括他们捐赠的土地、木材等。普通人户与商号的捐赠数额较小，但为数颇众。五、六千文以下的捐赠者1736个，几乎包括所有的商号与民间社团，占捐赠单位总数的76.2%，但金额仅为3511.3千文，占总金额的23.8%。这正符合二八法则。不过，尽管大部分捐赠者金额不多，但捐赠范围很广，相当于大部分家庭与商号参与了捐献，其意义不可小视，反映了桥会的动员能力与民众的广泛参与度。1千文、2千文的捐赠者占总数的55%，约占总金额的12%。这种募捐的形式在一定程度上类似特别税，以自愿"捐"之名，行强制税之实，不过百姓感观与社会效应都大不一样。

其三，负责监管公共设施的维护和运营。

桥梁的兴建，主要以其工程浩大与复杂性，繁忙而紧张；桥梁的维护，则在于其长期性，其中制度化更为不可缺少。

首事须会同商议有关事务，定期巡查，发现问题及时处理。[②] 首

[①] 湖南鳊鱼山利涉义渡创修人周藜光慨叹募捐之难。在鳊鱼山利涉义渡开始运营之后，周藜光出于长远考虑，想要再次募捐，结果发现不仅再募无望，就连已经认捐的银两都很难收到，即"奈同人不体此意，陆续交银不过七十余金，了完田价外所剩无几。其余收费不交，自捐不出者尚多。徘徊观望已逾四年，登门取讨置若罔闻"。见（清）周藜光《鳊鱼山利涉义渡志》，湖南省社会科学院图书馆藏，民国五年（1916）重印乾隆二十五年（1760年）济众亭本，第5B－6B页。

[②] "桥会为守成而积。凡桥亭、公屋及两岸石堤有当整修之处，首事等务须会同商议，趁时兴事，毋得因循延缓，以致日就倾圮，废厥前功"，"首士齐会之时，凡桥梁铺屋等处，必细心巡视一番。复将一切条款向守桥人反覆叮咛。庶几不至有初鲜终（废）。他如饮食费用，毋得任意奢侈，有耗会赀"。见卷上"章程"。

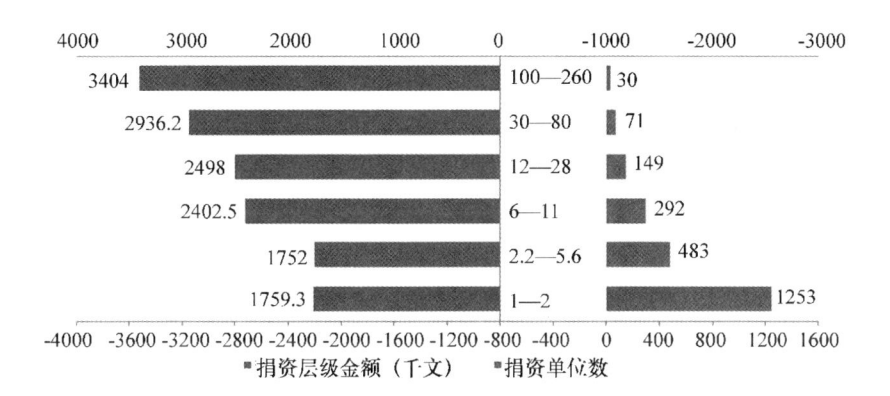

第四章　传统民间组织治理结构与法人产权制度

图4-3　永锡桥捐资单位与金额的层级构成

[说明：纵轴为捐资金额层级（千文），左横轴为捐资金额数（千文），右横轴为捐资单位数]

事们还需要负责永锡桥的祭祀活动。[①] 桥梁奉神祭祀是庄严的要务，例如永锡桥供奉王元帅尊神，婺源唐代彩虹桥供奉大禹以及桥的创始人胡济祥和重修此桥的胡永班的牌位，北溪桥供奉着佛龛，唐模村的高阳廊桥供奉着观音菩萨的牌位，福建寿宁县、屏南县廊桥大多数都设有神龛供奉民间神灵，诸如观音、临水夫人、真武大帝、五显大帝[②]等等。

义渡的日常管理更繁杂一些，尤其是渡夫的选择和管理至为重要。不仅要签订合同，交纳押金，而且要有保人，以此多重约束和管理以确保无虞。通过担保与交纳押金，以保义渡财物安全。渡夫还被规定不得兼谋他业，也不得另顶他人摆渡。同治年间成立的镇江义渡局，渡船10艘，船夫逾20人，管理制度详备。[③] 但相对而言，首事

[①] "修桥时屡蒙王元帅尊神呵护，每年六月二十三日尊神诞期，首事必整齐严肃，恭行祀事，以昭感戴之忱。"见卷上"章程"。

[②] 吴燕霞：《廊桥中的民间信仰——基于福建省屏南县的田野调查》，《东南学术》2012年第5期。

[③] 1949年6月"镇江私立瓜镇义渡局船夫登记表"详记船夫籍贯、年龄、性别、船号、在职年月、家庭状况。籍贯除镇江外，也有宿迁、江都、安徽等地。在职年月有民国三十二年（1943），也有当年入职的。盖印与董事登记表的篆刻方印不同，为红印竖排字"镇江私立瓜镇义渡总局"。

的重要性要高得多。

第四，处理外部沟通与纠纷。一是与官府的沟通，二是与利益关联方的沟通，三是与民众的纠纷。首士要处理各种外部事务，如对桥梁的损坏、财产纠葛、佃户抗租，应付官府的差役等问题。[①] 义渡首士不时会遇上与私渡、官渡的利益纠纷[②]。

第二节　作为制度的法人产权及其主体的运营管理

拥有和自主支配独立的资产及其未来增值，是桥会、义渡良好运营管理与可持续发展的前提。以永锡桥为例，其资产主要包括廊桥、公屋及周围的堤岸、石阶、桥田、会金等部分。

一　置产与田业管理

田业管理是桥产管理的重中之重。桥田的来源主要是两种，即捐田与购置。永锡桥会主要是利用捐赠余资来购买田产，桥田每年的收益即地租，用于桥梁的未来维护管理等开支。

其一，桥田购置履行严格的手续，通过正规契约办理产权交割。

《永锡桥志》卷上"桥田"记录了每一笔田地的购买契约与手续。桥田主要分为两类，一是用于建桥的基地、堤岸、引桥石阶、公屋等；二是获取未来收益的田产。桥田共置20多亩。《桥志》详细记载购买田地的位置、大小、水源的分配等情况，如田地的灌溉水源包括沟水、洞水、河水等不同类别。交易过程中的"契价两明"，主要是明确产权，防止以后出现纷争。

在田地购买过程中，永锡桥本身以法人身份同卖方签订买卖契约，完成产权交割，其产权单位为"永锡桥柱"，在政府备档，并以

[①] 永州老埠头义渡碑刻有道光十一年首事公立《老埠头义渡始末记》载，渡田原有四丘，乾隆十三年将没官田9亩5分归渡，"日久生弊，强佃抗租。嘉庆年间，首事以空粮赔累，禀充学官。自此田少费繁，致欠国课"。没官田可能存在产权明晰问题，容易出现欠租现象，以致纳税都困难，首事干脆将没官田退回官府充作学田。费用不足，宁愿另行募集。

[②] 肖奔：《从清朝民国渡志看湖南义渡》，硕士学位论文，湖南师范大学，2014年

第四章 传统民间组织治理结构与法人产权制度

此明示于契约。同时也是一个纳税单位,作为一"柱",向政府缴税。由此可见,"柱"作为一个独立的产权单位、交易单位和纳税单位而存在。[①]

专门的捐约也具有产权交割的效力。例如《桃花港黄獭溪口小河义渡志》所载《王楚香捐约》:"此系楚香乐捐,并无央强情弊。自捐之后,任小河义渡首事永远轮管,后无反悔。年逢大造,收粮合户,应差完纳。今欲有凭,立此永捐字约一纸,付义渡首事收执为据。"

其二,田业管理。

择田,要考虑所购田产管理方便与否、土壤肥沃与否。[②] 择佃,佃户需要找乡里有名望信用之人作为担保,才可以承佃,并制定了具体的规则以约束佃户。禁止首士私自出佃。[③] 地租的交纳,也有详细的规定。[④] 通常还要将实物地租出售以换取货币。[⑤] 佃农交租"如有任意拖延者,董事人等除另佃另拨外,立即公同禀追",《武陵县龙湾上公义渡志》的这种规定普遍存在。

田租需要用来完税,缴税完毕后的剩余部分才可用来自由支配。政府对于永锡桥此类的公益事业通常并不予免税。武训兴办义学,因为资金不足,士绅向县衙申请学田免税,但仅获准部分减免。[⑥] 租谷

[①] 即"桥田现置二十余亩,凡四保五保永锡桥柱,正银每年上忙扫数完纳,不得拖欠"。(卷上"章程")即使捐赠田地,也要立卖契,将田地产权转为"永锡桥柱"。山西省汾西县《同治六年刘易卖地契》(清华大学图书馆藏契约,编号T3179)中刘易将田地"情愿卖与本家堂叔刘丙才名下管业耕种足柱"。笔者曾在福建泉州南安进行田野调查,发现当地家族每一个房支也称一"柱",自成一个独立单位。

[②] "买田必择地利,若耕管不便、土壤不肥之处,即当不买。断不许委曲周全,私相授受,违者公同处罚。"(卷上"章程")

[③] 鳌溪渡会规定"本会佃耕人以后有更换者,由经管通告各会友携带会谱到会,批明承佃者姓名,以杜私佃私布之弊"。龙镇汉:《茶陵县鳌溪义渡会谱》,湖南省图书馆藏,民国十九年(1930年),第12B页。

[④] 收租一般分为两种,亲临田业和佃户送到。永锡桥桥田采取的方式是后者,以秋分日为截止日期,但是会根据距离远近,补偿送租者力钱三文,但是要求所交谷粮必须晾晒干净,否则不收。

[⑤] 为防止有人从中谋利,规定租谷应当按照市价卖出,不得擅自卖高卖低。在买卖过程中,一般是先收钱后过斗,以防止有缺账、赊账等弊端。

[⑥] 龙登高、王苗:《武训的理财兴学之道》,《中国经济史研究》2018年第3期。

71

的开支，主要用于当年守桥人报酬、桥梁维护、祭祀、茶叶购买等，余则汇入"会金"。

其三，公屋管理与免费公共服务。

桥会购买田地修建公屋，出租给守桥人即佃户以供其居住。佃户不付房租，但是需要交押金"进庄钱"，而且要有声望之人提供担保，承担连带责任。永锡桥守桥人负责为路人提供免费茶水。茶叶经费从桥产收益中开支，每年分两季拨给佃户谷10石，要求其提供茶水必须精细，如果糊弄了事，时有时无，则将所给之谷留下并退佃，绝不宽恕。佃户必须维护好公屋、廊桥等设施。[1] 五年一期，期满良好者可继续承佃，否则会被退佃。未到五年之期，若佃户有违反规定之处，则惟担保人是问。

公屋同时作为桥会公议事务的场所。公屋是桥会、义渡普遍拥有的财产。义渡常有供停泊船只的船坞或船屋，以避免风吹雨淋；还有码头及引接道路。此外桥会、义渡还有其他财产，例如桃江义渡设立了横口滩救生船。[2]

二 会金及其运作

"会金"即桥会专门基金，以其增值收益来保障廊桥的长期维护和日常开支，以及必要的社会活动费用。会金来源，一是捐款余资，二是每年的地租收入余额，三是投资增值收益。

永锡桥的会金起初是建桥之后捐资剩余的226余千文。会金由司会负责管理，可以通过市场经营来寻求增值。主要是购买田业，其次是放款生息。其章程明确规定：

---

[1] 规定不准利用公屋私宰牲口、从事赌博和烟馆行业，不准开歇铺（即旅馆）、屠坊、染坊等以免污染房子碑石，不准堆积柴薪，更不准外人寄放物件。佃户还需及时洒扫桥亭和碑亭。

[2] 屏南县柏松桥有山林，咸丰二年《桥山碑》载："恐久后柏松桥被狂风吹坏，或世远年湮朽坏，无大杉木制造。……是以纠集数姓之人相商，公捐钱文，买得张曰子土名柏松桥头茅山一所，栽种杉木，晋植长大以备柏松桥使用。附近邻村及公议数姓之子孙人等，俱不敢偷砍盗买盗卖等情。"据张世带《闽东北木拱廊桥桥碑》（《大众考古》2015年第9期）提供的原碑识读。

第四章　传统民间组织治理结构与法人产权制度

  钱项以买业为主，不宜放借图利。若钱少不便买业，亦只准各乡散户承借，首事不得支领，免致彼此效尤，庶归画一。借钱者必亲书抵约为凭，倘拖欠不还，随即照约管业，决不宽徇。

  "买业"主要是购买田业，出佃收租。"抵约"属于抵押贷款，到期不还，则以抵押的田地房产来清偿债务，由桥会"照约管业"。为了保证资金回收，通常采取保守性放贷的方式，例如由富人担保等。经营会金的方式除了放贷之外，还有投资商业、放到典当行中收取利息等等。这种经营模式和当前哈佛、耶鲁之类高校的 Endowment 运营模式颇为相似，其性质亦然，"会金乃捐费余赀，非一人一乡所有"。

  会金、公款通过放款生息来增值，注重风险管控，严控高风险的高利贷行为，也杜绝首事领借。南浮义渡"其放借行息，议定长年加一。自应慎重择主，庶免拖欠滥账情弊。如有好主，除首事不得领借外，其余短月皆可放借，不得藉口贪觊短息。凡有此弊，均唯经管是问"。这些规定事实上是很难把握的，因此有些桥会干脆不放贷。

  放贷通常交专门金融机构来管理。长沙"义渡捐项发交长善二十一典，按月九厘生息，钱平九五色，按季支取"。如果经营得当，委托得人，如委托给放贷典当行，有望生息可观。尤家滩小河义渡，道光二年渡产余银170两左右，通过放贷，道光二十四年增至400两。于是"公商置业"，购买了25亩水田。徽商善于营利，桥会结余银两作为营运本金，参照传统金融"合会"的形式，由会首营运，并按市场规则与章程规定，照例立"领约"。①

  桥会义渡的资金开支，也包括慈善行为，但主要限于向同类机构捐赠。湖南鳊鱼山六里"义渡原系利济行人，如遇他处建桥置渡修路，请捐者酌量捐费。其余庙宇寺观，概不应酬"②。永锡桥获得来

---

  ①《纪事会册》，藏安徽省图书馆古籍部。见史五一《徽州桥会个案研究——以〈纪事会册〉为中心》，《徽学》第6卷，2010年。
  ② 丁翰钦：《鳊鱼山六里义渡志·岁用》，湖南省图书馆藏，民国元年（1912）道善堂刻本，第10B–11A页。

自其他义渡会的捐赠；永锡桥志规定，其本身也只能向其他义渡与桥会捐赠。

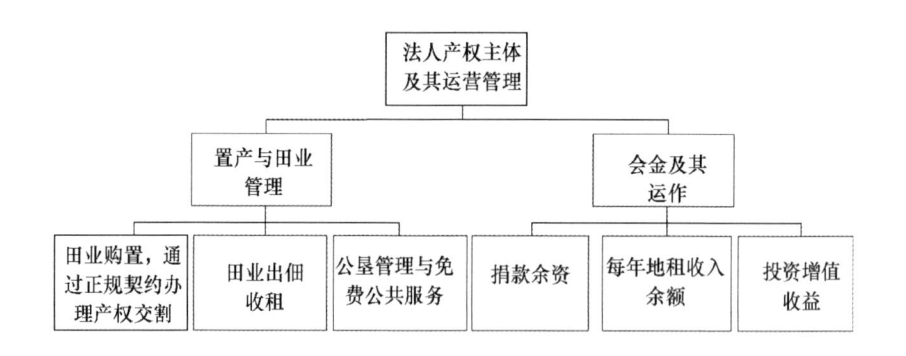

图 4-4 法人产权主体及其运营管理

三 法人产权属性

以上民间组织的资产属于法人产权，传统中国土地私有产权发育成熟，已有系统论述，中国历史上的法人产权则尚未揭示。

法人（Legal Entity）产权，与自然人产权相对应，指特定群体、机构、单位、社团、企业所拥有的产权；另一方面，又与公有产权相对应，公有产权指产权归国家、政府或公众所拥有，包括 Stateownership，Public ownership，Common ownership，财产权利界定为公众行使，任何人在行使对公共资源的某项选择权利时，并不排斥他人对该资源行使同样的权利。法人产权则不然，至少具有以下属性：

1. 法人产权具有独立性、排他性，该特定团体、机构之外的个人、群体与机构，不能主张其权利，包括政府。政府不得以公共理由占据渡产。瓜洲义渡船是专门为利济行人而开设的，规定对南来北往的官商永不借用。衙门、军队，概不应差，特别报请镇江、扬州官府出示明谕①。其他机构也不得以公共之名占有其财产。永锡桥所在原有锡湾义渡，义渡出借其铺屋财物，积极支持桥局，"诸义渡司会、

---

① 龚君、魏志文：《瓜镇义渡局始末》，《档案与建设》2016 年第 5 期。

首事,始以公田租谷八石三斗暂付局内领收,以为修桥之助",但光绪七年廊桥建成之后,桥局将该资产还给义渡,"凭四境贤士,将诸义渡铺屋田亩,交船会原首事经营"。

2. 法人产权又具有整体性,不可分割性。其财产多来自捐赠,但让渡资产后,原所有者不再享有权利;董事、管理者甚至创始人也不能以其贡献而主张或分割其权益,在营利法人中,即使拥有股权者也不能分割某部分财产。在台湾地区,义渡的历史使命终结之后,转变为慈善机构,继续服务社会。

新中国成立后特别是实行人民公社后,基层义渡、茶亭等法人产权通常由村乡或生产队集体继承。安化县梅城镇歇凉茶亭,新中国成立后,村里仍每年安排人到亭上住守,每年记工1000分。实行责任制后,由相关联的三个村每年各补贴守亭人120元钱,直至1997年通公路后,此茶亭便无人值守,基本荒弃。湖北建始县与恩施县交界的大沙河义渡,有渡口边的5.7亩山地"义田",其收入用于船工的生活。集体化后,义田交由生产队耕种,船工由生产队记工分。土地承包到户后,义田划归船工,其相应补偿是不交提留款及农业税。现由当地政府给予一定补贴。①

3. 法人产权受到政府和法律保障。永锡桥保护桥梁的条款,通过"县宪告示"而具有法律效力。内容包括不允许污坏桥梁、公屋;不能从事短期的营利行为,或限于眼前的义举;不能摆摊,不能容留乞丐等。违者予以惩处。

桥会是一个法人,是一个产权单位、交易单位,也是一个纳税单位,在政府备案为"永锡桥柱"。以此法人之名签订各种契约,包括田地买卖契约(典当契约偶亦可见)、租佃契约、雇聘契约,亦以此法人之名纳税。此类法人产权非常普遍,永锡桥的捐资来源中,除自然人与家庭外,也有大量法人,包括商号、公司、会馆、家族、善

---

① 王成、继武:《一船一世界:祖孙三代践诺百年信义》,《检察风云》2011年第2期,第68—70页;又见袁祺、陈鸿《一船一篙,信守百年义渡》,《文汇报》2011年5月8日第5版。当代媒体与宣传部门讴歌义渡精神,聚焦于摆渡人。传统社会则聚焦于理事们,更重要的是制度支持,义渡章程对首事与摆渡人都有严格约束。

堂、庙会等。其中商号一共有77个，占捐赠单位总数的3.4%，捐额为251千文，仅占总金额的1.7%。77个商号当中最大捐额也不过12千文，41个商号则各捐1千文，是捐额中的最低值。商号之外的其他法人单位共有24个，占捐赠单位总数的1.1%，捐额为572千文，占总金额的3.9%。其中印心石屋、百梅庄等各捐了100千文。捐10千文的有6个，12千文的3个，20千文的4个，30千文的2个，10千文以下的7个，共捐36千文。义渡、船会、船行、其他桥会等同类组织积极支持，例如蒋姓乐安桥会捐钱12千文，太原桥会捐钱4千文，丹竹塘义渡捐钱10千文，王振拔船行捐钱30千文，谌永春舫捐钱12千文。

第三节　民间的制度创造力及其影响

一　传统中国的公益法人

桥会、义渡的性质相当于今日的公益法人。与政府相对，它是一种非权力机构。与营利法人相对，它是指依法成立的非营利性机构，从社会公共利益出发履行相应社会管理职能的法人组织。本书拟详细讨论其法理层次的界定[①]，着重从桥会、义渡探讨其原生性的基本特征。

其一，公益性。一是从事公共工程与基础设施建设，并面向大众提供无偿服务。二是首事与组织者都是义务的，并不从中获取报酬，事务繁多者或可有少许补贴。

其二，非营利性。其宗旨不以营利为目的。义渡、桥会不收取费用，更不以此谋利。但非营利性并不意味着不能从事盈利活动。其田产或基金有收入，不过基本用于自身的开支，而不能在成员中分配，即没有股东，没有分红。这与当代慈善公益机构的规定一致。

其三，非政府性。它们得到政府的认可和法制保障，甚至得到政

---

① 法理层次的界定，可参考俞祖成《日本公益法人认定制度及启示》，《清华大学学报》（哲学社会科学版）2017年第6期。

府的部分拨款。但其本身并不是行政机构，它们属于非政府组织；也具有非公共性。既不是政府组织，也不是公共机构。① 应该注意，在其行文中特别是内部，则根据传统习惯称"公议""公产"。传统意义上的"公产"，与现代中国的"集体产权"颇为相似，但与西方所说的"公有"产权仍有差别。相对于团体或机构内部成员而言，它是"公产"；相对于政府或外部公共性而言，又有其特定群体或特定机构的属性。②

其四，公开透明化管理。首事由基层民主推选，捐赠与财产公开，开支账目透明。对于桥产的处理，桥会采取公开透明的方式。为了更好地监督桥产的花费，防止侵吞，规定对于桥田一年租谷的收入、卖钱多少、用钱多少、存钱多少都要有明细记载。即"首事经理数目，一年收谷若干，粜谷若干，入钱若干，用费钱若干，下存钱若干，均宜注载详明，不可稍有混朦，致开弊窦"。司会的职能主要是总管会金收支，如果司会不能秉公经理，"有浪费公赀，私肥己橐等弊，一经查出，除赔偿外，定即将名斥革。另扦殷实老成者充之"。首事通常还实行回避制，避免瓜田李下之嫌，防微杜渐腐败。永锡桥会章程专门规定首士不能借贷会金，不能租种桥田，以免利用权力为己谋私。资金放贷增值时，首事不得支领，免致彼此效尤。公开透明性与朴素民主制，有效地防范了寻租行为，促进了其可持续发展。

二　民间的组织力与制度创造力

其一，民间的制度创造力与拓展力。

---

① "镇江私立瓜镇义渡局"、台中"私立东势义渡会"的法律定位明确为"私立"。道光年间成立的台中东势义渡会，1925 年在台湾总督府登记立案，对应日本制度更名为"财团法人东势义渡会"。义渡功能消失后，1953 年，义渡会向台中县政府申请更名为"台中县私立东势义渡慈善会"，改组为董事制，1986 年，改名为"财团法人台中县私立东势义渡社会福利基金会"。义渡会每年召开两次董事会，必要时召开临时大会。义渡会章程、财产目录、佃农名册、预算决算、收支统计、福利救助……均一丝不苟，透明详尽。见《东势义渡会：台湾历史最悠久的慈善组织》，《公益时报》2015 年 6 月 3 日第 16 版。

② 产权制度的"公"与"私"，中国制度与西方界定有所区别，这里暂且搁置。哈佛、耶鲁虽然直译为"私立大学"（independent private institute），但并不是属于个人或家族"私有"。

中篇　产权制度与民间主体

对照 2016 年我国颁布的《慈善法》，令人惊讶地发现，中国传统的桥会、义渡等组织，其章程与实际运营几乎与之高度吻合。《慈善法》第二章规定：

> 不以营利为目的，收益和运营结余用于章程规定的慈善目的；财产及其孳息没有在发起人、捐赠人或本组织成员中分配；章程中还有关于剩余财产转给目的相同或相近的其他慈善组织的规定。

这种惊人的相似性，显示当今法律在历史上就已经得到明确的具体呈现，可以看到古今相通的一面。而它们都是在中国本土、在民间自生自发产生的；反映了传统社会民间的创造力，包括制度创造力。

这种制度又具有拓展力。公益法人制度，不仅常见于小规模的桥会与义渡，在大规模的机构中，也能够运行良好。同治年间长沙、善化之间的湘江义渡颇具规模，有渡船 12 只，日常两岸各 4 艘，渡夫 16 名，每年的基本工钱就高达 704 两。[1] 从业人员不少，资金庞大，摆渡运送的行旅更不计其数，但运行良好，有章可循，能长期延续下来，完全不需要政府去管理。

大规模的义渡甚至出现了科层化的组织，如武宁浮桥局与镇江义渡局。同治六年（1867），江西武宁县的葛翼堂、利济会等 7 家义渡，[2] 联合订立《浮桥公议条例》，由浮桥局协调和统一管理。原来的各义渡会在统一管理之下仍保持独立。[3] 这相当于总公司与子公司均为法人，各自独立开展业务，但总部又具有统一调度的权力。浮桥局获捐田达 353 亩 6 分 6 厘，捐银钱 663 千文，捐谷 756 石 7 斗 6 升，

---

[1] 三至六月间"每船多发一名工食，以便备人帮驾"。首事，略有酬劳，每人每年支水银 10 两，不到渡夫的 1/3，渡夫每人每月给工食银 3 两，还不包括年终一两奖金。简单计算下来，每年开支高达 704 两。见前引同治《长沙县志》卷五《津梁·附载义渡章程》。

[2] 盛子辉、张曙轩等城乡 8 人成立利济会，置渡船一只，渡屋一所；陈博文等成立泰享会。四十都闽、粤、赣人置船一只，田 25 亩、庄屋一所。

[3] 洪子雅、吴滔：《桥舟合济：明清武宁开发与交通路线的控制与管理》，《地方文化研究》2015 年第 4 期。

第四章　传统民间组织治理结构与法人产权制度

原有7只义舟的田产40亩1分。将近400亩的捐田，在山区可谓为数巨大。渡田全部出佃收租。部分银钱投资铺屋，店租每年可得66千400文。如此大规模的资产及其收支，没有良好的制度是不可能运行长久的。

跨长江两岸的镇江义渡局，则是传统时代规模最大的公益机构。镇江自开埠设关后，商市遂兴。同治十年，浙商魏昌寿等设立瓜镇南北义渡，设总局与两个分局。开支浩大，每年约需6000缗，这几乎是一个天文数字。幸好各方捐款丰裕，理事会又善于理财，购买镇扬房地产14处，沿江芦滩11280余亩，其中11000亩招佃垦成熟田。[①]稳定的房租与地租成为义渡局长期经营的经费保障，进而有所扩大。光绪五年，增添大港、三江营义渡；光绪七年续添荷花池义渡；光绪九年又添天福洲夹江各渡，共计义渡船20号。1923年由镇江士绅发起募集巨额资金，购置铁壳轮一艘，可载400多人，称"普济轮渡"。据1936年统计每年渡客达50万人次，近80年间的义渡人次逾数千万[②]，蔚为壮观。而这一切全部由民间自我管理，有序运行。在清末天津与上海中外合作开展的现代疏浚业中，也采取了公益法人制度，可能也有传统因素的影响[③]。

其二，民间的动员能力、组织能力。

从简易的木板桥，到豪华的风雨廊桥，从偏僻的山间茶亭，到繁忙的长江渡口，各地都以公益法人的形式，长期提供无偿的公共设施服务。小则便利乡民，大则通畅跨越长江的南北大商道，免费公共设施促进了各地城乡交流与全国市场的发展。永锡桥修建150年，迄今屹立在麻溪河上，清代晚期促进了晋商开发安化黑茶，成为万里茶道之始，推动了山区经济的开发。永州北十里潇水入湘水处有老埠头渡

[①] 祝瑞洪、庞迅、张峥嵘：《京口救生会与镇江义渡局》，《东南文化》2005年第6期；龚君、魏志文：《瓜镇义渡局始末》，《档案与建设》2016年第5期。

[②] 于锡强：《瓜镇义渡念曾祖——略记曾祖父于树滋与镇江瓜镇义渡局》，《镇江日报》2011年8月5日第4版。

[③] 龙登高、龚宁、孟德望：《近代公共事业的制度创新：利益相关方合作的公益法人模式——基于海河工程局中外文档案的研究》，《清华大学学报》（哲学社会科学版）2017年第6期。

口与码头，乡民周姓与刘姓"始祖"修建码头，尽管免费供应公共产品，却活跃了市场交易，也为乡民带来福利，"财物康阜倍前十分"。社会经济利益是民众自发兴修基础设施的根本驱动，津渡桥梁与每家每户直接相关，而富商大户的社会交往更多，经济利益更大，推动公共建设的激励更强，理所当然成为民间组织的领导力量。镇江义渡局，则由利益最大的浙商群体主持。

稳定的财产及收益，良好的制度，是义渡、桥会普遍存在并长期发展的基础，显示了传统社会民间的动员能力、组织能力与管理能力。根据商定的章程组织实际运行，法人治理既有激励机制，也有约束和违约惩罚的条款，并且公开透明，形成了相对比较成熟的制度规范。制度简明而完备，因此良性运行上百年甚至数百年。

三 基础设施建设的承担者：政府、市场与社会及其差异

基础设施建设，过去一度认为应该是政府的职责所在，现在知道市场为之潜力更大。奥斯特罗姆[1]从博弈论的角度探讨了在理论上政府与市场之外的自主治理公共资源的可能性。传统中国的制度遗产具体昭示了社会与民间以公益形式开展公共建设的实践。三者资金来源、组织形式、收益分配都大不一样。就资金来源而言，政府为之，来自税收；市场为之，依靠投资；社会为之，有赖捐赠。

与清代大体同时，18 世纪的英国、19 世纪的美国，基础设施建设和中国传统大异其趣。英国陆路、河流和港口的投资大多来自地方有产者（乡绅、工厂主、商人、专业人士），利益驱动强劲，收费信托以道路通行费为抵押借贷并发行债券，运河修建资金主要来自发行股票和抵押借贷[2]。19 世纪新兴的美国，是一个小政府低税赋之邦，由市场配置资源，基本上由公司来承担基础设施建设。其时美国普遍地大规模兴建收费公路、桥梁、运河，到 19 世纪中后期的铁路，都

---

[1] Ostrom V., Ostrom E., "Legal and political conditions of water resource development", *Land Economics*, 1972, 48 (1), pp. 1 – 14.

[2] 沈琦：《"18 世纪交通革命"：英国交通史研究的新方向》，《光明日报》2018 年 6 月 18 日第 6 版。

第四章 传统民间组织治理结构与法人产权制度

是营利性的公司在经营,掀起了美国基础设施建设的高潮,铁路建设甚至超出需求,一度形成泡沫。公司在利润驱动下,通过证券市场,吸引了来自包括英国与西欧国家的资本,相当于未来收益变现,从而使基础设施建设获得迅猛的发展。[①]

清朝较为复杂,19世纪中央政府公共工程经费仅150万两,[②] 基层公共设施,中央政府无力为之,主要由民间承担,并多以公益形式来推动。乡绅商民,义务承担庞大的公共工程建设和公共事务,路人品尝免费茶水,商旅无偿渡江过河,渡人渡物又渡心。遍布各地基层的首事,他们的名字刻在石碑上,也刻在人们的心间,印在桥志里,也印在历史上。然而,公益人受到强烈的地域限制——捐赠经费来源的地理范围,并且不能通过自身的利润积累以扩大再生产,也没有出现未来收益变现的债券融资,这是清代基础设施难以得到大发展的原因之一。收费的基础设施,似乎仅见于私渡,[③] 但私渡又不如义渡普遍,更没有出现像英、美那样以利润为驱动力的规模化发展。这种差异,耐人寻味,将另作探讨。

中国传统社会,人均税收低,官不下县,政府很少直接承担基层公共设施建设,通常鼓励和发动民间的力量来推动公共工程。[④] 计划经济时期的中国则不然,几乎一切基础设施建设均由政府直接承担。以至于向市场经济转型初期,仍普遍认为应该是这样。政府承担,其经费主要来自于税收,没有其他融资渠道,经营模式也受限制,因此20世纪中后期中国的基础设施建设亦严重滞后。

[①] 韩启明:《建设美国——美国工业革命时期经济社会变迁及其启示》,中国经济出版社2004年版。

[②] 见贾米森《中华帝国财政收支报告》,载费正清、刘广京编,中国社会科学院历史研究所编译室《剑桥中国晚清史(1800—1911年)》(下),中国社会科学出版社1985年版,第79页。该数据为19世纪90年代初期中央政府典型的一年的收支估算,货币单位为库平银,该支出不包括铁路建设的50万两库平银。

[③] 在韩江流域,中上游以义渡为主导,市场较发达的下游地区,私渡较为突出。李坚:《清代韩江流域的渡口及其管理》,《国家航海》第11辑,2015年。

[④] 瞿同祖著,范忠信、何鹏、晏锋译:《清代地方政府》,法律出版社2011年版。

◈ 中篇 产权制度与民间主体 ◈

第四节 法人产权与多样化的民间组织

一 多样化的民间组织与基层秩序

传统中国基层社会存在多样化的民间团体与机构，组织着民间社会的各种事务。除了基础设施与公共建设的桥会、渡会、亭会、路会、水利会之外，血缘有家族，宗教有寺庙，工商业有行会，金融有合会，文娱体育有"会""社"，教育有书院与义学，慈善与救济有善堂及救生会，等等。它们都有自己稳定的财产和持续的资金来源，并形成较成熟的组织机构与治理结构，从而能够保持其独立性与持续发展。正如农民的独立性在于其土地产权或属于自己的农庄，法人产权则是民间组织的运行和发展的制度基础。多样化、全方位的民间自组织形态承载着基层的各种事务，形成自我管理和自我运行，并通过与官府的不同渠道与不同程度的联结，共同实现传统社会的基层秩序。奥斯特诺姆[1]论述了利益相关群体自发组织起来，通过自主性的努力，自我管理，而非政府指挥，实现持久性共同利益，并验证了自治模式治理的可能性和成效。这在传统中国表现尤为丰富多彩。

水利设施建设，理论上清政府的财政责任只覆盖黄河和大运河等重要水利工程，以及主要河岸和灌溉计划的建设和维护。大型河道工程构成了清政府财政最大的民用开支，较小型的水利工程计划则由地方社会资助和管理[2]。19世纪水利事业由民间有组织地实施，官方将地方公共事业委托给基层，并向地方自治的形式发展，[3] 湖南、湖北

---

[1] Ostrom E., Walker J., Gardner R.," Covenants with and without a sword: self - governance is possible", *American Political Science Review*, 1992, 86 (2), pp. 404 - 417. Ostrom E., Lam W. F., Lee M.," The performance of self - governing irrigation systems in Nepal". *Human Systems Management*, 1994, 13 (3), pp 197 - 207.

[2] He Wenkai, "Public Interest and the Financing of Local Water Control in Qing China, 1750 - 1850", *Social Science History*, 2015, 39 (3), pp. 409 - 430.

[3] 森田明在大谷敏夫、稻田清一、佐藤仁史等成果基础上，论证了江苏、浙江及直隶的圩堤、疏浚等民间公共事业，见［日］森田明著，雷国山译《清代水利与区域社会》，山东画报出版社2008年版。

的民间水利建设，民间修筑的河道堤坝有地跨3县者，组织管理卓有成效①。此种情况在华北地区也存在，如跨村、跨乡乃至跨县的民间"闸会"。②

各种慈善与救济事业机构，如救生会、育婴堂、普济堂、义仓等，与其他民间组织不同的是它们和官府的联系更为密切。救生会，与赈济相类似，常有官府支持和部分出资，亦有民间捐献。救生机构拥有自己的田产、房产，其租金收入用于红船开支。③康熙四十一年，镇江蒋元鼐等义士十八人以"救涉江覆舟者"为己任，"共捐白金若干"，政府亦给予财政支持，于西津渡观音阁成立"京口救生会"。四川慈善组织十全会在水利事业、社会救助方面发挥了较大的作用④。明清育婴堂、普济堂、同善堂、清节类善堂、施棺类善堂、综合类善堂表明，民间非宗教力量成为主要的、持久的、有组织的推动力，地方上的绅衿、商人、一般富户、儒生、甚至一般老百姓，成为善堂主要的资助者及管理者，而清代政府亦正式承认这个事实，并鼓励其发展。⑤

族田、祠堂是最普遍的法人产权。广东、福建的族田比重最高，土地改革前夕以族田为主的公田分别占田地总数的33%、29%，浙江16%，中南区（江西、湖南、湖北、广西、河南）平均达15%。⑥在土地产权制度和基层社会中产生深刻的影响。家族在各种地方公共事务，包括教育、水利、交通、治安、救济及礼仪活动等发挥了重要作用。家族、祠堂、族田往往以堂号的形式代表其法人产权，清华大学图书馆藏土地交易契约中，就曾出现直隶交河县"五福堂"、山西

---

① 杨国安：《明清两湖地区基层组织与乡村社会研究》，武汉大学出版社2004年版。
② [美]杜赞奇著，王福明译：《文化、权力与国家——1900—1942年的华北农村》，江苏人民出版社1996年版，第22—30页。
③ 蓝勇：《清代长江上游救生红船制续考》，《中国社会经济史研究》2005年第3期。
④ 徐跃：《清末民国时期四川民间慈善组织十全会》，载于中国社会科学院近代史研究所、清华大学人文学院历史系、《清华大学学报》（哲社版）编辑部编《第七届晚清史研究国际学术讨论会论文集：中国近代制度、思想与人物研究》（下册），2016年，第888—924页。
⑤ 梁其姿：《施善与教化：明清时期的慈善组织》，北京师范大学出版社2013年版。
⑥ 龙登高、何国卿：《土改前夕地权分配的检验与解释》，《东南学术》2018年第4期。

中篇　产权制度与民间主体

襄垣县"追远堂"、山西文水县"永德堂"、山西省灵石县"积厚堂"等等①。自宋代成立的范氏义庄，乾隆年间有"市廛百余所，每岁可息万金"②。

寺庙田也大量存在。除了佛、道之外，各区域还存在不同的民间信仰，其服务范围小到个人、村庄，大到省府，甚至有些民间神祇经过王朝的正式册封转化为祀典神。这些寺庙的修建主要是由民间施舍捐赠维持的，并以各种形式置办田业以保证寺庙花销和长期发展，而政府也会推出免税等政策进行保护。寺庙的存在不单单是人们精神寄托的家园，同时作为一种实体，为了宣扬宗教精神和吸纳信徒也往往会积极地参与地方公益事务，如宋代福建僧侣参与甚至主导桥梁的募捐与兴建③，就非常突出。寺庙从事放贷等金融与经济活动更是源远流长。④

书院、义学和私塾，是传统时期中等教育、基础教育的主要承担者。私塾，是由富人、家族主导的基础教育，出资聘请教师于祠堂授课。书院在宋以降的兴起和发展很大程度上依赖于民间的力量⑤。即使在湖南安化这个现在的国家级贫困县，清代就有中梅书院（崇文书院）、丰乐书院、江北书院、西冲书院、江南书院、滨资书院，⑥它们都像岳麓书院一样都拥有自己的田产，包括一定数量的官府拨付钱款与田地。著名的千古奇丐武训兴办义学，均以"义学正"之名购买土地与筹募捐款，以法人资产保障三所义学的永续经营。⑦

---

①　清华大学图书馆藏契约，编号 T0032-42、T0086、T1025、T1153。
②　（清）钱泳：《履园丛话》卷六"芝岩太史"条，中华书局1979年版，第156页。
③　杨文新：《宋代僧徒对福建桥梁建造的贡献》，《福建教育学院学报》2004年第1期。
④　周建波、孙圣民、张博、周建涛：《佛教信仰、商业信用与制度变迁——中古时期寺院金融兴衰分析》，《经济研究》2018年第6期。
⑤　邓洪波：《中国书院史》，武汉大学出版社2013年版。
⑥　两江总督陶澍、云贵总督罗绕典及黄自元、龙桂成等早年就读于中梅书院，他们科举发达后回馈母校，慷慨捐赠。
⑦　龙登高、王苗：《武训的理财兴学之道》，《中国经济史研究》2018年第3期。

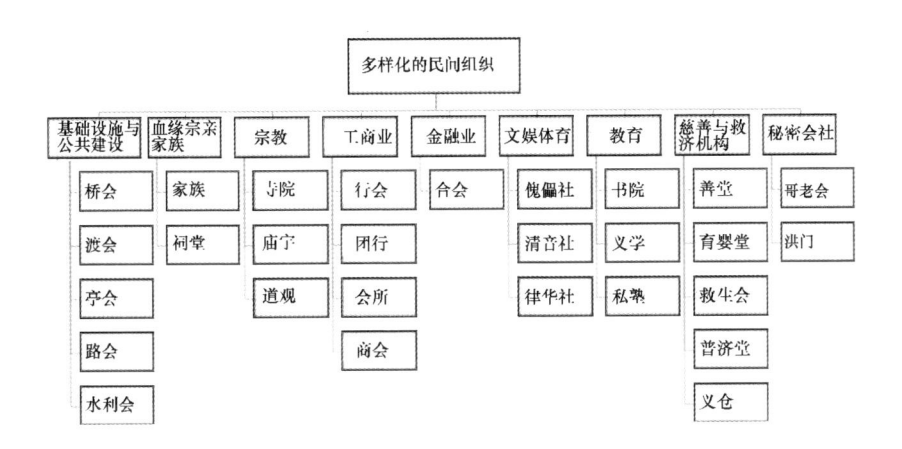

第四章　传统民间组织治理结构与法人产权制度

图4-5　民间组织构成示意图

民间自由结社的传统至迟自宋以来就以其自身的资产与稳定的资金来源发挥作用，大大小小、各式各样的"社""会"组织存在于不同的社会领域和群体当中。在工商业领域，团行、会馆、公所、商会等组织制定和维护各行各业的行业规则，不仅负责处理行业内部的协调，而且处理与外部政府和社会的各种关系。在金融领域，民间互助融资的各种合会组织一直存在，为个人或者团体的融资需求提供了灵活的选择方式。在体育和文娱方面也有很多社团组织，依靠民间的资金支持开展比赛和各种活动，宋代就已活跃[1]。此外，"阳光"之下一直有秘密社会的存在，例如哥老会、洪门、致公堂等，在近代中国的作用凸显。会社都有稳定的经费来源，制订内部规约[2]。在徽州，公祀、会社、乡族机构是资产管理的主体，通过借贷、合会、典当、融资等方式实现生息经营。[3] 会社通常拥有地产，也能以会社的名义进行土地交易[4]。

---

[1] 龙登高：《南宋杭州娱乐市场》，《历史研究》2002年第5期。
[2] 陈宝良：《中国的社与会》，浙江人民出版社1996年版。
[3] 刘道胜：《明清徽州的民间资产生息与经济互助》，《史学月刊》2013年第12期。
[4] 章毅、冉婷婷：《公共性的寻求：清代石仓契约中的会社组织》，《上海交通大学学报》（哲学社会科学版）2011年第6期。

◆◈◆ 中篇　产权制度与民间主体 ◆◈◆

二　政府与民间法人产权主体

与桥田、渡田一样，义田、族田、学田、庙田、会社田地，分别属于义庄、家族、书院、寺庙、会馆、会社、善堂等的"公产"，包括它们在城镇的商铺房产，也包括它们的基金会，都具有法人产权属性，①得到政府的认可与保护。有专门的"公产契据"，在官府盖印存档，②同时也是独立的交易主体。

民间组织具有法人产权的财产和稳定的收入来源，这个普遍性的、全方位的现象，源远流长，成为其独立性与可持续发展的基石。各层面、各领域之间相辅相成、彼此配合，推动着民间的自我管理与自我运行。光绪三十四年（1908）颁布的《城镇乡地方自治章程》事实上只不过是对传统与现实的承认、规范与推进。第五条"城镇乡自治事宜"八款，包括本城镇乡之"道路工程：改正道路、修缮道路、建筑桥梁、疏通沟渠、建筑公用房屋、路灯"等；"善举：救贫事业、恤嫠、保节、育婴、施衣、放粥、义仓积谷、贫民工艺、救生会、救火会、救荒、义棺义冢、保存古迹"，及最后两款"因办理本条各款筹集款项等事""其它因本地方习惯，向归绅董办理，素无弊端之各事"，本来大多就是由民间办理。其他学务、卫生、农工商务、公营事业等均有民间自治的传统基础。

民间组织体系有着多样化的表现形态，其法人产权，也可分为不同类型。前述桥田、渡田及善堂等公益法人的财产及其收益，只能用之于公益事业或慈善，不能在理事与成员内部分配。而族田、会社的

---

①　许光县称之为团体土地所有权，并论证了以义田为代表的清代土地所有权形式在宗族、书院、寺庙等主体都普遍存在，并对清代社会的长期稳定具有重要价值。许光县：《清代团体土地所有权探析——以义田制度为中心的考察》，《西北大学学报》（哲学社会科学版）2013年第3期。

②　光绪十八年（1892）"吴县委盖印给发吴兴会馆公产照契抄册给示晓谕碑"："既查存上海、江西等地会馆成案，并核与义庄公产契据，可以存司盖印，例章大略相同。"（苏州博物馆藏拓片，收入苏州历史博物馆、江苏师范学院历史系、南京大学明清史研究室编《明清苏州工商业碑刻集》，江苏人民出版社1981年版，第46页）。相关研究可参考邱澎生《商人团体与社会变迁：清代苏州的会馆公所与商会》，博士学位论文，台湾大学，1995年。

财产及其收益，则全部由族内或会内成员分享，或用于群体内部的公共事务开支。

民间组织在维护基层社会秩序方面发挥着重要作用，而且民间社会的自我管理组织，发挥了官府不可替代的作用，并且"官民相得"形成社会秩序。国家依托乡村内在的民间权威，通过培植代理人方式，实现简约化治理，构成民间组织与政府之间相得益彰的复杂关系。[①] 清代市场与社会的发育，使基层社会的能量得以扩大，维系纽带得到强化，甚至政府与基层之间也增加了市场化的连接纽带。[②] 此类群体以市场为生，以其信息优势与活动优势，在政权与基层之间上传下达，并接受政府的委托，代理完成某些政府职能，包括类似包税商代为完成部分税关赋役的征纳。它们非官非吏，不需要政府编制与薪资，从而降低了政府的控制与管理成本。公共设施、公益慈善之会社，工商业之会馆公所，教育之书院义学，血缘之家族祠堂，宗教之寺观，凡此民间社团都具有法人色彩，都得到政府的认可与保护。它们在基层社会是不同领域的自治主体或组织管理者，于官府则是联结民间的纽带与中介，[③] 在合作博弈中相辅相成，低成本地实现大一统政权对多样化广土众民的地方基层的管理和统治，由此形塑的"国家能力"，将在本书第八章详述。

第五节　结论

传统时代基层重大公共工程与基础设施普遍由民间承担，而且像义渡与风雨廊桥等通常以公益的形式建造，并提供免费服务。本章全面论述了民间公共设施建设的组织模式治理结构，首次论证了中国历

[①] 王日根：《明清民间社会的秩序》，岳麓书社2003年版；杨国安：《国家权力与民间秩序：多元视野下的明清两湖乡村社会史研究》，武汉大学出版社2012年版；吴雪梅：《多中心互嵌：乡村社会秩序的又一种类型》，《光明日报》2011年12月15日第11版。

[②] 杜赞奇谓之赢利性经纪。胡铁球论述保户歇家也成为清代县衙与基层社会的一种市场化连接。胡铁球：《明清歇家研究》，上海古籍出版社2015年版。

[③] 随着政府直接管理日益向基层渗透，这些民间组织在近代从官府的中介逐渐趋于官僚体系化。

史上的法人产权形态，并由此系统性考察了各种民间自组织的产权基础，以期推进对传统基层社会特征的反思与认识。

其一，公共设施建设形成了较为成熟的组织机构与治理结构，理事会由民间自发推选，负责募集资金、桥梁与义渡的兴建及长期维护与运营，管理公开透明，并能完成跨江河两岸甚至跨州县的协调工作，连接官府及处理外部纠纷。

其二，桥会、义渡是一种非营利性、非政府性的公益机构，在短缺经济时代的动员能力、组织能力反映了民间的制度创造力。从道德的角度很可贵，但相比较以利润为驱动力的公司等市场主体，也有其内在局限。

其三，它们拥有独立的财产，特别是具有未来增值收益的田产与基金（会金），以供长期运营。法人产权具有排他性，具有整体性和不可分割性，并得到政府和法律的保障。

法人产权不仅存在于桥会、义渡，也广泛存在于水利会（闸会）、工商业会馆、行会，及秘密会社，更普遍存在于家族、寺庙、书院及慈善救济机构中，成为凡此民间组织独立和可持续发展的基石。

其四，这些民间组织在基层经济与社会生活的各层面中多维度地发挥各自的作用，并成为政府连接、沟通和协调基层的中介与桥梁，也成为大一统政权低成本维系基层统治的制度基础。

传统中国基层各种事务多由民间自我管理，并自发形成秩序与制度，其历史遗产带来启示。第一，中国人缺乏自组织能力，这是一种认识误区与偏见，事实上，中国基层社会具有朴素民主的传统，理事会通常由民众自主推选，自愿担当，形成了相应的较为成熟的制度安排。第二，这些民间组织拥有自己的财产，并且产权明晰，未来收益得到保障，因此具有独立性，可以不依赖于强权而存在与发展。第三，它们形成有效的组织体系与治理结构，运行公开透明，向社会与利益相关各方负责，有明确的章程与制度保障，能够走上可持续发展之路。第四，有效的激励机制与约束机制，不仅与其经济利益直接相关，而且与当时的宗教、伦理与道德相配合，理事甘心付出，倾情投入，雇员努力工作，同时严格的条例与民众

第四章 传统民间组织治理结构与法人产权制度

的监督约束他们无法也不能中饱私囊或消极怠工，有效地克服了寻租与腐败现象。简言之，独立的法人产权，明确的章程与规则，有效的治理结构，公开透明的运作，社会与经济利益的激励，民众的监督与约束，凡此构成传统中国民间组织的制度安排，富有成效，富有启迪。

第五章　清代书院的财产属性及其市场化经营*

书院作为源于唐代、发展逾千年的文化教育机构，历来承担着教学、藏书、出版等多种职能，是传统社会中文化教育事业发展的重要力量。不同于为承担科举考试的任务而设立的官学系统，书院源于学者独立讲学和民间社会自身的文化教育需求，具有很强的自发色彩。至清代，书院制度相对成熟，其作为文化教育实体所具有的社会资本愈发受到上至政府、下至百姓的重视，书院因此也被不同的社会群体赋予了多重社会功能：书院既可被视为知识分子研究高深学问的学术机构，也作为满足百姓普及性教育、完成科举考试的教育机构，同时也被政府视为官学的补充，是教化百姓、移风易俗的重要平台。

书院在其漫长的演进过程中，形成了什么样的制度基础和组织安排，以实现上述多重功能？不同于依靠血缘关系相联结的家族组织，也不同于依靠宗教信仰相联系的寺庙道观，书院制度的创立，作为民间社会自发产生的教育组织，不依赖血缘和宗教信仰而延续千年，其原因何在？传统关于书院的研究，多侧重于书院本身的学术、教学活动和其文化思想的研究，涉及书院财产属性与财产经营的研究较少见，邓洪波[1]、任小燕[2]等初步介绍了书院治理的董事会模式，对于书院各项经费的开支，也有学者进行整理，如林枫等对清代福建书院

---

* 本章同名论文，发表于《浙江学刊》2020年第3期，作者为陈月圆、龙登高。
[1] 邓洪波：《古代书院的董事会制度》，《大学教育科学》2011年第4期。
[2] 任小燕：《清代传统书院董事制度及其流变的历史考察》，《教育学报》2016年第6期。

第五章　清代书院的财产属性及其市场化经营

的经费进行总体分析[①]、孟雪对清代书院的经费做了总体的概括[②]；另外，个别书院拥有的土地与产业经营状况也受到一定关注，如李琳琦对汉口紫阳书院经营的细致研究[③]。已有关于书院经营制度的研究，基本上都是点到为止，尤其目前为止尚无文献点明书院的公益法人属性与财产属性。本章将在前人各类研究的基础上，利用包括地方志、书院志在内的一手资料，以清代书院作为主要考察对象，探索书院作为公益法人的产权制度与财产的经营、管理模式，借助经济学的理论视角，揭示书院作为公益法人长期独立稳定经营的制度渊源。

实际上，书院作为民间自发组织而提供公共产品、公共服务的公益性法人组织，在组织制度、经营模式上与传统社会其他类型的公益性法人组织颇为类似。书院的经营管理职能，也自然地超越了教育的界限，涉及其他民间公益事业。通过对书院财产属性和经营管理的研究，能够进一步拓展对历史上公益法人制度的认识，进而为重新理解传统时期公共事业的建设、国家与社会关系提供新的视角。

第一节　书院财产的法人产权性质

清代书院发展较为成熟，核心在于形成了稳定的产权制度，使得书院能够有效掌握、利用其财产。书院的财产来源相对多元化，既包括民间捐献，也包括部分政府的拨付，但书院本身拥有独立的产权，书院对该种产权的拥有不受外界的干涉，具有排他性，由此可以自主支持书院的运营。书院拥有的产权在性质上属于法人产权，法人产权是特指诸如公司、社团等团体组织所拥有的产权形态，具有独立性、排他性、整体性[④]。此类财产，传统中国称为"公产"，与"官产"

[①] 林枫、陈滨：《清代福建书院经费初探》，《中国社会经济史研究》2008年第1期。
[②] 孟雪：《清代书院经费研究》，硕士学位论文，山东师范大学，2019年。
[③] 李琳琦：《徽商与清代汉口紫阳书院——清代商人书院的个案研究》，《清史研究》2002年第2期。
[④] 龙登高、王正华、伊巍：《传统民间组织治理结构与法人产权制度——基于清代公共建设与管理的研究》，《经济研究》2018年第10期。

中篇　产权制度与民间主体

"私产"相对应。一方面，法人产权与自然人产权相对应，能够超越个体的生命而长期延续；另一方面，法人产权与"官产"（国有产权或政府产权，State ownership）相对应，具有排他性。民国以来大量的祠庙、义学、宗族、书院的"公产"被纳入政府财政、发展地方公益事业，称之为"公产入官"，倘若公产本为官产，就不存在政府将其纳入财政的过程了。法人产权制度实际上广泛地存在于中国传统民间社会，成为书院等传统公益组织发展的制度保障。具体而言，在法人产权的制度安排之下，书院作为一个独立的产权单位、交易单位和纳税单位，具有自身的资产，以及需要负担相应的责任和义务。

明确的产权界定。书院在购进或受赠资产时，总是要和交易方签订相关契约，以在法律上完成产权的交割。如福建诗山书院在购入田产时，就与出让方签订契约。以下为《诗山书院志》所载光绪十八年（1892）所立公产交易契约。诗山书院从另一法人产权单位郭玉记处购得公田的契约，就明确记载了购得田产的位置、纳税信息，并且注明不再"贴赎""永为书院公业"。这些都与一般契约无别。

> 同立卖断尽并推关洗贴契人、十二都蓬岛乡郭玉记公派下等，有公田壹段，大小二十七区，坐贯本都后寮乡湖柳仑，土名东头垅，受子伍斗，配米壹斗贰升伍合（内三分应得二分）。今因乏银公用，亲就与诗山书院诸绅董卖断，出龙银壹百伍拾大员。价值已敷，嗣后不敢言及贴赎，此田永为书院公业。其产米在十二都一图八甲郭天福户内推出，收入诗山书院公户完纳。今欲有凭，因立卖断尽契一纸，付执为照。
>
> 　　　　　　　　　　　　　　　　　　　　　公不用中
> 　　　　　　　　　　　　　　　　知见郭治梁　治金　永辣
> 　　　　　　　　　　　　　　　　　　　　　秉笔郭焕其
> 光绪十八年十一月　日　　　　同立卖断尽契人郭玉记公派
>
> 光绪二十六年二月，郭兴玉公派房长郭源甲、郭永园等，再将此田三分应得一分来卖断与书院，去银捌拾大员。其产米在十二都一图郭福忠户内推出，收入书院公户完纳。此田三分尽归书

第五章 清代书院的财产属性及其市场化经营

院,永为公业。其契与前一样;秉笔郭焕其。①

"永为公业""书院公业",表明产权交割完成,由原来"郭玉记公派"转移到"诗山书院公业"。由于书院作为独立的纳税单位,可能在政府列有户名,与自然人一样承担相应的赋税责任,因此契约中同样注明了赋税责任的转移:该田的赋税从原有的郭天福户中剥离,转入诗山书院公户完纳,赋税责任的转移代表着整个交易过程的最终完成,书院由此也完整地拥有了这块土地赋予的权利和义务。当然,书院也可以通过其他的"户"来完纳税粮,这不影响书院的产权独立性。而诗山书院拥有其独立的纳税户头,足以说明诗山书院作为法人组织的法律地位。类似的情况还存在于武训所创办的义学,在当地政府有户名"义学正"②,其他民间组织亦然,湖南安化县永锡桥亦在政府开列户名"永锡桥柱"③。独立的纳税单位是书院承担法律义务并享有相应权利的见证。

随着书院财产规模的不断扩大,出现了拥有地产的范围横跨县域的情况,此时书院拥有不止一个纳税户名。以浙江仁文书院为例,其所有田产横跨嘉兴、秀水两县,需要在两县分别纳税,因此明万历三十二年(1604)所颁《仁文书院条理院田事宜》即记载,书院分别在两县立户"嘉仁文"和"秀仁文"④,从而分别在两县纳税。湖南巴陵金鄂书院拥有多个田庄,其于光绪十二年(1886)所立章程中也规定"(书院应立)完粮簿一本,登记各庄钱粮,某庄在某乡应完粮若干"⑤,可见书院的纳税方式与私有产业一致,都按照其拥有田产的位置归属到相应的赋税征收系统中。

---

① (清)戴凤仪:《诗山书院志》,厦门大学出版社1995年版,第81—82页。
② 龙登高、王苗:《武训的理财兴学之道》,《中国经济史研究》2018年第3期。
③ 龙登高、王正华、伊巍:《传统民间组织治理结构与法人产权制度——基于清代公共建设与管理的研究》。
④ 《仁文书院条理院田事宜》,万历三十二年,载邓洪波主编《中国书院学规集成》第一卷,中西书局2011年版,第371页。
⑤ 《金鄂书院酌议章程八条》,光绪十二年,邓洪波主编:《中国书院学规集成》第二卷,第1192页。

中篇　产权制度与民间主体

契约落款中的"公"是指土地出卖方"郭玉记公"和土地买入方"诗山书院",二者都是具有独立地位的法人,因此被称之为"公"。需要注意的是,传统社会中所常提及的"公",实际上特指相对于自然人的法人,所谓"公产",属于法人产权,而非当今的公有制或国有制。只有在特定提及"官",例如"官田""官办"时,才指国有或者官有的财产或兴办的事业。古今异义,不可望文生义,简单地将"公田"理解成当今社会主义下的"公有制",或国家所有或集体所有的土地。

在公产交易中,不同于私有产权交易中常常出现的典、活卖、绝卖等多样交易方式,公产交易为了降低交易风险,减少交易过程中可能发生的纠纷,往往以绝卖的方式一次性完成交易,并且在契约中强调"价值已敷,嗣后不敢言及贴赎"。这也体现了公益法人在资产交易中的低风险偏好。

值得注意的是,契约落款中所书的"公不用中",是指若交易的双方皆为"公",那么"公产"之间的土地房屋交易契约的签订,可以不用"中人"。上例中"郭玉记公"和"诗山书院"二者皆为法人组织。事实上,一般的契约,不可缺少"中人",城镇房产交易,通常还需要官府授权的中人"官中",或民间中人与"官中"共同签字画押。中人的作用,是为了增强信用与保证契约执行法律效力,"官中"尤其如此;中人由于在交易中起到了见证、监督的作用,通常还需要中介费,"官中"更不可缺少。"公不用中",可能意味着"公产"比一般的"私产"具有更强的信用,其产权的法律效力似乎更强,所以不需要中介介入交易。事实上,"公不用中"也减免了交易所需的"中介费"("中资"),这也可以视为政府对公益组织的一种优惠。

书院的产业除了购买之外,另一重要来源,尤其是最初的来源是社会捐赠,捐赠同样立有契约,以作为产权交割的凭证。以下为徽州《还古书院志》中所载的捐赠契约:

> 立输田契十一都二图三甲汪五云,今因还古书院于城祠崇祀

第五章 清代书院的财产属性及其市场化经营

身曾祖石滨府君神主，俎豆千秋，自愿输田五十砠，用奉蒸尝。当其在田本家户内，自行管业办纳粮差，其租谷每年折实纹银三两二钱整，春秋两季交入书院不得短少，今恐无凭，立此为照。其田字号税亩与别业相连，不便开载再批。

康熙五十一年八月朔日立输田契汪五云。

凭中陈孔抱、汪震白、汪晋遐[1]

乡民汪五云在将田地捐献给书院时，没有移交纳税责任，田地的赋税仍由汪家人代书院缴纳，这无损于所有权的转移。另外由于交易的一方为自然人，因此在立定契约时，中人的见证"凭中"，亦保证了交易的有效性。

除了在政府开列户名之外，书院还通过向政府申领执照的方式获得法律保护。徽州的还古书院，建立于明代万历年间，历经明清鼎革，在清朝入主中原之初，为了防止有人趁乱侵吞书院资产，书院迅速在新政府申领了执照。现今书院志所载的顺治六年（1649）执照记录了书院的"祀银、铺屋、田园、租赁"[2]等各项资产，并且盖有官府印信。在这个过程中，书院作为主导一方，主动借助政府力量保护书院资产，政府往往是"被动地"应对地方的诉求。不仅是书院，其他公益性法人组织，也积极通过"公产立案"[3]的手段，向政府申报资产，以获得政府的保护，这里的"立案"，和书院的申领执照本质上是相同的。

需要特别说明的是，书院因其提供公共教育的公益性，也易受到政府的支持。政府常见的支持是直接拨入资金，或将涉及诉讼罚没的田地拨入书院，如重庆的东川书院就拥有因"寺僧不守清规"充入、"王永兴与僧照堤争讼甘愿卖归公"[4]的产业若干。另一种政府支持

---

[1]《还古书院志》，《中国书院文献丛刊》（第二辑），第63卷，国家图书馆出版社、上海科学技术文献出版社2019年影印本，165—167页。

[2] 见《执照》，《还古书院志》，第161页。

[3] 邱澎生：《由公产到法人——清代苏州、上海商人团体的制度变迁》，（台北）《法制史研究》2006年第10期。

[4]《东川书院公业纪要》，《中国书院文献丛刊》（第一辑），第91卷，国家图书馆出版社、上海科学技术文献出版社2018年影印本，第513页。

中篇　产权制度与民间主体

的方式是减免书院的赋役，不同时期的减免往往不甚相同。还古书院自万历年间建立以来就得到县政府的减免，仅象征性设立一丁，实际上相当于免除了书院按丁征发的各类徭役，书院只需要按照田地缴纳田赋[①]，传统社会的赋役中，田赋按照土地征收，赋税额度相对稳定，负担也相对较轻，而与丁有关的徭役则由地方政府征派，存在较多的不确定性因素，负担相对较重，书院仅设一丁，"照例免加丁徭"，使得书院的赋税负担得到较大的减免，这似乎也是政府对公益法人的常规性政策支持。在已经完成摊丁入亩的晚清，武训在兴办义学时，也曾向政府申请减免田赋。

第二节　书院理事会与监院的资产管理

清代书院已逐渐形成了教学与行政分离的运营模式。教学方面，由学问高深、名声卓著的山长负责管理，而日常的院务和财政事务则由专门的理事会负责管理[②]。理事会制度因其具有民主、公开、透明的特性，能够有效地管理书院财产，以保障书院的有序运营。

一般而言，书院的理事成员或称之为绅董，或称之为首士，[③] 往往由当地家境殷实、具有名望、热心公益的士绅或百姓担任，通常通过社会各界的共同举荐出任。理事会的管理模式在不同情况下存在差异，一种常见的情况是不同理事按年度轮流管理，每年直接负责管理的理事会称为"值年"，如值年董事负责如资产管理、与官府对接等等工作，俟年终汇集所有成员，共同清算账目，完成向下一年值年董事的交割。值年制度实际上是理事会内部的监督机制，通过不同成员

[①] "……因立还古户于东北隅一图一甲内输粮税，历奉县主仰体圣朝崇儒重道之意，惟设一丁，今宪檄编审不ござ明，照例豁免，恐书院费无所出，反误国课，伏冀仁台维持正学，照例免加丁徭，书院有光"，见《恳免加丁呈式》，《还古书院志》，第164页。

[②] 一般而言，理事会特指非营利性法人的管理机构，董事会特指营利性法人的管理机构。但在我国古代，董事者，"董理其事也"，董事会也被用为非营利性法人的管理机构，一般将书院的管理机构称之为理事会，引用文献中涉及的"董事会"则不做改动。

[③] 除了"绅董"与"首士"之外，"首士""董事""绅士"亦为书院理事会成员的别称，后文不再特别说明。

第五章　清代书院的财产属性及其市场化经营

之间的制衡，起到预防腐败的作用。① 也有的理事会在不同成员之间进行分工，专人专责，便于对书院进行更加细致的管理，如湖南的岳阳书院、慎修书院，就设有租谷米石首士和租息银钱首士，专职经营书院财产，分别负责征收管理书院的田租和书院本金存至典当商所获的利息②，其目标是保障书院资金安全和稳定收益，其作用类似于当今社会专营保险资金的职业经理人。当然，并不是所有的首士都有明确管理专项事务的责任。

由于理事会能够公开透明地管理书院财产，即使是对于某些官方背景浓厚的书院，地方官员也倾向于采用理事会制度管理书院。位于重庆府城中，由川东道台所兴建，长期由巴县县政府直接管理的东川书院，受到衙门胥吏的把持，长期以来存在着账目不清、财产流失等诸多问题。为了重新整理书院财产，保证书院的有序经营，光绪末年，时任川东道台任锡汾组建独立的理事会，以有效经营书院，"由道延访绅董经理、而道督其成"③，通过引入具有名望的士绅组成理事会，政府再在此基础上派驻监院管理。需要说明的是，监院作为政府的代表，一般由学官兼任，主要起到外部审计的作用，如湖南岳阳书院、慎修书院，其监院就由"府学教官"充任，除了日常保存书

---

① 如平阳龙湖书院章程中就详细记录了不同董事之间轮值管理的办法，"公举殷实乡绅七人，报明立案，每年二人董理院事，每人轮值二年，计七乡，以城、力、小、江、南、北、蒲为序，连环交□，每年一换一留，如甲年城隅与万全二人董理，则乙年万全与小南绅董继之，丙年又系小南与江南之绅董接办。如是递更，七年一回，复行举报"。见同治二年《龙湖书院章程》，《中国书院学规集成》第一卷，第361页。

② 租谷米石首士和租息银钱首十的职责分别如下，"（租谷米石首士）每至月满日，收取各店租息，登簿后，归救生局总办等详细算核。如无差算错，该总办等亦即画押，将款汇归殷实钱店收存。遇有开发束修、膏火、薪水、工食及各项支款，禀知监院核与后，开条款相符，登簿送府盖戳后，仍知会该总办等，列入银钱总登印薄，到钱铺支取，随同监院放给……专管租息银钱首士，予存款生息各店，务须随时查探，如有店本不充势欲倒闭情形，立即禀府提款，另放妥店，倘该首士瞻徇情面，不先禀明，致将存本亏欠无著，亦即该首事经管不力，即行更换。"二者职责的核心是保障资金安全。光绪《岳阳、慎修两书院合志》，台北成文出版社2014年版，第92—94页。

③ "所有出入经费由巴县督饬，该县礼书经理者多日久相沿几成弊薮……倘仍由巴县督饬礼书经理，依然无裨实际。随商印委及公正绅儒酌定出入款项，一律改派正绅经管。由道督，方能清源革弊"，见《道宪任为试办有效申请立案详文》，《东川书院公业纪要》，第485—486页。

◈◈ 中篇　产权制度与民间主体 ◈◈

院的账簿之外，每年年末会同书院首士查阅当年账簿，① 主要的目标在于保证书院财产不被侵蚀，监院并不直接干涉书院的日常事务。

　　书院理事会的经营管理职责包括两大部分：首先，在兴建书院的时期，理事会成员承担了向社会募集资金、修筑书院等创始性工作。例如福建的诗山书院，在创立时期，理事会完成了向社会募集资金、兴建学舍、购置书院田产等准备性工作②。其次，书院建成之后，理事会还需负责书院的日常经营，使得书院的运营能够获得稳定经费的保障：（一）理事会负责书院日常开支和财产的管理。以东川书院为例，理事会中绅董的职责包括从书院的田产、城市土地等各类资产收取租金；向书院的山长、职员发放薪水和支付各类经费；及时代书院向政府纳税等。每年年终时，理事会还要会同监院清点书院财产、汇编并公开书院本年度账目。由于书院的另一个重要职能是藏书，一些情况下理事会还负责书院藏书的管理。③（二）理事会还同时代表书院和政府对接，如书院在承担地方官考课时是由理事会延请地方官出题，④ 同时接受政府驻派的监院对书院日常运营的监督。理事会的另一重要职能是集体协商公议，选聘才学卓著、品行优异者担任山长。在选定山长之后，由山长负责日常教学，理事会不插手书院的日常教学活动。为了保证教学的独立性，同时尽可能地减少行政开支，某些书院甚至规定即使是值年董事也不得随意前往书院。⑤

　　理事会和政府的对接，源于政府和书院的密切合作，书院承担了

---

① 《岳阳、慎修两书院合志》，第95页。
② 戴凤仪：《诗山书院志》，第76页。
③ 如惠州府丰湖书院，其《守书约》中规定了董事兼任藏书掌事以管理藏书的职能，见邓洪波《中国书院制度研究》，浙江教育出版社1997年版，第208页。
④ 比如《诗山书院志》所列的"甄别官课，由县酌定，不由礼房经手。惟董事公局遣认到执贴房请题缴卷，方为便当"，见《诗山书院志》，第71页。
⑤ 比如江西凤巘书院就在其光绪元年章程中明确限制了董事在院："值年首士每年限四月、十月来院，止此二次，夫钱盘费，每十里一来一往，共补钱叁百文，按里例推。山长入院，只宜商酌一二，来院迎送，面陈院规。此外，有关书院要务，函请相商，值年来往亦开夫费、伙食，若值年不到院任事，及不因院务到院者，不得开消各项。其不在值年者，除会集一次，不必来院。"光绪元年《凤巘书院章程》，邓洪波主编：《中国书院学规集成》第二卷，中西书局2011年版，第691页。

部分政府委托的职能。福建平潭的兴文书院，地处边陲海岛，是平潭唯一一所书院，系雍正九年（1731）由海坛镇总兵创建。早期书院规模较小，仅为义学，此后经历代士绅百姓捐资重修拓建，方能维持书院教学不堕。由于平潭原属福清县，为福清县丞驻地，直至嘉庆四年（1799）才独立析出为平潭厅，在独立成厅之后，平潭一直没有自己的官学，仍与福清县共享生员学额。在这样的情况下，兴文书院实际上起到了"以助学校所不及"的作用。地方官借助书院的组织，通过每月对本地生童的考课以管理生童，"值年董事差院丁执董事禀帖请往官出题，会同在院生童与乡间生童合考"。另外，书院因其具有规模较大的校舍房屋，因此也被政府用作科举考试的考场——"考棚"。河南嵩阳书院即同时具备书院和考棚的功能①，平时完成日常教学，考试时用作考场，因此政府不必单独建设考棚，节省了行政开支。

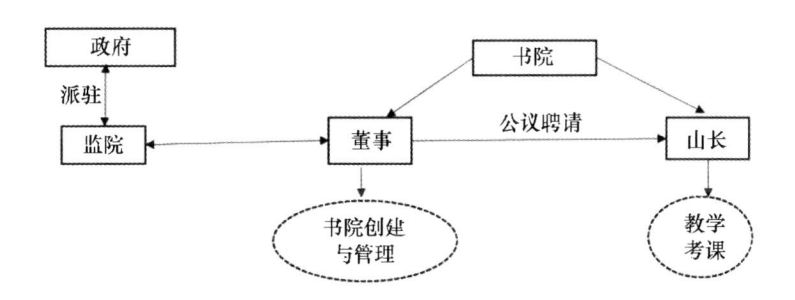

图 5-1　书院管理模式示意图②

在传播儒学思想、发挥教化职能的作用上，书院与政府同样达成了一致。明代万历年间的虞山书院每月三六九开展讲会，会上除了士绅讨论儒学理论外，以"人皆可以为尧舜"为宗旨，社会各界均可

---

① 杨学为、乔丽娟、李兵：《科举图录》，岳麓书社2013年版，第137页。
② 董事，又称首事或首士，书院董事通常由多名成员构成，这里称之为理事会，关于传统理事会模式已在本书第四章讨论。

到会旁听甚至上台发言①，以书院为主体的讲会实际上承担了社会教化的功能。书院与政府在多个层面上达成了紧密的合作。尽管如此，书院因其拥有法人产权的性质，具有独立的财产和法律地位，简单地将政府对书院的保护、管理和二者的合作视为政府对书院日常经营的干涉，似有不妥。

第三节　书院财产的市场化经营

前文已经提及，理事会的一个重要职责是负责经营管理书院资产，而书院资产正是书院能够长期经营的经济基础。相比自愿性、动员性的、临时性的募捐模式，书院创办者深知募捐"并非常策"，因此往往利用一次性的募捐或者政府支持置办各类产业，从而获得稳定收益。书院的主要产业大致包括田产、房屋、基金等项目。不同时期不同书院的产业分布存在较大的差异，这里以刘伯骥所统计的205所清代广东书院的历代保有产业的数据来显示书院主要产业的分布与结构性变迁②。由该表可见，书院的主要财产包括土地和基金，通过租佃土地所获得的租金和将基金交付典商得到的利息，书院能够支付山长的薪水、学生的生活费和各类行政开支。下面分别介绍书院拥有的各类产业。

表5-1　　　　　清代广东205所书院历代产业统计

	田地（亩）	铺屋（间）	租谷（石）	租银（两）	基金（两）
康熙	133.25		1879.04	1336.582	
雍正	2803.283	10	2938.33	2383.042	4200
乾隆	15259.483	11	36598.386	18294.986	32685.5

---

① 《虞山书院志》，《中国书院文献丛刊》（第二辑），第15卷，国家图书馆出版社、上海科学技术文献出版社2019年版，明万历三十六年刻本，第397页。

② 下文的折线图也根据该表绘制，数据来自刘伯骥《广东书院制度》，台北"国立"编译馆中华丛书编审委员会1978年版，第178页。

第五章 清代书院的财产属性及其市场化经营

续表

	田地（亩）	铺屋（间）	租谷（石）	租银（两）	基金（两）
嘉庆	10800.023	28	139755	12837.92	49535.39
道光	16475.84	106	1725.186	10702.877	71471.9
咸丰	144.715		767.25	294.6	6324.4
同治	1629.448	30	2517.88	14842.689	95702
光绪	14232.742	111	165.54	8957.086	100100
总计	1478.784	296	186346.612	69649.782	360019.19

数据来源：刘伯骥《广东书院制度》。

一 利用城乡地权市场的经营

土地作为传统社会最重要的资产，理所应当地成为书院资产的重要组成部分。随着书院的不断发展，早期多处于乡间山林的书院也进入城市。由此，书院在广泛拥有田地之外，某些情况下也拥有大量城市土地。书院通过对多样性土地资产的经营，获得了较为稳定的经济收入。同时伴随着书院与地方的双向互动，进而影响了地方社会的风貌。下文以东川书院为例来说明书院的产业与经营。

东川书院拥有的田产，共有25项，书院将其租给佃农分种，每年可获得田租470.4石、银26两[1]。东川书院拥有的田产，除了书院买入和社会捐献之外，还有小部分来自政府拨入的罚没田地，这部分田地所纳田租为75.8石，仅占总田租的16%。在田地之外，东川书院还拥有大量城市土地资产。据统计，东川书院共有城市土地150项[2]，其中记载租佃为商用土地的有126项，占总数的84%。书院每年可从城市土地得到租金收入897.25两，高于每年从田地中获得的田租。

---

[1] 此处银为干租票色银，根据《东川书院公业纪要》田业表统计而得，需要说明的是《东川书院公业纪要》中的田业表中只有部分田地有对来源的说明，因此仅能做不完整的统计。

[2] 书院原统计有城市土地152项，这里将原统计中部分写为两项、实为一项的合并，记为150项目。

◈❖◈ 中篇 产权制度与民间主体 ◈❖◈

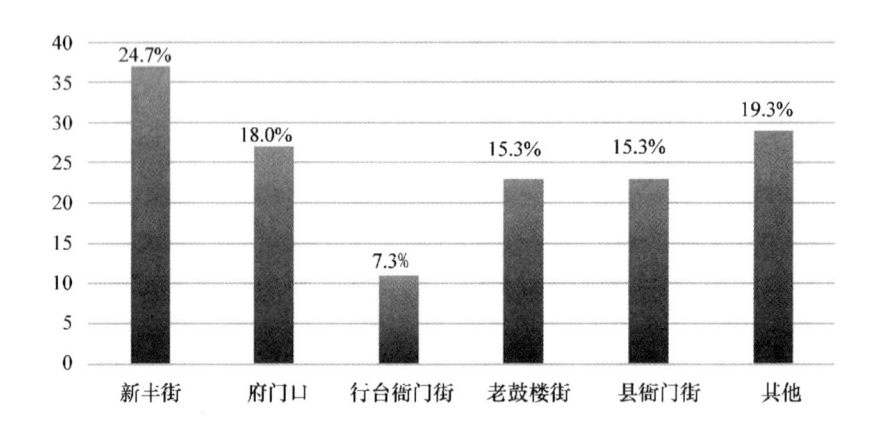

图 5-2 东川书院城市土地按地理位置统计（单位：户）

东川书院拥有的土地，在地理位置上处于城市的核心区域，紧紧围绕着重庆的各级行政中心。据统计，东川书院拥有的城市土地81%集中在道、府、县衙门附近。[①] 优越的地理位置带来了人口的聚集和商业发展的潜力，而要能够真正实现向商业的转型，书院起到的作用不可忽视。书院作为土地的所有者，将土地交予"土地开发商"修建房屋，再将修建的房屋向社会出租，出租的房屋被用于各类商铺或居住。仔细分析"土地开发商"的身份可知，各类法人占有相当大的比重，以"堂""会""帮""所"等法人团体为承修商的有82项，占书院拥有总城市土地的55%，这似说明彼时重庆已经存在一批专业化、组织化从事房屋修筑的从业者。

在"土地开发商"完成房屋的修建、房屋被社会各界租用为商铺或居民住宅之后，城市景观逐渐形成。根据对书院拥有的城市土地的统计，可以一窥清末重庆城市的风貌。书院拥有的城市土地中，被租用为日用百货的商铺占比最高，达到36%，再加上能够集中反映人口聚集的烟酒与食品餐饮两项，总计已经达到57%，清末重庆繁盛的商业面貌，由此可见一斑。

---

① 即川东道、重庆府、巴县，新丰街为重庆府衙门前街，统计据《东川书院公业纪要》地租表。

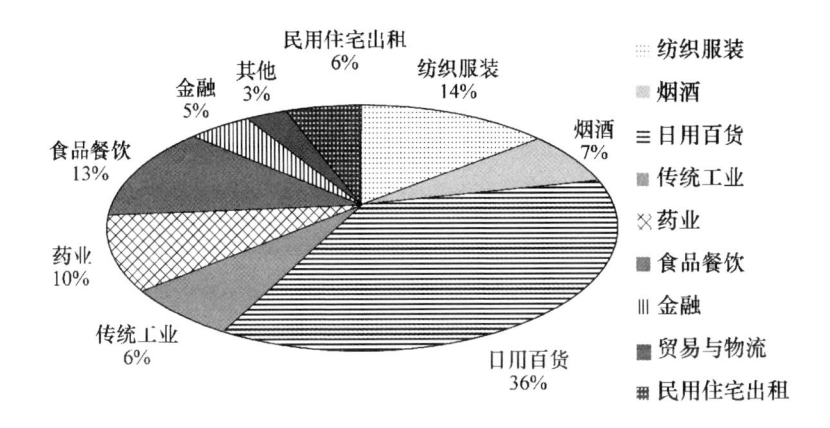

图 5-3 东川书院城市土地用途分类

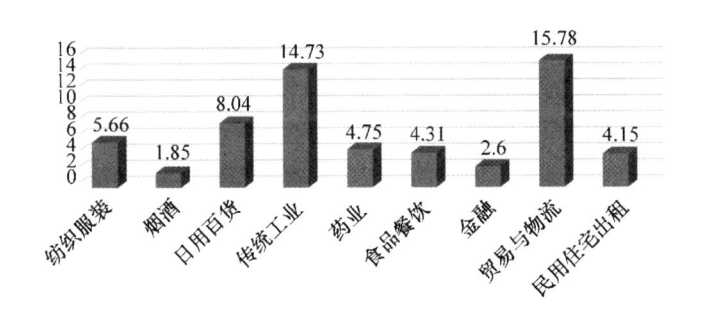

图 5-4 东川书院城市土地按行业每户平均租金（单位：两/年）

进一步考察东川书院拥有的城市土地，不难发现书院的土地利用存在明显的两大类：大量小规模商铺和少数具有一定资本的大型商铺或工业作坊。利用直方图估计城市土地的租金分布，可以发现绝大部分商铺的租金在每年 10 两银子以下，并且不同行业的商铺之间的差异尤为显著。每年租金在 10 两银子以下的占总租额的 84%，这部分土地的年平均租金为银 3.31 两，主要被用作各类日用百货、烟酒餐饮、药业手工业商铺，这与城市居民的生活息息相关。在年租金为 10 两以上的组别，除了个别规模较大的棉纱、绸缎商铺之外，主要包括具有手工业工厂性质的机房、染坊，还包括汇集四方货物和商业信息的栈房，作为商业活动的中心，这些规模较大的商业机构也带动了周边商铺的发展。而书院作为土地向商业、贸易聚集的载体与桥梁，则盘活了土地利用的多种可能，也间接地促进了重庆城市化的发展。

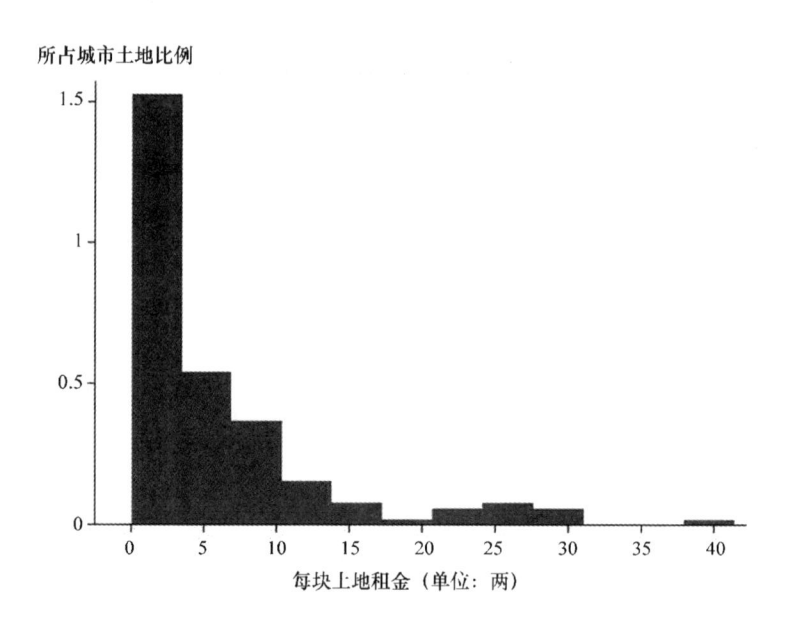

图 5-5 东川书院城市土地租金比例分布

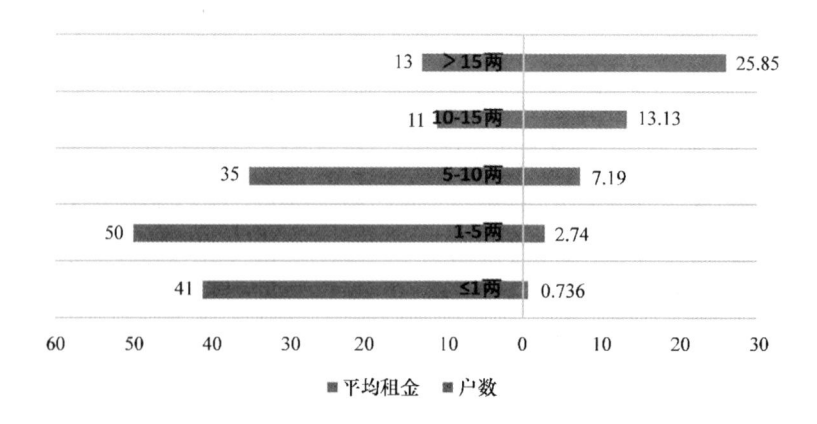

图 5-6 东川书院城市土地平均租金分布

第五章 清代书院的财产属性及其市场化经营

值得关注的是，位于乡间山林的书院，同样具有多种类型的产业。以湖南岳麓书院为例，由于其地处湘江，水路阻隔，与外界交通不易，因此岳麓书院也经营义渡"朱张渡"，将太平码头和灵官渡房屋向外租佃，获得经费以供养渡夫①，两处渡口共有渡船四只、渡夫八名。与上文所提及的东川书院类似，岳麓书院的产业也在一定程度上影响了地方社会的风貌。岳麓书院背靠岳麓山而得名，优美的自然风景与人文气息相得益彰，成为历代学子心中的圣地，而清代中后期对岳麓山脉大量的煤矿开采则破坏了原有的自然环境。同治十年（1871），为了防止私挖煤矿对岳麓山环境的破坏，岳麓书院从原有的山主手中购下山地，并且雇用佃农看守岳麓山脉②。书院作为公益法人购得山地，并且自身存在保护环境、"培植风水"的较强动力，能够有充分的激励措施保护周边环境，实际上消解了原有的私人产权所具有的负外部性。由此可见，书院因其发展的需要，积累了种类丰富的产业，而在管理、利用这些产业的过程中，书院也与周边社会不断互动，间接地起到了影响、改造周边社会环境的作用。

此外，书院拥有产业的多样性不仅体现在土地种类的多样性上，也体现在拥有土地权利的多样性。典权作为传统社会的土地交易形式之一，出让约定期限内物权而保留最终所有权。典的权利在传统社会广泛得到认可，书院作为法人团体也接受典作为土地交易的形态，如福建平潭的兴文书院，就有大量土地通过典的交易方式获得；③ 重庆的华祝书院，其拥有的土地中，以典获得的土地占总土地数目的63%，④

---

① 《朱张渡经费款项》，（明）吴道行，（清）赵宁等修纂：《岳麓书院志》，岳麓书社2012年版，第701页。
② 《岳麓来龙禁止开煤手简》，《岳麓书院志》，第701—703页。
③ 民国《平潭县志》卷一四《学校志》，《中国地方志集成》福建府县志辑20，上海书店出版社2000年版，第651—653页。
④ 华祝书院财产目录见光绪《丰都县志》卷二《学校·书院》，转引自吴洪成《重庆的书院》，西南师范大学出版社2008年版，第222—223页。

另外该书院也将其拥有的房屋外典以获得租金。①

二 利用金融市场增值

书院除了置办不动产作为持续发展和日常运营的基础之外，还利用传统金融市场获得持续收益。东川书院有本金2000两，分别发送不同典当铺按月息一分生息，每年可得240两作为书院经费。将本金发入典当行生息获取稳定收益，实际上被广泛地应用在各地书院乃至其他公益法人上。书院在选择利用土地市场抑或利用金融市场获得收益时，实际上是对不同经营方式的风险和收益的权衡，这也导致了一部分书院相比于传统的"置田收租"模式，更青睐于利用传统金融市场获得利息。地处安徽泾县的泾川书院考虑到农业生产受气候影响较大、每年收成不稳定的特点，就将绝大多数资产发给典当行生息。为了规避风险，书院将本金存在城乡各家典当行，由城中六家典当行轮流管理。② 根据对广东205所书院历代主要资产的统计，可以明显地看到，相较于长期以来规模较为稳定的田产，"发典生息"的本金随着时间的推移存在明显的上升趋势。

书院在利用金融市场经营资产时，首要的目标是为了获得稳定收益。在此基础上，由于公益法人本身的"公益性"与"非营利性"，书院实际上具有较低的风险偏好，为此愿意以较低的利率作为代价，这与当今社会公益基金进入市场投资的模式是一致的。前文中岳阳书院、慎修书院首士，就要求及时查探各典当行的经营动向，若典当行存在经营不善的情况时，及时撤资以保证资金安全。

---

① "外典铺房四间，岁收赁钱一百六十贯"，见光绪《丰都县志》卷二《学校·书院》，转引自《重庆的书院》，第223页。

② "书院经费除工程用度外，所存钱项，若以之置产，丰歉不一，经理为难，恐日久滋弊。今城乡典铺较多，议仿社谷桥工发典生息之例，将所存之钱分发各典，按月一分行息。""各典散处四乡，地方星散，须有汇总之处。今议城典六家，随局内同事各班分典经管，每典轮值半年，周而复始。除自领钱生息若干外，其余城乡各典息钱皆交值管之典收存，听局中司事按季按月支取各典息钱，以运公用。"见道光十三年《泾川书院规条》，《中国书院学规集成》第一卷，第506页。

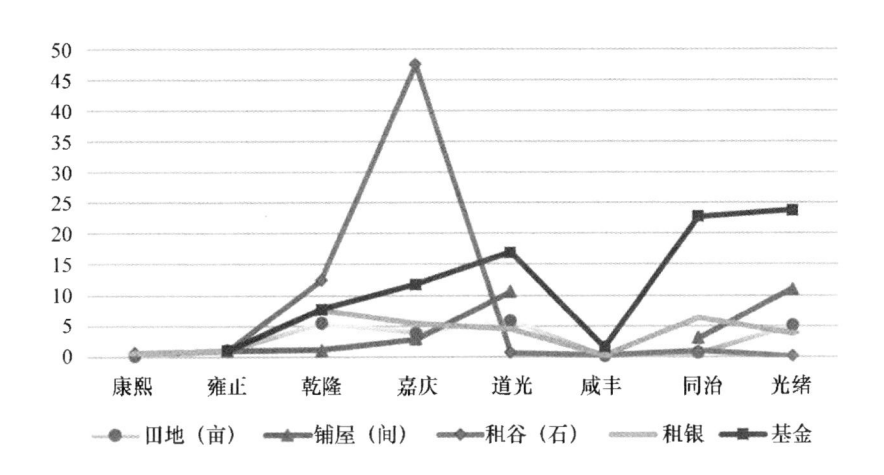

第五章 清代书院的财产属性及其市场化经营

图 5-7 广东书院资产变化趋势图（以雍正为基准年）

三 书院资产的社会化募集与捐赠

资产多样化及其积累是书院制度长期发展的物质基础。书院的产业来源，主要包括官府的财产拨入和士绅百姓的捐献。总体而言，直接的政府拨款占书院产业的很小一部分，来自官员、士绅、百姓的捐款构成了书院发展的主要力量。尤其是对于绝大多数民间书院[1]，社会各界的捐资实际上是书院启动经费的最主要来源。如江西万载的东洲书院，是当地的客家移民为满足自身文化教育需求而建设的书院，书院的启动资金完全来自社会各界的捐助。道光三年（1823）首次集资兴建时，在37名首事的组织倡议下，共筹银三万余两，涉及983户，几乎涵盖万载全县所有区域的客家居民[2]。正是因为捐助具有一次性、自发性的特点，书院在获得启动资金之后，往往采用各种方式加以运营，以求获得稳定收益。

---

[1] 关于民间书院占书院总数量的对比，这里试举明国四川《遂宁县志》所刊书院为例，该县清代书院共列21所，其中19所分布在18个乡镇，由此可见清代绝大多数书院是位于民间、由民间自发办的基层组织，例见邓洪波《中国书院制度研究》，浙江教育出版社1997年版，第442页。

[2] 杨永俊：《江西万载客家东洲书院"乐输"材料论析》，《江西社会科学》2009年第11期。

◈ 中篇　产权制度与民间主体 ◈

　　常见的捐赠形式有田产和现金，亦有将房屋捐入书院的案例。在涉及不动产的产权交割时，书院通常利用严格的契约来保障书院和捐助者双方的权益。以山西望洛书院为例，乾隆年间书院草创时因缺少房屋，有一生员愿意将其所有的空房一所借给书院使用，书院方面由于需要对房屋进行相应的投资改造，认为"借非常策"，因此出资从该生员手中典得房屋。此后这位生员多次表示，愿意将该房屋捐赠给书院。书院理事会和地方官商议认为，该生员家境并非豪富，进行如此巨额的捐助恐怕力所不及，因此在对该房屋估值之后，书院出资半价购买了该房屋，和生员签订了绝卖契约①。由此，书院获得了稳定的资产用于教学，生员的权利也得到了保障。

　　值得注意的是，在清朝中后期，地方政府也不断将诸如盐捐、丝捐、契税等地方附加税费拨入书院作为书院的经费。如浙江东白书院，就将按照盐引征收的盐业附加税拨入书院按月发给作为书院经费②，浙江归安的龙湖书院得到丝捐（丝业附加税）、湖南的岳阳书院和慎修书院得到茶捐和地方政府加征的契税，这些都说明了书院获得地方附加税费作为经费具有一定的普遍性。由于地方附加税的征收并非传统意义上的王朝正税，地方官在实际为书院加征附加税费时总要与本地士绅进行协商，在获得士绅的支持之后才开始征收。从地方集资兴建公共教育的视角而言，地方附加税的征收更类似于社会各界对教育事业的支持，简单地将地方附加税视为苛捐杂税的观点似乎可以商榷。

---

　　① "绅士王慎修，愿以自置空房一所作书舍，襄成盛举。此屋在具治东关，是敷讲课及诸生居在。卑职因借非常策，出银暂为典用，将来事有成效，再行设法购产，以垂永久。……今于本年三月初四日，据生员王慎修呈称：'……情愿将暂典之房，捐作馆舍'等语。卑职察其家止小康，未敢允其所请，随据众绅士等议，称此房公估时价值银一千两，今该生王慎修情愿施捐，请给以一半价直，给银五百两，乐输五百两，令其书契，永远作为书院"等语。见乾隆十四年所颁《望洛书院条规》，《中国书院学规集成》第一卷，第85页。
　　② "书院二月初一日开课，应用经费由咸吉盐照引捐输……县署拨归盐商二百九十一千文，两项合计五百五十八千五百文，匀九个月摊算，约计每月六十二千文。按月十六日盐栈缴存县署，二十一日由经董携带印簿赴县署，照定章数目给领，以便散放，见《东白书院章程》，《中国书院学规集成》第一卷，第443页。

第五章　清代书院的财产属性及其市场化经营

第四节　资产经营与书院职能拓展

以具有稳定产业、独立经营为特征的公益法人，作为一种民间自发、政府支持的公共产品、公共服务乃至于公共管理的供给主体，不仅被应用在以书院为代表的教育事业，也被广泛应用于基础性公共设施建设、慈善救济等多个领域。在这样的背景下，书院作为传统社会教育事业的公益法人，因公益事业本身发展的需求，书院的经营与财产管理职能也不断拓展，超越了原有的教育功能，进而承担了对其他公益事业的经营与管理。一个典型的案例是湖南宁乡县的云山书院，下辖有一民间集资兴建的桥梁——"步云桥"。"步云桥"本身即为独立的公益法人，在政府立有单独的户名，自身组织有理事会负责桥梁的建造和日常维护，云山书院的理事会对"步云桥"财产有管理监督权限，根据同治年间所立《云山步云桥渡章程》的规定，"所有出入账项，须凭书院首事核算。其捐契、买契，亦归书院首事收管"[1]。除了桥梁等基础设施，更为常见的是书院理事会也常代为管理与科举有关的宾兴等公益基金[2]。东川书院就代为管理由官员、士绅捐资而成的决科、面试科、宾兴田业，这些田产是为了给参加科举考试的生童支付各类杂费，以减轻应考生童的经济负担。

书院职能的扩展，往往与地方社会公共事务的需求有关，除了在财务上监督其他理事会外，书院理事会自身有时也承担某些公共事务管理的责任。光绪年间的婺源紫阳书院，承担了"封禁"山林、保护当地环境的责任。经过地方官与书院理事会的商议，紫阳书院挂牌设立"保龙局"，实际上就由书院理事会负责对当地山林的日常巡视和管理，以防有人进山开采石矿，对山体造成破坏。封禁所需的日常

---

[1]《云山步云桥渡章程》，《中国书院学规集成》第二卷，第 1141 页。
[2] 毛晓阳：《清代宾兴公益基金组织管理制度研究》，人民出版社 2014 年版，第 192 页。

经费，亦由紫阳书院出资①。

之所以书院能够自然而然地承担地方公共事务的管理，一个可能的原因是书院的管理层士绅，实际上是地方公共事务的主要参与者。浙江平阳于同治光绪年间刻印的《龙湖书院志》，在收入书院相关资料的同时，也收入了地方修建水利工程"燕堤陡门"的记录，书院志最后的三则公告《劝捐造育婴堂序》《劝捐疏河示》《禁溺女示》更是民间公益事业的范畴，与书院本身建设无关。其中，《劝捐造育婴堂序》的文辞专门针对士绅："江南杨芷庭之父，年近四十未得子，慨然以腴田四百亩捐入温郡育婴堂，遂连举四子……赵某捐银五百两以玉成之（婺邑育婴堂），其子遂中式举人。由此观之，育婴堂为第一件善事，诚种子之良方，亦登科之佐券也。"②

随着民间公益组织的发展，书院的经营模式和财产管理制度也较易受到其他公益组织的影响。以救济、抚恤为主要职能的善会善堂，其经费来自社会各界的募集，为了"取信于民"，善会善堂每年出版本年度的"会计报告"——《征信录》，向社会各界公开本年度的经费使用情况和经营状况。最早的《征信录》系由康熙年间的育婴堂出版，至同治光绪年间，公益组织出版《征信录》，向政府与社会公开财务状况已经形成一种惯例③。而书院作为同样具有公益性、非营利性的组织，也面临主动公开财务状况、以获得社会监督的"舆论压力"。因此，在善会善堂发展良好的江南地区，当地的书院也采用每年刻印《征信录》的方式，以开列四柱清册账目的方式向社会公开当年财务状况，如湖州的爱山书院，同治四年始刻印《征信录》，持续十余年不辍，"湖郡向凡绅士经理公款皆有征信录之刻，所以昭示

---

① "于城治之紫阳书院，北乡之教忠书院，设挂保龙局牌一面……其事既归紫阳司理与华川文社，不另外举贤，□费每年约计二十余洋，由紫阳经费敷出，亦不□外筹费。"《善后章程》，余伟：《婺源〈保龙全书〉的整理与研究》，硕士学位论文，江西师范大学，2010年，第109页。

② 《劝捐造育婴堂序》，《龙湖书院志》，同治光绪间续刻本，《中国书院文献丛刊》（第二辑），第41卷，国家图书馆出版社、上海科学技术文献出版社2019年影印本，第270页。

③ [日]夫马进著，伍跃、杨文信、张学锋译：《附篇二：关于"征信录"》，《中国善会善堂史研究》，商务印书馆2005年版，第711、713页。

第五章 清代书院的财产属性及其市场化经营

同人,俾有稽启发至善也"①。

第五节 结语

清代书院经历长期的发展,已经形成了较为稳定的财产和运营制度。从财产属性的视角而言,书院保持长期发展的制度基础是书院拥有法人产权。书院作为独立的产权单位、交易单位、纳税单位,在政府列有独立的户名,依法承担相应的法律权利和义务,能够有效、独立地支配名下的相应财产。出于兴办教育的考虑,传统时期的政府常常通过给予书院相应的政策优待、将土地或资金拨入书院等方式以支持书院发展,这无损于书院作为公益法人的独立性,不能简单地将政府的支持理解为对书院日常运营的干涉。

书院内部的理事会管理制度,是书院财产的日常有序经营的制度保障。理事会由社会推举,内部设立制衡与监督机制,同时政府也驻派监院对书院的财务进行外部审计,以保障书院财产的安全。公开、透明的制度安排维护了书院的日常经营秩序。正是因此,才使得书院能够不依赖血缘与宗教信仰的联系,从而实现人与人之间的合作与提供公共教育的目标。

通过城乡地权市场和金融市场的市场化运营,书院实现了资产的稳定与低风险的增值,多样化的资产与经营为书院的发展提供了经济保障。值得注意的是,在书院利用市场行为经营财产获得收益的同时,书院本身的经济行为也在一定程度上改造着周边社会的自然或人文景观,甚至在一定程度上促进了传统社会市场的发展,东川书院通过对其拥有的城市土地的经营从而间接促进了重庆城市化的发展就是一个典型的案例。

以书院为代表的公益法人,广泛存在于传统社会,有效弥补了政府在地方公共事务上的不足。为了满足日益增加的地方公共事务需

---

① 《湖州爱山安定两书院征信录》,同治光绪间续刻本,《中国书院文献丛刊》(第二辑),第40卷,国家图书馆出版社、上海科学技术文献出版社2019年影印本,第369页。

求，书院的职能逐渐向教育领域之外延伸，向更广阔的公共领域拓展。书院利用本身的法人产权和组织结构，有效地实现了对诸如桥梁、环保等地方公共事业的建设、经营与管理，为基层社会提供了多样化的公共产品。对书院财产属性与经营的考察，不仅深化了对书院作为公益法人经营模式的认识，同时也对理解传统社会中的公共事业发展、政府与社会的关系提供了新的视角。

第六章 武训理财兴学的制度基础*

武训兴办义学而被载入正史，因其特殊身份与不凡功绩而成为备受赞誉的历史人物。但武训并非通过行乞所得兴办义学，更是一位理财高手。他靠出卖祖产进入金融市场，在商业放贷、小微放贷、代理人放贷中有效控制风险，成功获取金融收益；并以"义学正"法人产权主体来合法募捐和投资土地，以土地未来收益支撑义学的长期发展。他在资本与土地收益之间腾挪转换，在长期收益与短期收益之间有机组合，得益于在兴办义学的目标下，充分利用民间金融工具、发达的地权市场和成熟的法人产权制度整合市场及社会资源。

图 6-1 武训先生像

---

* 本章原题为《武训的理财兴学之道》，发表于《中国经济史研究》2018 年第 3 期。收入拙著《中国传统地权制度及其变迁》，中国社会科学出版社 2018 年版。简本刊载于《经济学家茶座》2019 年第 2 期。合作者为清华大学社会科学学院经济学研究所博士后王苗。

中篇　产权制度与民间主体

武训（1838—1896），这位生活在鲁西北地区的乞丐，因其累毕生之财力，兴办了三所义学，得以青史留名，入《清史稿》孝义列传[①]，有"千古奇丐""千古义丐"之称。这样一位出身低微，职业卑微，却做出兴办义学的不平凡事迹的传奇人物，受到了晚清政府的嘉奖，民国政府的颂扬，近代诸位教育家的盛赞。[②] 1950年一部以武训生平事迹为内容的传记影片——《武训传》上映，1951年，电影错遭批判。[③] 拨乱反正后，1986年国务院做出为武训恢复名誉的决定。

以往对于身为丐者的武训如何累积财力、实现兴学一事，强调他依靠乞讨、辛苦积累。然而，兴办学校对晚清地方政府和富商大族来说都谈何容易，兴建校舍、聘请教师，长期运营，耗资巨大，管理复杂。而且既为义学，意味着不会有任何学费来支持学校的运营和持续发展。实际上，武训是乞丐固然不错，但他创办义学的钱财，却绝非靠乞讨累积起来的。他其实更是一位理财高手，这一点较少引起人们的关注。[④] 如

[①] 赵尔巽等撰：《清史稿》卷四九九《孝义三·武训传》，中华书局1977年版。

[②] 武训去世后，清廷将其业绩宣付国史馆立传，并为其建祠、立碑。有关武训的原始材料还有请奖表文、详文、请奖往来信札、奏折、墓志铭、碑记、画像、年谱、兴学歌等，集中收入于《武训资料大全》一书（张明主编，山东大学出版社1991年版，以下简称《大全》）。此书80余万字，较为翔实。邢培华、张庆年《武训档案文献史料述略》（《档案学研究》1993年第3期）一文中对这些历史材料的内容作过简要介绍。以往有关武训的研究，主要是对武训本人的历史评价，集中于清末民国时期以及新中国成立后20世纪50年代两个历史时期。清末民国时期对武训其人、其事的介绍、评价见于《大全》收录；20世纪50年代对武训的评价虽是在政治运动中展开的，但出版了《武训历史调查记》这样重要的材料。1951年7月，为了对武训问题进行思想澄清，人民日报社和文化部发起组织了一个武训历史调查团，在堂邑、临清、馆陶等县，先后进行了二十几天的调研工作。直接或间接访问过的当地各阶层人士，还收集了清末、民国时期有关武训的文字材料，最后出版《武训历史调查记》（人民出版社1951年版，以下简称《调查记》）。在这次调查中找到了武训典买土地的部分契约简抄本，1975年人民出版社影印出版了《武训地亩帐》。

[③] 1951年5月20日，《人民日报》发表题为《应当重视电影〈武训传〉的讨论》的社论，由毛泽东亲自修改审定，文章指出"应当展开关于电影《武训传》及其他有关武训的著作和论文的讨论，求得彻底地澄清在这个问题上的混乱思想"，至此开始了全国性大批判。

[④] 《调查记》批判武训"高利放债、剥削地租、房租和强迫'布施'"。杨吟秋《行乞兴学义士武训先生事略》曾将其概括为"筹款""生息""续本"三项。（见《大全》，第106—107页）郭宇宽《作为投资家的武训》（《同舟共进》2013年第5期）一文生动而简略地评价了武训的投资才华与兴学义举。

第六章 武训理财兴学的制度基础

果忽略这一关键,将会形成误导,[①] 也可能造成对传统社会的误读。

本章不再着眼于其乞丐身份与兴学事业,而是聚焦于他究竟通过何种手段实现钱财的聚集,挖掘其理财与经营之道。武训为义学留下的财产,遍布三县,包括土地、房屋、店铺、生息资本等,计有:堂邑县柳林义塾地230亩,义塾房屋1所,计20间;临清州御史巷义塾地7亩,又铺房3所,又存铺生息京钱1300千文;馆陶县杨二庄义塾捐助京钱300千文[②]。全部资产折钱合计约10625.8贯[③]。如此分散而多样化的庞大资产,并非乞讨所得,武训的理财与管理之道确实值得关注。武训在资本与土地收益之间腾挪转换,在长期收益与短期收益之间有机组合的能力,令人颇为惊讶。从武训理财兴学的角度进行探讨,不仅能深入挖掘武训其人其事在精神层面之外的价值,而且由此折射传统时代财富积累之道,以及民间兴办学校与处理公共事务的途径。

第一节 初将土地变现为资金,继以资本放贷生息

如果不是走投无路,出卖祖产向来都会被视为数典忘祖而不耻的行为。因此,将土地变现为资本,这在当时是少之又少的。出卖土地转化为亟须的商业资本,需要勇气与胆识,仅在商人阶层偶可见之。[④]然而,同治初年(1862)武训毅然将祖传的4亩地变卖,得京钱120

[①] 纯粹乞讨所得不可能累积钱财支撑巨额兴学事业,而以合法兴学为目的进行乞讨,已经转化为募缘了,经费来源、规模与性质,都与普通乞讨大不一样。

[②] 《临清州知州庄洪烈、堂邑知县王福增、馆陶县知县向植会请奏咨立案禀》,见《大全》,第21页。

[③] 此统计数字是武训办学个人投入资金的统计,其办学的总资费还应加上兴建柳林义学时募捐所得1578贯,共12203.8贯。

[④] 例如徽商汪延寿因"买卖少本"将田出卖。详见张海鹏、王廷元主编《明清徽商资料选编》第二章"徽商资本的来源和积累"所举《汪延寿卖田赤契》(黄山书社1985年版,第58页)。

115

千，连其历年所积，共210余千，作为本金请人代为放贷生息。① 210贯，三分利息，一年下来利息是 210×3%×12=75.6 贯钱，利上滚利，为数可观。但出卖土地转化为生息资本，风险很高，武训一例是极为罕见的，也唯武训才有此破釜沉舟立志兴学的勇气。至光绪十二年（1886）冬时，"统计所生息之钱，除买地230余亩外，本利尚余钱2800贯"②。24年间，武训已经将最初210贯的原始资本经营扩大为7000余贯③。资本放贷生息是他实现财富积累的重要途径。

由于金融工具稀缺，资本供给不足，传统时代放贷的利率较高。武训孜孜以求，既有大额的商业放贷，也有零碎的小微放贷，"他把整注的找娄峻岭和杨树坊等人替他经营，零碎的自己放"④。他特别注重资金的流动性，不让资金沉淀下来，"五百钱也不肯存在身上，隔一天就看涨"。武训放贷，有其眼光和高明手段，其放贷生息的经营之道体现在如下几个方面。

其一，重视商业放贷。关于历史上商业贷款的研究比较薄弱，实际上商业贷款可能是传统历史时期贷款的主要流向。武训"常放钱给殷实铺户，三分行息，按月结账"⑤，"无论在堂邑、在馆陶、在临清放债，其利率都是当时的最高标准，月利三分"，"一吊钱每月要三十个制钱的利"。武训的商业放贷主要是贷给当地的铺户。他所在的山东临清，因地处京杭运河，在明清时期，漕运兴盛时，成为华北商业中心。⑥ 虽然清代后期随着运河的淤塞，黄河决口与改道，漕运日益衰

---

① 这里"历年所积"的90余千，可能包括其分家所得财物变卖而来，因为其时武训乞讨刚刚开始没几年。关于放贷之人，《具禀堂邑县署请奖表文》作娄峻岭与娄松岭，《纪武训兴学始末》则云由杨树坊代为放贷。（《大全》，第3、151页）《武训先生行乞兴学歌》歌谣云"存本钱，生利息，求求馆陶的娄进士"（《大全》，第82页）。
② 《具禀堂邑县署请奖表文》《堂邑知县郭春煦造送义学房屋地亩详文》，见《大全》，第3、5页。
③ 买地230余亩计价4263贯，见《山东巡抚张曜奏请建坊片》，《大全》，第10页。
④ 《调查记》，第25页。以下引自该书的资料，不再一一注明。
⑤ 19世纪民间利率通常以20%为乡例，见彭凯翔、陈志武、袁为鹏《近代中国农村借贷市场的机制——基于民间文书的研究》，《经济研究》2008年第5期。
⑥ 许檀：《明清时期的临清商业》，《中国社会经济史》，1986年第2期。有关清代山东运河经济的发展详见王云《明清山东运河区域社会变迁》，人民出版社2006年版，第106—224页。

第六章 武训理财兴学的制度基础

微,临清不复其盛,但其余脉仍然延续,为南北货物交流之地,粮船络绎,市场较为活跃。据《调查记》,单是兑换元宝、碎银、放款出帖(银票)的银钱号(包括小的钱铺)就有七八十家,最大的三家是:马市街的"际元"、锅市街的"聚兴"、青碗市口的"永亨增"。

商业贷款通常有一定规模效应,而且武训选择品牌大银号,风险相对较低。"成十吊的钱,放给临清的银钱号、商店和地主。"特别是那几家大银号,武训与他们均有来往,把钱放给这些票号或是他们所开设的字号;存放钱数每次约二三十吊,或五六十吊。武训经常出入的徐家大院(大夫第),"徐是大地主、大豪绅,又是大银号'际元'的老板。武训常去'际元'存款,出入'大夫第'"。

在临清,武训还选择大商人施善政为他理财。施是当地数一数二的有钱有势人物,是临清钞关包税者之一。钞关是明清时期设在地方的税务机构,临清为运河沿线钞关之一。[①]"临清钞关创自明初。……乾隆中叶专委临清州牧兼理税务。其时所解税款多或六七万两,少或二三万两。其余浮收,则均归中饱矣。"[②]武训在临清的财产,有相当一部分是交给参与钞关包税的施善政等人去放贷的,其去世后统计:"临关经书等使库平银六百两,二分二厘行息,凭折取利,有卷可查,系冯长泰承管。"[③]

相传武训走在街上,"老低着头,不看人",但绝不会错过"好户"和大铺子的门,"他不是去募化,便是去放债要债"。只要枳满一吊钱,就拿去存放给地主和殷实买卖家,以求生息。《调查记》一方面说武训只结交大户,另一方面又抨击他剥削农民,显然自相矛盾。[④]

一个乞丐与这些富商大户有生意往来,而且是其资金放贷者,显

---

① 井扬:《明清临清运河钞关研究》,硕士学位论文,山东大学,2008年。
② 张自清、张树梅、王贵笙纂修:《民国临清县志》,凤凰出版社2004年版,第122页。
③ 《临清州士绅张泚请转详存案禀》,见《大全》,第18页。
④ 剥削理论,其实主要是指剥削工人的劳动,主要不是说剥削他人的钱财。事实上,武训放贷多面向铺户,募捐多来自大户,兴学的资金主要不是来自穷人;但义学则使穷人有可能上学。

◈◈ 中篇　产权制度与民间主体 ◈◈

然此时的武训已然不是一个乞丐，而是一个民间金融家。不过，刚开始的时候，富商大户的确不理睬这个乞丐，武训跪下磕头，在杨树坊家曾连跪数天，"蓄满十贯，即跪求乡耆代为储存，藉权子母生息"①。精诚所至，金石为开，武训一个个敲开了当地头面人物的高门大院，能够"把整注的找娄峻岭和杨树坊等人替他经营"。

商业贷款是一个明智的策略。一是相对于面向穷人的小微放贷，商业放贷的风险毕竟要低一些。穷人往往是生活借贷，揭不开锅或生病治疗，不具备生产能力而借钱，很可能是难以偿还的，以至于走投无路。② 二是依托大商家品牌经营，降低风险，还贷能力较有保障；三是商铺资金需求规模较大也较稳定，放贷的信息搜索成本较低，单位成本低。武训选择当地最大的几家银钱号以及请施善政、杨树坊等大商人放贷，从而获利稳定而丰厚。

其二，小微贷款，不惮细琐。"整注"的商业放贷之外，"小注"放贷武训也绝不放弃，抓住每一个放贷的机会，"零碎的自己放"。武训去世后在临清遗产中，零户贷放1000余吊。③ "武训在他们村上乞钱，当人家不给他，说没有钱的时候，武训马上掏出钱来说：'我有钱，我放给你。'"他在其双重身份中随机应变，一面是乞丐，一面是金融家。这种小额贷款对于解决穷人贫穷的根源至为重要，尤努斯就以小额放贷而获得诺贝尔和平奖。④ 尤努斯放贷的利息很高，有的超过20%，属于高利贷。但对于穷人来说，资本供给不足与金融工具稀缺，无处贷款才是最大的困难，所谓叫天天不应，叫地地不灵。其实小微贷款风险高，而且成本高，一般金融机构不愿为之。增

---

① 沙明远：《纪武训兴学始末》，见《大全》，第151页。
② 唯其如此，高利贷总是被道德抨击，实际上，借贷人不仅无法还贷，最后可能走投无路，这并不是所谓"高利"贷所造成的。没有高利贷，贫困无告者的惨剧可能更早发生。
③ 见《调查记》，第53页。
④ 2006年诺贝尔和平奖获得者穆罕默德·尤努斯从1983年创立了为穷人发放小额贷款的格莱珉银行，为孟加拉农村家庭提供小额贷款。如今，全球已有100多个国家的250多个机构效仿格莱珉银行的模式运作。他认为借贷是一项基本的人权，他提出了简单而充满智慧的解决贫困的方案：为穷人提供适合他们的贷款，教给他们几个有效的财务原则。[孟加拉]尤努斯：《穷人的银行家——诺贝尔和平奖得主尤努斯传记》，吴士宏译，生活·读书·新知三联书店2006年版。

加针对穷人的小微放贷资本供给，于是也成为扶助穷人的一种途径。

其三，代理人放贷。武训请银号与富商放贷，可以视为他选择富商银号作为其资本放贷的代理，当然也可以视为面向铺户和银号放贷，因为铺户和银号每个月都得向他支付利率。小额放贷者通常选择代理人。一是因为小微放贷的客户非常零星分散，代理人更容易掌握贷款人的信用与信息，以解决信息不对称的困境，二是因为还贷不易，需要多种手段频繁追讨，甚至施之暴力。在临清镇，其合作代理人有校场村大地主李惠兰、河西地主李廷扬，还有上文提到的临清钞关的施善政。武训还把钱放给一个叫吕腊月儿的"地痞流氓"，经常通过他放贷给下街卖包子的、做小买卖的、卖纸元宝的，多是一些小生意人。药王庙街，常见武训三天两头去放账收账，但都是小注的。

武训善于选择各色代理人，某种程度上体现其管理能力。当他以"义学正"之名兴办义学广为人知后，代理人其实也成为武训筹集资金办学的伙伴。

其四，重视信用与风险控制。武训常年周游乞讨，了解客户的信用，在选择放贷时较能把控风险，并相机选择相应的经营策略。有一个卖鸡肠子的小贩，老婆是个赌鬼，经常用武训的钱，每次数目不超过两吊，利息三分，武训怕她坑账，每次只放一个月，到期本利清还。这其实是以短期放贷来规避风险。

武训重视信用，经常通过地主、绅士、银钱号等信用高的机构、个人放贷。对于这些风险相对小的大品牌机构，武训把整吊的钱，选择长期放贷与规模放贷给他们。他自行放贷时，选择能够回本付息的"好户"——相当于他评估的"信用分数高"的客户来放贷。武训放贷还有一条附带的原则，必须是"够三辈"的人家，债务人死了，还可以找他的后代算账。或者说，这是武训考察信用的一种方法。

对于穷人或低信用者，没有抵押品，武训不会轻易放贷。如果穷人要借他的钱，就必须有抵押品，通常是"指地放贷"。据《调查记》，馆陶县汪信远十几年借武训的钱，最后还不起，将"四十亩地和九间房子折给武训"。张玉池的曾祖父借了武训的钱还不起，便把地当给武训。武训放贷讲市场规则而不顾亲戚关系，不徇私情，"认钱不认人"。武训是唐勤习的舅爷爷,唐勤习的父亲求武训借给他十吊钱,武训不管亲戚不亲戚,坚持借钱就得要抵押品,他向唐勤习的父亲说:"行呀,你指给我哪一块地吧。"

最后,资本放贷的同时,投资铺房。武训眼光独到,善于发现机会,着眼于未来,他曾放过一笔钱(10吊左右)给两个管理运河闸门的闸夫,以其河岸小屋作抵。远离闹市的临时建筑,武训却能发现其价值与潜在升值空间。闸夫借了这笔"驴打滚"后,再也无力偿付。武训执行债权,收了这间屋子,租给了一个王姓剃头户。因为这片河岸经常有船夫歇脚,于是剃头户便在运河口上开了剃头铺。武训按月去收房租,每月800文。他还当下铺房一座,当钱100吊,每月租价两吊400文。①

以往关于资本放贷或者说高利贷,形成一些既定印象。实质上,高利贷始终有其存在空间与内在逻辑,以其需求偏好和资本偏好满足某种选择,是多元化金融手段体系中的一种高风险的民间借贷形式,其他金融工具难以完全替代;并以其市场定位与行业细分在多样化体系中降低系统性风险。② 也因此,尤努斯的高利贷非但没有被指斥为剥削,相反获得了广受尊崇的诺贝尔和平奖。尽管武训的放贷行为在《调查记》中将其作为重点来批判,但里面蕴含的理财经营能力还是值得关注的。

第二节 法人产权:土地的未来收益支撑 义学持续运营

除了资本放贷外,武训也重视土地的收益,尤其是兴办义学得到批准之后。资本放贷收益期短,风险高,从长期而言,土地收益较为稳定,风险低,更有保障。据《调查记》,武训在堂邑、临清、馆陶三县共有土地300余亩,其中堂邑的土地最多。武训土地交易的大部

---

① 《临清州士绅张沚请转详存案禀》,见《大全》,第18页。
② 龙登高、潘庆中、林展:《高利贷的前世今生》,《思想战线》2014年第4期。

分文书以简抄账本的形式得以保存,称之为《地亩账》,记载了从同治七年(1868)到光绪十九年(1893)买地、当地共280余亩。三册"地亩账"上抄录74张文约,内有38张,都是3亩以下的数字;10亩以上的,只有5张。74张文书记录的近280亩土地交易中,换地一块2亩2分,当地、转当地共8笔28.6亩,余下均为买地。地权交易方式多样化,既有活卖,有绝卖,也有抵押、典当,活跃的地权市场为武训寻求土地未来收益地租提供了条件。

表6-1　　　　　　　　　武训历年置地

年份	置地方法	亩数(四舍五入到厘)
同治七年	当地1笔	1.50亩
光绪四年	当地2笔	12.00亩
光绪五年	买地1笔	0.55亩
光绪六年	买地20笔,换地1笔,当地3笔	63.29亩
光绪七年	买地(共21笔)	104.45亩
光绪八年	买地(共6笔)	12.74亩
光绪九年	买地(共4笔)	17.78亩
光绪十年	买地(共1笔)	0.53亩
光绪十一年	买地(共2笔)	15.67亩
光绪十七年	买地(共1笔)	1.46亩
光绪十八年	买地6笔,转当地1笔	35.57亩
光绪十九年	买地(共4笔)	13.84亩
	总计	279.38亩

资料来源:《地亩账》;《调查记》第65—71页。总计279.38亩,由笔者核算得出,与《调查记》合计相差约5亩。

从以上统计可以看出,光绪四年之前,仅有3笔"当地"。光绪五年才开始一笔买地,随后的两年,武训大量买入土地,也是数量最多的年份，分别达到63.29亩、104.45亩。光绪八年以后买地则细水长流，源源不断。武训购买土地不是以其自然人的武训本名，而是以"义学正"这一法人之名签署买地契约的。光绪六年三月的买地契中开始出现"卖于义学正名下"的说法，此后买地均以"义学正"之名。① 也就是说至迟在光绪六年开始，其兴办义学之举应当得到了官府的认可，即"义学正"这一法人主体得到确认，② 成为具有法律效力的行为主体。在传统中国，除了自然人外，法人也可以成为土地所有者。如"永锡桥柱"、家族之"堂"、寺庙、"会"、"社"等。③ 此外，武训亦担心其家族后人争占这些田地，遂将190余亩地"永为义学之地"，以"义学正"为产权主体，杜绝了其他自然人侵占的可能性。值得强调的是，由于学校经费不足，义学田产每年纳税在70贯左右，获得政府免除，被归入"官捐"。④ 这说明清政府设立了免税专项"官捐"，但义渡、廊桥等公益法人的田产，很少见到免除田税的记载，因此也从未被揭示过。

　　土地买卖契约，需要赴官办理产权交割手续，包括纳土地交易税，才能获得具有法律效力产权证书。但典当土地不需要发生产权交割，因此清代不需要赴官办理手续，仍然具有法律效力。因此，在光绪六年"义学正"法人主体确立之前，武训很少利用地权市场寻求增值，仅有3笔典当土地的交易。而一俟"义学正"法人主体资格得以正式确立，武训即倾其金融市场累积的资金，大举购买土地，以"义学正"之名获得法人产权与未来收益保障。而一部分土地，是用来建造校舍的宅基地，所以其间有换地之举。

　　由此可以看出武训的不凡之处。第一，武训购买土地，不以其自然人的本名签订契约，说明他从一开始就明确矢志兴学，而不是为了

---

① 见《地亩账》，第15、23页。
② 光绪五年四月十三日的买地契中出现"武学正"，"武学正"这样的说法仅见于此地契中，见《地亩账》，第7页。
③ 详见龙登高《廊桥遗梦：清代公共设施的经营模式与产权形态》，中国经济史学会年会主题演讲，2016年7月。
④ 据《堂邑县知县郭春煦初次请奖详文》《堂邑知县郭春煦造送义学房屋地亩详文》，见《大全》，第6—7页。

第六章 武训理财兴学的制度基础

个人。第二，武训了解法律规定，以"义学正"法人主体购买土地，能够超越自然人的寿命与局限。因为这种法人主体，是得到法律保障的。这些土地就已经不属于武训个人。即使具体的管理也不由武训个人负责或控制，义学成立之后，由义学理事会主持具体的管理事务。第三，以"义学正"之名累积土地财富，使将来的义学能够获得稳定的收益来源，才能确保永续发展。这种以法人产权机构发展的事例，所在皆有，如书院、义渡、寺庙、善堂等。这种制度为武训兴办义学提供了基础。这种制度也表明，《调查记》断定武训为大地主，是不成立的。第四，武学兴办义学，既具有长远的规划，同时也具有很强的行动力。从光绪六年、七年大规模购地可以看出，武训为买地准备和谋划已久，甚至有可能此前与卖方达成初步协议，特别是做好了现金准备，因为其放贷都是有期限的。一俟"义学正"法人主体被批准，就立即支付现钱签订买卖契约。因为土地供给是有限的，更不是同时出现的，想买也不一定有卖方。光绪八年以后的买地行为与数量，才算正常。在这些卖方中，不乏对义学的支持者，通过出卖土地给义学，也被视为一种支持甚至捐赠行为。至光绪十二年冬，统计当买地230亩有零，用去地价京钱4263.874千文[1]。

义学正购买的土地，通常出租以获取未来地租收益，是一种投资行为。其义学正之地每年获地租380贯用来支持义学的日常经费[2]。土地出租的对象，很多时候就是原田主。即买地留佃，原出主转让土地所有权，但在一定时间内，仍保留土地的使用权，这种形式叫作"卖马不离槽"。但是如果到期交不起地租，当然就会收回土地使用权。光绪八年三月初六日迟万德把1亩6分8厘5毫3丝宅基卖给了武训，文约上写道："租价钱二千六百七十文，八月十五日交到，不到，将宅基收回。"[3] 又，光绪八年十二月十四日（年关），张珩松出卖自己的3亩1分4厘5毫土地，文约上写道："当日张珩松租回，

---

[1] 《堂邑县知县郭春煦初次请奖详文》，见《大全》，第5页。
[2] 《具禀堂邑县署请奖表文》《堂邑知县郭春煦造送义学房屋地亩详文》，见《大全》，第3、5页。
[3] 《地亩账》，第157页。

中篇　产权制度与民间主体

言明共价四千七百三十文，八月十五日为期，钱不到罚钱三百文，张岩松保。"① 因为给予卖主当日租回的优惠，所以武训获得延期付款的许可，或者可能是分期付款；或许是因为武训资金紧张，或许是精明的武训利用这 8 个月去放贷生息。买方获得所有权，同时将使用权出租给原田主，通常对双方都是有利的，新田主不需要另外搜寻佃家，考察其种田能力与信用，还要另签佃约。

发育较为成熟的地权市场，包括租佃关系，多样化的交易形式，使武训和义学正能够便利投资获取未来收益，以稳定支撑义学的持续运营。

第三节　募捐筹资

当理财累积到一定规模，兴办义学初具条件后，武训争取到当地士绅的支持与政府的认可。此时，武训便名正言顺地为义学募捐了，他拥有了政府批准的"缘簿"，可以合法地广泛发动和带动他人募捐。② 武训以合法募捐兴学为目的进行乞讨，其实质已经转化为募缘了，募捐所得现金 1578 贯，占光绪十三年崇贤义学总经费 8641 贯的 18.3%，此外，该义塾的建校用地部分来源于他人捐助（郭芬捐地1.87 亩）。

乞讨所得，来自对乞丐个人的施舍，而捐赠则是对兴学公益的赞助与支持，性质不同，数量亦迥异。不加区分而笼统归入乞讨，容易形成认识误区。武训经常"拿着各县绅士们替他立的缘簿到处募捐，并推销《太上感应篇》、《阴骘文》、《灶王经》、《劝世文》等'善书'"。缘簿上的捐赠者姓名，通常会刻于碑铭或列入志书，而武训还推销精神产品，以资鼓励。

---

① 《地亩账》，第 158—159 页。
② 光绪十四年六月《堂邑县知县郭春煦初次请奖详文》云"筹积巨款捐建义学，核计所费，除捐募绅民京钱千余贯"。（见《大全》，第 5 页）。《"义学症"武七先生外传》云"特赐黄布钤印缘簿"。（见《大全》，第 227 页）

124

表6-2　　　　光绪十三年（1887）兴建柳林镇崇贤义塾之
　　　　　　　建校费用、校产

	金额（贯）	经费来源
建校舍工料钱	2800	武训理财
建校舍工料钱	1578	绅耆捐钱
学校校产230余亩	4263	武训创设的"义学正"法人
合计	8641	

资料来源：《具禀堂邑县署请奖表文》《堂邑县知县郭春煦初次请奖详文》《山东巡抚张曜奏请建坊片》，见《大全》，第3—10页。

周游乞讨的武训，了解多方信息，其募捐具有一定的优势。事实上，他与僧侣周游四方募化资金兴办公共设施，颇有相似之处。民间兴办公共事业，资金主要来自募捐，而僧侣具有其天然优势，一是受到民众信任，二是云游四方化缘，熟悉民众捐款能力，因而常成为募捐的重要力量。如宋代福建兴建桥梁，僧侣是重要的参与者。[①] 武训与之类似，也是周游四方乞讨，当他兴办义学得到士绅与政府的支持时，能够感化民众，得到信任。

乞讨、化缘、募捐，三者之间，有一定的关联与相似性，有时甚至难以截然区分。和尚化缘，事实上与乞讨没有太大区别，简直就可以说"化缘"是和尚乞讨的专有名词。而募捐也是一种化缘，又被称为"募化""募缘"；如果说和尚化缘是为了寺庙发展，那么募捐则通常是为了公共事业，因而募捐需要得到合法的"缘簿"，即官府盖印认可的募捐簿。如果说开始时武训是乞讨，当他兴办义学得到官府认可之后，其乞讨也就演变成了募化；准确地说，是从个人乞讨转变成为公共事业募化，这大大增强了筹集资金的能力。

募捐与纳税之间，历史上习惯用法也有相通之处，"捐税"连用，

[①] 杨文新：《宋代僧徒对福建桥梁建造的贡献》，《福建教育学院学报》2004年第1期。

税有时也称捐。严格说来，捐为自愿，税为强制；但有时的募捐，是以自愿之"捐"名，行强制"税"之实。① 譬如《永锡桥志》所载捐献，捐一千文者达数百人，具有相当的普遍性，无异于税。武训为了获得募化，有时可谓无所不用其极，有时会以其乞丐的死皮赖脸，说服人们为义学捐钱，甚至有点强制的味道。无论如何，为义学募集资金，武训不遗余力。武训长期行乞，擅长说唱，以人们喜闻乐见的形式，察言观色，投其所好，甚至不惜牺牲自己的尊严，换来人们的施舍与捐赠。凡此常人不具备的独特方式，使武训具有较强的募捐能力。

第四节 武训理财与经营之道是如何得来的

武训自幼丧父，随母乞讨，因此不谙农事。传统农业全靠经验，经验来自代际传承，儿童从小作为辅助劳动力，长辈言传身教，从而获得农耕知识，但武训并没有这方面才能。

武训排行老七，上有两个哥哥，四个姐姐。道光二十五年（1845），武训7岁时，其父武宗禹过世，自幼随母乞讨，因此不谙农活。《调查记》极尽贬损之笔墨，但大致是合乎事实的。武训"染上了不关心庄稼活、不爱劳动的游民习气"。至十六七岁，其母亲设法送他到馆陶薛店远房姨夫张变征家"扛活"（或作"抗活"，山东的方言），就连一些庄稼活的基本常识也没有。② 因此，张老变只叫他看管"树行子"（果树园），或者做一些喂猪、喂牲口的轻便活。如此一来，武训获得的工钱也是最低的，顶多不过

---

① 天津海关为兴建万国桥征收附加税，就称为桥捐。详见龙登高、龚宁、孟德望《近代公共事业的制度创新：利益相关方合作的公益法人模式——基于海河工程局中外文档案的研究》，《清华大学学报》2017年第6期。

② 据说"豆沫（武训的绰号）不懂庄稼活，连豆子跟棉花都分不清。有一次人家叫他到地里去打棉尖，他把豆尖给掐掉了"。"他啥活也不会做，出粪铡草都不会。推车子架不准，摇摇晃晃，担水不使手，遛遛跶跶。"张变征即张老变，或张老辫，是武训的远房姨夫，是个贡生，家里有四、五顷地，雇了几个人种地（《调查记》，第21、22页）。

第六章　武训理财兴学的制度基础

"三鞭"的标准——4吊钱。① 工钱很少,据说"武七大闹了一场就走了,没有再抗活"②。既然抗活收入低也没有尊严,那和乞讨也没有两样。

武训不是一个合格的农民,却具有理财的潜能。武训结交三教九流,③ 他舅舅崔老华干过衙门里的"赋房老总",武训和他"最合得来"。这段经历,开启了武训的理财之门,释放了其数字天赋。武训虽然没有读过书,但记忆力惊人,而且具有数字敏感性与天赋。④ 武训在腰带上打着许多结,用来标记他放出的账项,不会弄错。大概人类早期结绳记事记账就是如此吧。"自一缗至千缗,其利之相积,错落万端,而日利、月利、年利又纷歧杂揉,变幻无不至。训既不知书,复不通数理,则账簿契约,皆非所晓,惟恃一心记忆,则纤微奇零,无弗综贯。故身为债权者数十年,未尝有债务纠葛事。"⑤ 高峰时,二百多亩地的出租收租,数千贯几十笔放贷,并且都分散在几个县域,武训的理财能力可见一斑。

乞讨生涯,对有心人来说,或能锻炼营销能力。武训行乞周游四方,信息灵通,比普通人更能把握市场信息,了解客户的信息与信用。他善于发现机会,寻找放贷对象。他需要察言观色,才能获得人们的施舍。他善于发现人们的偏好,想方设法满足别人需求,或者通过自己装疯卖傻,让对方高兴,从而获得别人施舍。他极其谦卑,善

---

① 当时劳动力最强的雇工——"头鞭"一年的工钱是八、九吊,"二鞭"的工钱是五、六吊(《调查记》,第21页)。

② 回家以后,在决定今后抗活还是要饭的问题上,和他母亲、哥哥起了冲突。武训认为"不如讨饭随自己","我出家了,你们别管我!"见《调查记》,第22页。

③ 据《调查记》(第22页):"从那时起,他结交的尽是些流氓、光棍、地主、恶霸、阔和尚和大小官僚。当地群众说他年轻时最欢喜上崔庄找他的舅舅崔老华,那人是个有名的光棍,'他专吃别人'。王汤传说崔老华干过衙门里的'赋房老总',武训和他最合得来。可以设想,武训从崔老华那儿学到了不少'专吃别人'的本事。后来,武训就在许多县行乞,结识了各县的流氓,竟成了一个有势力的流氓头子。"

④ 拥有数字天赋的企业家很多,如林绍良、黄奕聪、陈永栽等著名南洋华商,虽然没有受过多少正规教育,但数字能力异乎常人。

⑤ 沙明远:《纪武训兴学始末》,见《大全》,第151页。

于沟通与协调，表达能力强，出口成章。① 义学正式筹建和修成之后，武训以情动人，以义感化人，整合各方人士与资源推动义学的运营。他发动士绅与名流组建以 41 名首事为代表的义学理事会具体管理办学事务，高薪聘请进士、举人为学校教师，提高办学质量。理事会治理模式当然不是武训首创，在中国民间有着成熟的制度安排与悠久的传统，② 这也是武训赖以成功的制度基础。

武训有着旧时代守财奴式的极端节俭，对自己尤为如此，这在短缺经济时代通常是积累财富的模式。即使后来家财万贯，仍然乞讨维生，自己的物质生活极其苛刻："冬则衣敝袍一身，夏则短衫或长衫一件，饮食即至臭不可闻者，亦不肯弃置于人，以故临终之年，腹疾数月，泄泻不止，亦或平居俭省过度。"③ 对家人也不网开一面，④ 这种看来不近人情的做法，从某种程度上讲，这也是财富积累的手段之一。

武训之所以成功，除了其个人超乎常人的特质之外，其生存的土壤与环境，当时的条件与制度，也是不可缺乏的条件。（1）临清一带较发达的商品市场与金融市场，使他能够借助商铺、银号放贷生息、投资铺房获利。（2）活跃的地权市场与租佃关系，⑤ 使他能够在

---

① 满口"老爷爷""老奶奶"，或"爷爷""奶奶"。对地主的子女一律叫"小叔叔""小姑姑"。堂邑、馆陶的地主们说武训的"嘴甜着哪！""脾气好，怎么耍他也不恼。"（《调查记》，第 24 页）

② 详见龙登高《廊桥遗梦：清代公共设施的经营模式与产权形态》，中国经济史学会年会主题演讲，2016 年 7 月。

③ 《临清州知州李维诚呈送增生靳颚秋所造武训事实》，《大全》，第 24 页。又如："他所办的义学崇贤义学落成开学的那天，大家吃饭坐席，他不肯入座。后来给他一斤馍馍一碗菜，但不一会儿，他已经跑到窑上换了几个砖回来。"（《武训先生的轶事——纪念武训先生一〇九周年诞辰》，见《大全》，第 252 页）

④ 《调查记》说"他娘他哥都没沾他的光，他娘死的时候还不是象一条狗一样。""武训把要来的干粮拿去卖给人家喂牲口，却不愿给他的母亲和哥哥吃一口，他就是这样一个无情无义的人。"（《调查记》，第 27、28 页）其捐给义学之地后来拨给他四十亩"以为武训娶妻生子之资"，但他终生未娶妻，而是将这些地作为祭田，让其子侄出钱十贯"供义学使用，下余资款除祭祀先茔需要奉养次兄及侄辈日用之需"。（《临清州知州李维诚呈送增生靳颚秋所造武训事实》，《大全》，第 24 页）

⑤ 龙登高：《地权交易与生产要素组合：1650—1950》，《经济研究》2009 年第 2 期；龙登高、林展、彭波：《典与清代地权交易体系》，《中国社会科学》2013 年第 5 期。

第六章 武训理财兴学的制度基础

土地与资本之间腾挪变换，通过出租田地获取稳定的未来收益地租。（3）法人产权制度使他能够以"义学正"之名为义学购买土地和积累财富，并使之能够超越其自然人的寿命长期延续，保证了义学可以持续发展。（4）民间团体的动员能力与组织能力在中国富有传统，即便身为乞丐也能够争取到士绅和官府的支持发起和筹建义学，并通过首事（即理事会）来长期管理学校。

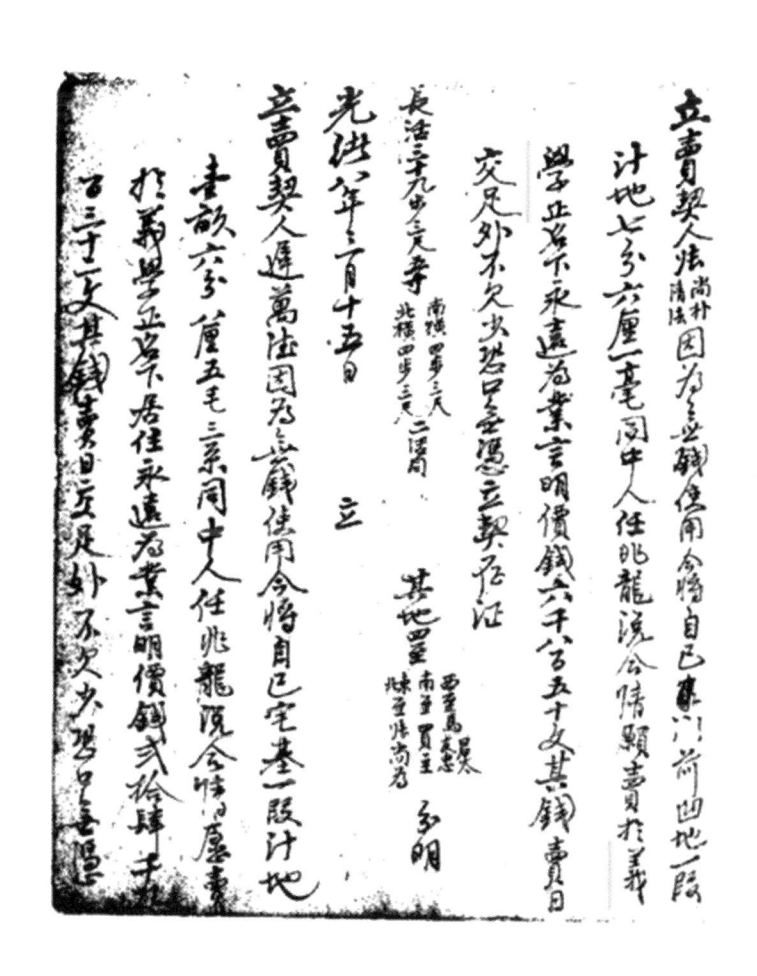

图 6-2 光绪八年（1882）立卖契

出卖祖产变现为资金，以资金放贷生息，用本息购买土地获取地租，再出卖部分土地获得经费，以此兴建义学；以法人产权的土地收益作为聘请教师和义学长期运营的稳定经费来源。这一切都出自一个乞丐，的确令人叹为观止。在其成功的背后，是市场环境与制度的配套与支持，主要是商业中心临清的金融市场、发达的地权市场、法人产权与民间自组织，提供了平台和机会供武训施展其抱负；特别是以义学为旗号，使他能够获得士绅的合力推动、大商号与钱庄的协助以及政府的支持。武训，这个传奇人物的身上，褪去乞丐的外表，实际上是传统时代的理财高手。

下 篇

产权与基层秩序

第七章　公共利益冲突中的产权交易与基层治理*

传统中国以较小规模的官僚体系维系"大一统",背后的逻辑一直是学术界关注的焦点。在官僚体系行政能力有限的条件下,地方政府存在大量的治理"真空",自然吸引了民间组织的参与。明清以来,具有稳定产权的民间组织所提供的公共品,涉及慈善、救济等公益领域,书院、宾兴等教育领域,也包括水利、桥梁①等基础设施的建设,补政府之所不及的同时,也深刻影响了地方社会的秩序和形态。

民间组织在提供公共产品的同时,同样也广泛参与社会公共管理,如对山林环境资源的保护。传统时期山林资源的保护作为一种"环保"问题,不同于当代以政府为主体的治理模式,民间力量起到了突出的作用。尤其是明清以来社会经济的发展,使得社会对于矿产资源的需求和矿产的商业化开采规模不断扩大,引发对山林环境的破坏,基于私有产权的矿产开采和对山林作为公共资源的保护形成剧烈冲突。本章将以矿产封禁冲突为出发点,分析传统社会基层治理的模式。

"封禁"作为政府或民间的治理手段,意为"限制进入或利用",

---

* 本章原题为《公共利益冲突中的产权交易与基层治理——清代狮山书院与山林封禁的考察》,作者为陈月圆、龙登高,发表于《中国社会经济史研究》2021年第2期。

① 将桥梁、水利等基础设施建设视为公共品的讨论,见龙登高、王正华、伊巍《传统民间组织治理结构与法人产权制度——基于清代公共建设与管理的研究》,《经济研究》2018年第10期。

被广泛运用在山林、边疆、海岛等特殊区域。"封禁"的主体和目的各不相同,既有政府主导、出于政治因素的封禁,如闽浙赣交界地带的铜塘山就因地势险要,三省政府鞭长莫及,从而匪徒聚集,在明清两代被长期封禁以维持地方治安;① 也有民间自发"封禁"山林,以培植树木获得经济收益,如徽州在清代就广泛存在以宗族为主体的山林封禁,限制本族与外族成员进入山林砍伐,所得木材在出售后作为宗族事务经费。② 这里所讨论的"封禁",专指政府与民间社会出于对山林环境与"风水"的保护,从而限制矿产开采的"封禁"。

已有关于矿产封禁的研究涉及矿禁政策的演变与具体的封禁案例。韦庆远、鲁素曾系统地整理、总结了清代前期的矿业政策演变,以及主张开禁和主张封禁两派的主要观点。③ 廖华生曾利用徽州文书《保龙全书》,刻画了婺源从明万历至清光绪年间的山林封禁案,④ 并且分析了士绅在封禁中的突出作用;梁诸英、⑤ 曾伟⑥亦考察了"风水"观念对皖南与山西矿产封禁的影响。需要注意的是,目前关于矿产封禁的研究相对较为薄弱,对矿禁冲突的逻辑分析较为单薄,⑦ 往往忽视了矿产封禁冲突发生的社会背景,以及冲突解决过程中不同社会群体之间的互动。本章将在清代湖南《浏东狮山书院志》所载狮山封禁案的基础上,结合已有的研究,以经济学的产权理论为分析工

---

① 廖涵:《清代江西铜塘山之封禁考》,《长江文明》2018 年第 1 期。
② 郑小春:《封山育林与晚清徽州乡村社会的日常生活——对〈禁山簿册〉的考察》,《社会科学》2017 年第 12 期。
③ 韦庆远、鲁素:《清代前期矿业政策的演变》(上、下),《中国社会经济史研究》1983 年第 3、4 期。
④ 廖华生:《士绅阶层地方霸权的建构和维护——以明清婺源的保龙诉讼为考察中心》,《安徽史学》2008 年第 1 期。
⑤ 梁诸英:《风水观念与基层秩序——对明清皖南禁矿事件的考察》,《中国矿业大学学报》(社会科学版)2011 年第 4 期。
⑥ 曾伟:《风水话语与煤炭禁采:清代晋东南煤禁碑生成研究》,《地方文化研究》2017 年第 4 期。
⑦ 一般而言,引发矿产冲突的因素相对多样,开挖矿产的商业利益与本地环境的保护存在较为直接的冲突,矿产开采所造成的工业人口聚集也可能与传统的农业秩序之间发生冲突,这种冲突还存在于开挖矿产的经济行为与保护"风水"的传统观念之间。因此,在问题相对复杂的情况下,引入较为清晰的经济学逻辑展开分析就成为必要。关于引发矿产封禁冲突的具体讨论见韦庆远、鲁素《清代前期矿业政策的演变》(上、下)。

第七章　公共利益冲突中的产权交易与基层治理

具,考察矿产封禁冲突的内生逻辑和解决机制。矿产开采产生的"负外部性"造成了周边环境的破坏,从而引发地方社会的"封禁"。作为大规模的系统性工程,个体士绅的力量难以承担"封禁",因此往往通过具有稳定产权的民间组织参与其中。民间组织不具备政府的权威强制性,通常通过产权交易等非强制性手段,将私有产权转化为非私有产权,从而消解矿藏开采的负外部性。狮山书院最终长期承担了山林"封禁"的管理,正是这一逻辑的具体体现。值得关注的是,书院本为文化教育组织,其职能的拓展也正是民间组织广泛参与地方公共管理的一个写照。

对于地方官员而言,原有的基层行政体系不仅规模较小,且存在大量寻租空间,因此地方官员也乐于绕开衙门胥吏,系统性地授权士绅与民间组织参与地方公共事务。即使如此,在实际治理过程中,官员和士绅也都意识到,地方公共事务中无法真正摆脱胥吏,正是这种矛盾与冲突塑造了帝国的基层秩序与治理的复杂性。透过矿产封禁的具体分析,笔者将考察士绅主导的民间组织对地方公共事务的参与机制,为传统社会的基层治理问题提供新的素材与视角。

第一节　民间组织视角下的狮山封禁

一　狮山的开采与早期封禁

湖南浏阳县在清代隶属于长沙府,位于湖南和江西的交界处,商业较为发达,同治《浏阳县志》载:"迩来地利梢尽,逐末者稍多,壤接江西,客民贾鬻其间。然地非通衢,百货仰给旁郡,水路辇运,闲民亦借以生活。"① 浏阳县东乡的狮山及附近区域,其山易于开凿,所取之石可以烧石灰,所得石灰洁白细腻,品质优良。加之狮山临近平江,所产石灰能够通过水路销售,因此吸引了大批专业从事石灰开采的窑户聚集在狮山周围开采石灰,鼎盛时期窑户聚集达到数千人。

---

① 同治《浏阳县志》卷八,《中国地方志集成　湖南府县志辑13》,江苏古籍出版社2002年版,第340页。

在商业利益的驱动下,石灰被过度开采,狮山山体严重受损。《浏东狮山书院志》中记载,狮山"石壁撑空高阁,至十余丈皆錾痕也"[①]。同时由于工业具有负外部性,山林的破坏也影响了周边生态环境,时人认为长沙的火灾就与狮山被过度开采有关。因此,嘉庆二十年(1815),时任湖南布政使翁元圻、按察使徐炘在了解到狮山开采的情况后,下达行政命令封禁山林。文件中称,狮山的开采涉及"省城来龙通狭之处",继续开采有损环境和全省的地脉,因此下令封禁狮山,并且要求山主和保甲出具"甘结",承诺不再开挖。当年六月,道同知巡视之后回禀称,狮山已经不再有"私设棚场"的情况。

狮山已经形成稳定的产业链和一批矿产从业者,封禁之后将失去生计,因此早期的政策执行上相对宽松,而这就使得整体的封禁政策的执行打了折扣,窑户阳奉阴违,照旧对狮山进行大规模开采,"念贫民骤失恒业,务从宽治,而奸民恃众蹯聚,官至则封,去则如故"[②]。从嘉庆二十二年到道光六年的近十年间,几乎每年都由省、府、县政府下令封禁。[③] 考虑到当地的窑户是从原有的山主手中租得山地开挖山石,道光五年(1825)知县赵瑜下令让山主退还佃户的租金,取消与佃户的租赁合同,要求窑户停止采石、搬迁出山。[④]

事实上,持续多年的行政命令封禁收效甚微,这也引起了地方官员的高度重视。道光六年知府张凤枝在一个月之内连续下十八道命令,要求浏阳县封禁狮山。严格的命令也引发了激烈的冲突,窑户李

---

① 光绪《浏东狮山书院志》卷五《封禁》,台北成文出版社2014年版,第140页。
② 光绪《浏东狮山书院志》卷五《封禁》,第142页。
③ "(嘉庆)二十二年到二十四年,李加怀等呈控各词典史李天喜……",道光三年知府王、知府安下令饬县封禁,"六月九月十一月知府安三次饬县均不克封""四年五年知府萨檄凡十二至……",萨知府亦称"除委员查勘外,定将该县详参不贷"。光绪《浏东狮山书院志》卷五《封禁》,第142页。
④ "谕各将分批山段名目,及批价银数,刻即投案听候查究……前因窑户批山烧灰,费有工本,诚恐一旦押逐出山,顿失恒业。当今示令山主退还批钱,搬徙出山。兹据称批佃山场,共计大批若干,自有批字可凭候,饬令如数退还,至尔批山烧灰,虽费工本,而历年采烧所获花利,奚止数倍。久奉宪札饬封,该民仍恋踞不遵……毋得借口拖延。"光绪《浏东狮山书院志》卷五《封禁》,第144页。

万贤因为争夺山林引发命案，十一月时，窑户李禀忠又因为"抗官酿命"被控告。

二 封禁的第二阶段：从私产到官产

在行政封禁无法奏效的情况下，当地的官员转而寻求本地士绅的支持。浏阳县令赵瑜组织士绅组成理事会，① 募集资金，从狮山原有的山主手中买得山地赠为官山，从产权上排除了私人开挖狮山的合法性。本地士绅也意识到狮山封禁的复杂性，积极和官员沟通，通过各种渠道反映狮山封禁的具体情况。实际上，之所以狮山开采屡禁不止，是因为狮山的石灰开采已经形成了严密的地下产业链，从开采山石的窑户、煅烧石灰的工匠，再到负责向下游运输的船户均密切参与其中，而且石灰业从业者与当地的公共管理人员紧密"勾结"，通过向收取货物关税的歇家和政府的胥吏贿赂来保障产业的运转。②

正是由于狮山的开采石灰业已经形成了完整的产业链，甚至渗入了政府的日常行政，因此官员和士绅本身更希望通过士绅来负责山林的封禁，以取代原有的胥吏。道光九年，封禁理事会上书湖南布政使，请求布政使亲自处理狮山封禁案。在封禁理事会和省、府、县三级政府的协调下，基本禁止了狮山的石灰开采。

三 封禁的第三阶段：书院的建立与长期管理

在基本清理了狮山窑户后，为了保证狮山环境能被长期保护，当地的官员和士绅共同决定在狮山上建立一座文昌阁。文昌阁供奉文昌帝君，是读书人的守护神，尤其被时人视为是科举和功名的守

---

① 狮山封禁涉及董事9人，经理60人，董事和经理是民间公益组织常见的职位，董事"董理其事"，负责总管调度，经理负责某项专门事务，由此亦可见狮山封禁涉及的士绅群体之大。

② "……棍徒所以无忌，虽恃亡命多人，实恃在城差歇包庇。如某私□蠧字木戳包装包运，某坐上流运灰者，每船给予钱文，即予盖戳，差坐下流，见有戳者放，无戳者禀。窑户平日有公费给差，凡署内动静，先透消息，使窑户预防。即昨赐勘，差早暗通，故凶器凶徒倾刻皆集，窑户将柴薪遮盖好窑，以损坏旧窑朦勘。"光绪《浏东狮山书院志》卷五《封禁》，第147页。

护神。创建文昌阁,实则是利用民间信仰的力量赋予狮山以神圣性,从而从根源上打消时人开采狮山的想法。由于文昌阁与科举和读书有关,封禁理事会又在文昌阁通过社会募捐的方式设立义学,初次捐款规模就达银三千余两。义学的设立,一则作为地方的公共教育事业,一则以借助义学本身的组织负责对狮山及周边环境的封禁事业的管理。十年后,出于发展教育事业的需要,士绅重新组织募捐,对狮山原有的义学进行拓建,于道光二十一年(1841)将其升格为书院,开始正式对外招生,每年招收生监正副课十名,生童正副课各二十名。[1]

浏阳士绅在义学的基础上拓建书院,本意是为了地方社会的生童能够"就近入读",已经脱离了山林封禁的背景。但是在狮山书院建成之后,书院理事会事实上承担了狮山及其周围山林的封禁责任。狮山附近的磊石山,与狮山接壤,在狮山被封禁之后,陆续也被发现存在"鏊石烧灰"的情况。道光十一年(1831),浏阳知县下达行政命令封禁磊石山。在此后的十多年间,仍然不时存在对磊石山的违规开采情况。而在书院成立之后,书院董事召集各位山主,共同约定封禁磊石山。[2] 这里的"公书禁约",本质上是民间自发组织的公约。狮山书院作为具有文化权威的公益教育组织,利用书院的社会资本,参与地方社会的公共事务,在某种程度上起到了补政府之所不及的作用。

然而,书院作为公益组织,并不具备政府和法律的强制性权威,民间封禁仍然未能阻止磊石山的石灰开采。由此,书院董事转而求助各级政府,道光二十六年(1846),书院理事会接连上书浏阳县、长沙府与湖南布政使,请求更高级别的政府介入此事,从而最终达成封禁。为了进一步解决狮山与周边山地的违规开采问题,狮山书院的董事周彦山、周佑等,通过其所在的周氏宗族,将狮山和磊石山附近的高唐山、鸡冠石、少狮脑等周边山地购为族产,作为祖坟地进行保

---

[1] 邓洪波:《湖南书院史稿》,湖南教育出版社2013年版,第445页。
[2] "(道光)二十三年书院董事与山主集议,均顾全公书禁约。"光绪《浏东狮山书院志》卷五《封禁》,第154页。

护,"意以保丘墓建全书院地脉"。如此一来,周边山地的产权性质发生变更,从私人产权变为周氏宗族所拥有的法人产权"族产"。周氏宗族出于保护祖坟风水的需求,能够较好地保护山林,时人因此也评论道:"论者谓狮山相连之山,为一乡保障,故诸大姓护持最力云。"

四 组织的生命力与延续性

狮山书院的建立,有赖于浏阳民间社会的捐资和本地士绅所组成的董事会的管理。民间的力量看似脆弱,却因其背后稳定的制度安排,有着顽强的生命力。咸丰二年(1852),狮山书院毁于太平天国战乱,待战乱平定之后,咸丰十年(1860),书院理事会重新发动社会募捐,复建书院于高唐山,捐款规模达到1.6万余缗(千文)之巨。此后狮山书院长期维持稳定运营,直至光绪三十三年(1907)改制为高等小学堂。

狮山书院之所以能够长期稳定经营,与其他书院和民间组织一样,核心是法人产权的保障和理事会管理制度。[①]法人产权保障了书院的财产权利,而理事会制度将士绅个体的力量联结而成组织体系,使之能够超越时空而存在,即使是战争毁坏了书院的有形资产,书院也可以凭借其理事会迅速动员各方力量进行重建。正因如此,书院作为建制化的组织才能够长期参与地方社会的公共事业,从而维护了地方社会的秩序。

第二节 产权交易与矿禁冲突

乾隆八年(1743),在历经多年讨论后,清政府基本确立了开放民间矿禁的政策,允许百姓在地方官的许可下进行矿业开采。在此期间,民间已经出现了一定规模的开采,政策的意义更多地在于授权已

---

① 陈月圆、龙登高:《清代书院的财产属性及其市场化经营》,《浙江学刊》2020年第3期。

下篇 产权与基层秩序

被开采的矿山可以继续合法地开采。关于开采的限制，一般都要求"无碍田园墓庐"①，即矿产的开采不能影响农业生产与周边环境。因此，具体到不同地区，矿产的开采也呈现出了不同面向：在云南、贵州等矿产丰富、经济相对较为落后的地区，负外部性不显著，合力开采易达成共识；而在另一些地区，针对开采与封禁，地方社会出现了明显的分歧。发生在湖南乡间的狮山封禁案，正反映了基层社会围绕开采与封禁产生的剧烈冲突。本章将通过对基层矿禁冲突的分析，深入清代公共领域的治理问题。

百姓之所以能够对山林进行利用和开采，核心是拥有相应的产权。狮山最初的所有者能够开采或将其租给窑户开矿，拥有消费、处置矿产的能力，正是其享有山林产权的体现。而产权所有者对产权的处置与利用，并非全无顾忌，往往需要在不影响他人权利的基础上进行，并且接受政府相应的规范。在矿产被大规模开采前，涉及山林的产权，并没有对山林矿产做出明确规定或限制。一旦开挖矿产被认为有利可图，大规模的商业开采必然对山林以及周边的生态环境产生影响。传统话语中，生态环境往往以"风水"的面貌出现，士绅们在封禁过程中，总以本县风水被破坏为理由请求封禁。② 实际上，"风水"的概念较为灵活，所指对象可大可小，小可指一家一坟的周边环境，大可指一山一县的整体环境。无论所指范围是大是小，"风水"总是超越了所指对象的法律或物理界限。更为重要的是，"风水"不仅意味着居民享有良好生态环境的"环境权利"，在传统观念中还直接作用于个人、家族乃至本地的财富、地位与运势，是一种实在的"公共利益"。在"风水"观念的支配下，山林周边的居民虽然不具有山林的私有产权，却拥有约定成俗的"风水"权。矿产的开挖表面上是山主自行处置私有产权，然而不可避免地影响到了周边居民的

---

① 如狮山封禁中嘉庆二十年布政使檄文称"窑户烧灰，虽为便民之事，但需查明出石山场，无碍田园庐墓，且不至有损地脉，方可开探"。光绪《浏东狮山书院志》卷五《封禁》，第141页。

② 如明清时期婺源士绅在请求封禁时就常以风水被破坏为理由，具体见廖华生《士绅阶层地方霸权的建构和维护——以明清婺源的保龙诉讼为考察中心》。

第七章 公共利益冲突中的产权交易与基层治理

"风水"权,即矿产的开采存在"负外部性",因此较易引发开矿者与周边居民利益冲突。此时,原有的产权体系无法明确地界定山主对所拥有山林的开采权和周边居民的"风水"权,政府的行政介入和民间力量的参与,正是在这一背景下发生。

由此,矿禁冲突的核心在于私有产权的"负外部性",要解决冲突,就需消解其"负外部性"。矿禁冲突的解决方案,主要包括以下两类:一是通过政府或者民间的非正式权威以命令的方式,直接限制矿产开采;二是通过交易机制,使私有产权向非私有产权转移,借助承担非私有产权的法人组织管理山林,将负外部性内部化。[①] 一般而言,清代的非私有产权包括国有产权("官产")和法人产权("公产"),不同于代表个人利益的私有产权,非私有产权往往代表本地社区的"公共利益",因此通常采取保护"风水"、限制山林开采的策略。

尽管封禁冲突产生与解决的逻辑相同,但是由于不同地区政府与士绅的组织力有所差异,因此不同情况下封禁措施和成效相对不一。以狮山为例,虽然在封禁的过程中,各级政府屡次下达行政命令禁止采矿,同时书院也与山主拟定民间公约,但是都没有起到良好的效果。最终,政府和士绅不得不通过产权交易,将原本属于私有产权的山林转化为非私有产权,并交由书院或宗族管理。而在经济发达、文风繁盛的婺源,士绅与民间组织的动员能力相对较强。据统计,清代婺源县拥有书院数量就达20所之多。[②] 光绪时期的封禁中,婺源士绅紧密围绕遍及全县的书院与文会,仅通过行政手段即可实现对官山和民山

---

① 罗纳德·科斯曾在其《社会成本问题》中指出,在交易成本为零时,产权的分配不对经济结果产生影响,即科斯定理。而在实际情况下,交易成本不为零,产权的界定必然对经济结果产生影响。因此,通过产权的重新界定,就可以消解已有交易带来的外部性。民间组织通过产权交易获得对于山林的产权,实际上就是实现了产权的重新界定,将原本不参与矿产开采、但是却受到矿产开采负面影响的周边居民纳入交易(由民间组织代表其利益),从而实现了外部性的内部化。[美]罗纳德·科斯:《社会成本问题》,《企业、市场与法律》,盛洪、陈郁译校,格致出版社2009年版,第106页。

② 张晓婧:《清代安徽书院研究》,博士学位论文,安徽师范大学,2014年,第47页。

下篇　产权与基层秩序

"一体封禁"，没有通过产权交易将所有涉及山林都购为官产或公产。[①] 即使窑户要求准许开采"民业"，[②] 也遭到知县的拒绝："迅速出具'封闭平毁，永远不烧'甘结存案，违干重办，禀不准行。"[③] 当政府与士绅主导的民间组织处于强势地位时，仅通过行政命令就可较好地限制石灰开采，不需通过产权交易。

因此，在政府或士绅无法通过行政命令限制开采的情况下，基于法人产权的民间组织通过产权交易的方式，使得私有产权转化为非私有产权，能够有效地消解"负外部性"，是清代地方公共事务治理的重要方式。

第三节　民间组织与地方公共事务

在清代中后期社会秩序复杂化、地方公共事务增加的背景下，民间组织作为法人产权的承担者，通过经营、管理"公产"，补政府之所不及，在地方治理中起到了重要的作用。民间组织的治理作用与其本身特点密切相关。不同于政府的强制性与权威性，民间组织的治理通常采用市场交易、公约协商等手段达成目的，同时与政府密切合作，获得政府的授权并向政府传达信息。通过封禁案梳理民间组织在地方治理中的特点，能够更加清晰地认识传统地方公共事业的运营模式。

一　稳定性与强动员能力

民间组织能够持续、稳定地参与长时间、大规模公益事业的制度

[①] 婺源的石灰开采与封禁冲突最早发生于明万历年间，此时士绅也采用集资购山的方式买下了部分山地作为官山，而此后直到清光绪的封禁都没有再重新购山。并且在万历年间购山之后，当地生员上奏时也称"其十七都、十八都、二十三都、四十三都可烧灰之石山，皆系龙之肢干爪牙，不分官民，尽数拆窑，永绝鏊伐"。《乡官、举监生员具呈六平金侯》，余伟：《婺源〈保龙全书〉的整理与研究》，硕士学位论文，江西师范大学，2010年，第41页。

[②] 窑户要求"倘是民山民业，乞恩仍准身等照取原石烧灰，供课完纳"，见《灰犯俱禀》，余伟：《婺源〈保龙全书〉的整理与研究》，第117页。按：余伟整理本中该段落款时间误为康熙二十九年，应系整理之误。

[③] 《灰犯俱禀》，见余伟《婺源〈保龙全书〉的整理与研究》，第118页。

第七章 公共利益冲突中的产权交易与基层治理

基础，在于民间组织拥有稳定的产权和治理结构，从而长期稳定支持公益事业。如徽州婺源县光绪年间的封禁事宜，就在知县与士绅商议之后，交由紫阳书院办理，其封禁的经费，也从书院经费中支出。[①] 即使是个人发起的慈善公益事业，也不得不借助组织的力量，以求进行稳定的管理。同样是在嘉道年间，湖北商人李本忠为了解决长江归州段的险滩问题，出于保护水土的需要，独立捐资，将归州段的阴阳山从私人手中买下作为官山封禁。[②] 捐资固然可以由个人独立完成，但是山林封禁的管理是长期的事业，光凭个人的力量无法封禁，因此李本忠再单独捐款置田，代替原有阴阳山的佃户缴纳赋税，同时作为科举的公益基金——宾兴。由于涉及对科举事业的资助，州学生员是直接受益者，因此李本忠和归州州学的师生商议，由州学代管宾兴田业，同时负责选择看山人、管理阴阳山等日常事宜。

民间组织的另一重要性质，在于其对一般百姓的强动员能力。民间组织源于基层社会，相比于正式官僚体系更容易深入百姓的日常生活，亦较容易获得百姓的信任。狮山书院初建时，就筹资银20300余两，对于山区一县而言已属相当规模，此后狮山书院历年来六次捐资兴建或重建，每次捐款的数额都在千两以上。[③] 下表为狮山书院历次捐资兴建的具体信息。

正是由于民间组织所具有的上述性质，政府或士绅往往赋予民间组织不同于初始创建目的的职能，从而实现社会治理的目标，书院就是一个典型的案例。书院本身是满足士人之间文化、教育等自身需求的社会文化组织，与地方公共事务并不完全相关。而在地方公共需求日益增多、士绅不断参与地方公事的背景下，书院对于社会的"教化"功能不断增强。并且书院凭借已有的组织体系，能够稳定地承担

[①] "□费每年约计二十余洋，由紫阳经费敷出，亦不□外筹费。"见《善后章程》，余伟：《婺源〈保龙全书〉的整理与研究》，第109页。

[②] 严错、严昌洪：《清代社会公益事业中的官民互动——以李本忠捐买阴阳山入官封禁案为例的考察》，《湖北大学学报》（哲学社会科学版）2018年第1期．

[③] "先后捐输者六，请奖叙者二，不请奖叙者四，虽由士绅劝捐有方，而乡人之慷慨慕义，亦概可想见。"光绪《浏东狮山书院志》卷六《捐输》，第173页。

各类地方事务，这在书院规章中也有所暗示：书院绅董除非书院有关及一切"公事"外，[①] 不得涉及词讼。

表7-1　　　　　　　　　　狮山书院历次捐款金额

时间	捐款目的	捐款金额（单位：两）
道光十年	建文昌阁	3400
道光二十年	建狮山书院	20300
道光二十八年	束脩膏火不足	5000
咸丰十年	重建狮山书院	16000
同治八年	续建文昌阁	3000

资料来源：光绪《浏东狮山书院志》卷六《捐输》；说明：本表所列捐款项目为狮山书院部分捐款统计。

二　非强制性参与模式

民间组织的主导者，往往为具有一定社会地位的本地士绅。不同于在职官员，士绅作为政府官员的后备军，或本身即为退休官员，并不直接享有政治权力。因此，以士绅为主导的民间组织，在参与地方公共管理时也无法像政府一样依靠强制规定参与管理，而是主要采取产权交易、公约协商等非强制性手段。

产权交易作为一种市场性手段，核心在于协调经济权力与利益。前文已经论述，狮山屡次经行政命令封禁而不能，根本原因在于私人山主始终拥有山林的经济产权，由此造成了严重的外部性。通过将私有产权转化为非私有产权，原有的外部性被内化。利用法人产权机制，也能激励民间组织自发地承担公共管理事务。继狮山之后，周边磊石山的封禁，就以书院董事通过其所在的周氏宗族购买民山为祖坟

[①] "凡属董事，除书院及一切公事外，苟涉词讼，毋得关说，蹈此咎者，书院除名。在城绅士人等，凡属官务词讼，及一切非关学校者，不许至院会议，以致嘈杂。即乡村绅民，凡有词讼者，不准书院留宿。"《圣泉书院条规》（光绪十八年），邓洪波：《中国书院学规集程》（第一卷），中西书局2011年版，第19页。

第七章　公共利益冲突中的产权交易与基层治理

地而告终。周氏宗族出于保护祖坟风水的需求，有较强的动力维护山林环境，宗族的利益从而与维护周边环境的"公共利益"达成一致。

书院、宗族之类的民间组织虽并不具有政府的法律权威与强制性，却是儒家伦理的主要承担者。明清之际，原本作为高级官僚和士大夫的个人道德修养的儒家学问，逐渐向"广义的政治之学"转型，低层士绅和一般百姓也逐渐成为社会秩序的承担者。[1] 书院作为儒家学问的传播中心，自然也受到这一影响，逐渐树立了基于意识形态的非正式权威。相比于明代中后期的书院通过"会讲"等手段发表意见、高调参与政治，[2] 清代的书院不再直接评论朝廷政策，而是依赖其稳定的组织结构，与地方公共事务和公共管理需求大增的背景相应和，直接、深入地参与具体地方事务的治理。由此亦可以理解狮山书院在建立后，有能力通过召集山主"公议封禁"、签订民间公约的方式维护磊石山的生态环境。类似地，徽州府婺源县在光绪年间也存在严重的石灰开采问题。当地士绅在发现开采情况以后，直接通过本地的华川文社和紫阳书院进行协调，一方面派士绅直接赶赴现场会同乡约组织石灰开采，[3] 另一方面联合五乡士绅联名上书县政府请求行政力量封禁，[4] 同时还致信乡村的文社督饬乡约地保封禁。[5] 书院本身并非政府机构，能够立即协调乡约地保封禁，凭借的还是书院作为"教化之所在"，具有参与地方事务的社会资本。

书院职能向社会治理领域的扩展，至晚清时期尤为突出，这体现

---

[1] ［日］沟口雄三：《转型期的明末清初》，《中国的历史脉动》，乔志航、龚颖等译，生活·读书·新知三联书店2014年版，第217—218页。

[2] 如明末以东林书院为代表的一系列书院，就以"家事国事天下事，事事关心"为号召，在讲学中直接点评朝廷政事，见邓洪波《中国书院史》，武汉大学出版社2013年版，第438页。

[3] "具函恭请由宅雇夫亲自该处，会同乡约剀切晓谕，务俟窑已平毁，然后回宅。倘（窑户）不尊依定，即禀官严办，送信人着在饭铺守候……"《书院致菊径何汝达信》，余伟：《婺源〈保龙全书〉的整理与研究》，第105页。

[4] "兹集五乡同聚公呈，请官惩治"《书院致五乡信》，余伟：《婺源〈保龙全书〉的整理与研究》，第106页。

[5] "……已由敝文社饬该处约保，督令窑户即日封窑平毁，一面先取甘结送县存案。"《里施村初致书院信》，余伟：《婺源〈保龙全书〉的整理与研究》，第116页。

在书院与团练的结合上。狮山书院在太平天国时期,就曾作为本地团练的基地,书院原址也被毁于战火之中。① 在湖南之外,杨念群曾将书院"军事化"视为岭南地域的区域传统,同治《番禺县志》所载晚清残存的33所书院中,至少有7所书院带有军事化"乡约"的性质。② 事实上,书院与团练的结合并非偶然,而是书院长期参与地方公共事务经验的积累。当书院本身已经密切参与地方公共事务时,作为地方公共事务的一部分,地方治安的维系就成为书院的拓展职能。

三 民间组织与政府

民间组织的非正式权威往往在不同情况下差别甚大。在仅采用非强制性手段难以取得预期效果的情况下,民间组织往往主动与各级政府沟通,试图与政府合作,共同完成基层治理的职能。事实上,民间组织之所以能广泛参与各类地方公共事务,在于政府对民间组织的"授权"。政府的授权使得士绅的参与具有合法性与权威性,狮山封禁理事会的绅董在上书省府的时候,就强调自己受到了县令的委托,③不属于非法干预"词讼"。政府"授权"的另一层面,是给予积极参与公共事务的士绅政治性奖励,从而使管理民间组织的士绅获得政治性身份。狮山书院在建成之后,知县上奏上级政府,援引《捐输议叙章程》,请求对大额捐款者和担任书院董事出力者进行奖励,书院建设中捐款300两以上的主要捐助者获得八品顶戴,捐款200两以上者和担任董事负责管理者获得九品顶戴。书院董事大多属于拥有功名的士绅阶层,然而贡生、监生、生员等功名仅为社会身份,并不直接享有政治权力。书院董事因经营公益事业获得叙议,拥有一定的政治身

---

① "咸丰二年秋,粤贼犯长沙,诸乡谋团练御盗。未悉集,廪生王应萍逻粤贼谍通国愚者械县,其党遂毁狮山书院,杀应萍。"方志中对此有说明:"应萍与李芸等办团练,获贼谍械者送县,其党遂杀应萍,肆抢掠。"这里所提及的王应萍和李芸同为狮山书院绅董,其所办团练应以狮山书院为依托而展开,同治《浏阳县志》卷一三《兵防》,第407页。

② 杨念群:《基层教化的转型:乡约与晚清治道之变迁》,载《杨念群自选集》,广西师范大学出版社2000年版,第295页。

③ "职等衣食颇足,一切讼事从不屑干,只缘赵县谕职等捐买该山入官,以全省脉……"光绪《浏东狮山书院志》卷五《封禁》,第149页。

份，也可以被视为一种参与地方公共事务的"授权"。在拥有政治身份的情况下，士绅与地方政府的沟通将更为顺畅。

"授权"带来的收益是双方面的。对于民间组织而言，由于公共事务，尤其是公共管理领域涉及一定的强制性，民间组织本身不具备政府的权威，只有在政府"授权"的情况下，才能合法参与公益事业。某些涉及行政管理的职能，则更需要政府直接授权。在婺源的封禁过程中，政府直接向村级文会颁发照会，令其代替政府行使关闭灰窑，提拿人犯等职权。对于政府而言，借助民间组织本身较为深入、细密的结构，使其替代政府长期维系地方公共事业，有效加强了政府的治理能力。婺源县的士绅能够在短期之内迅速动员，正是依赖于已有的书院、文会等组织体系。在清理灰窑之后，为了有效维持封禁成果，官员和本地士绅商议，在紫阳书院和婺源北乡的教忠书院挂牌设立保龙总局和保龙分局，由政府颁发照会，授权紫阳书院理事会和华川文社长期管理封禁事宜。

民间组织与政府的协调的另一重要意义在于向政府传达信息。士绅生长于本地社会，对当地的情况较为了解，能够对政府的决策提供重要补充。多年以来浏阳各位知县都苦恼于无法彻底封禁，直至本地士绅上书，指出石灰业已经形成"灰色产业链"并且与衙门胥吏勾结，政府官员方才知其所以然。信息传递的另一个层面，是减少因科层制带来的信息损耗。士绅藉民间组织的名义，可以跨越官僚系统严格的上下层级，减少信息逐级传导过程中的损耗。如狮山书院的理事会，积极向各级政府协调封禁事宜，最后直接与省级政府对话，从而引起各级政府重视，解决封禁问题。倘若仅存在官僚体系内部的信息流动，在信息的逐级上报中，有效的信息就可能被损耗，并且低层政府往往无法越级上奏，士绅组织能够突破科层级别的限制，推动信息多元流动，有效地协调各级政府的行动。

第四节 官、吏冲突与民间组织的参与

民间组织之所以能够较为系统性地参与地方公共事务，源于地方

下篇　产权与基层秩序

政府的"授权"。对于政府而言,之所以愿意利用民间组织参与公共事务管理,除了民间组织本身具有的组织与信息优势外,还在于地方行政系统存在大量腐败的可能,政府官员往往难以有效利用其管理地方公共事务。

仔细审视狮山、婺源等地的封禁案,不难发现胥吏与歇家实际上在当地的"违规开采"中扮演了很重要的角色。狮山之所以十余年难以解决封禁问题,在于石灰开采已经形成了稳定的灰色产业链,从开采山石的窑户、煅烧石灰的工匠,再到负责向下游运输的船户均密切参与其中。而灰色产业的"保护伞",就是士绅口中的"在城歇差"。"歇差"是歇家和差役(即衙门胥吏)的合称,这里的歇家,又称保家、保歇,常作为政府征收赋税的代理人,自身并不直接隶属于政府。考其向沿江运输的石灰收取"钱文"的行为,可以被视为包揽关税的歇家。税关中的歇家负责征收赋税,同时也具备"稽查夹带、识认商人"的职能。[①] 在狮山封禁案中,歇家作为关税的承包人,其利益不完全与政府一致,对于石灰这类灰色地带的商品,歇家或是主动收受窑户贿赂,或是以上禀官府为要挟要求窑户给"给予钱文",事实上与窑户的利益形成了捆绑。

除了"半被动"地贿赂歇家,窑户为及时了解情况,还往往主动地贿赂胥吏以得到政府巡视检查的信息。通过胥吏的"通风报信",石灰开采可以在政府三令五申禁止的情况下持续多年。乾隆年间的婺源封禁案中,衙门胥吏借口拖延、向政府隐瞒真实情况,也对封禁政策的执行造成了严重的不良影响。[②] 因此,衙门胥吏作为政府的末梢,却又游离于正式的官僚体系之外,使得政府虽然名义上拥有直达基层的行政能力,却也无法有效地传达行政意图,完成治理目标。

因此,当地方公共事务增加时,州县官在原有政府规模较小且无法有效管理胥吏的情况下,就尽量避免让衙门胥吏经手相应的事务,转向以士绅为主导的民间组织。例如光绪年间川东道在整顿重建东川

[①] 胡铁球:《明清歇家研究》,上海古籍出版社2015年版,第162—163页。
[②] 参见廖华生《士绅阶层地方霸权的建构和维护——以明清婺源的保龙诉讼为考察中心》。

第七章　公共利益冲突中的产权交易与基层治理

书院时，就强调东川书院此前由县政府直接经理，为胥吏提供了寻租的空间，① 因此为了防止胥吏舞弊，书院在整顿之后就由"公正绅儒"在川东道的监督下，组成理事会经营书院。这种趋势，在太平天国以后尤为突出。随着晚清地方政府所需承担的公共事务规模扩大，各种针对地方专项公共事务的"局"逐渐兴起，士绅作为"局"的管理者（即为"绅董"），大规模进入地方公共事务。②

然而，衙门的胥吏和承包税收的歇家，作为州县政府具体行政事务的直接承担者，事实上是百姓户籍、赋役、税收等等基层政府信息的直接占有者和具体行政事务的主要执行者，州县官员实际难以完全绕开。黄六鸿就曾指出，对于衙门胥吏，"县务繁剧之处，过汰则不足供役，滥用则匪类滋奸"③。本地士绅自然也对此有所认识，狮山封禁案中，士绅在认识到歇家、胥吏与窑户存在密切"勾结"的情况后，并没有绕开歇差，而是建议政府官员利用歇家和胥吏手中的信息来抓捕窑户，"今欲拘窑户，莫如比差歇。差歇乃窑户线索，若遽改差，伊等囊橐……兹钞名单粘呈恳照提比差歇，催窑户自至山，自易禁封云云"④。歇家在这里的作用，与上文所提及的"识认商人"是一致的，政府利用歇家和胥吏手中掌握的信息，可以顺藤摸瓜地掌握窑户的情况，而歇家和胥吏自身为了能够继续承包政府的税收或在政府供职，亦有动力抓捕窑户。由此可见传统社会基层治理中复杂的面向：胥吏与歇家存在寻租的极大可能，同时又掌握了几乎最为全面的基础信息，政府官员不得已而用之，却寄希望于"知书达理、家境殷实"的士绅；即使如此，士绅不能完全取代胥吏和歇家，为了实现基层治理的目标，仍需要双方互相合作。

---

① 东川书院"所有出入经费由巴县督饬，该县礼书经理者，多日久相沿，几成弊薮"，《东川书院公业纪要》，《中国书院文献丛刊》（第一辑），国家图书馆出版社、上海科学技术文献出版社 2018 年影印本，第 91 卷，第 485—486 页。
② 王先明：《绅董与晚清基层社会治理机制的历史变动》，《中国社会科学》2019 年第 6 期。
③ （清）黄六鸿撰，周保明点校：《福惠全书》，广陵书社 2018 年版，第 47 页。
④ 光绪《浏东狮山书院志》卷五《封禁》，第 148 页。

下篇　产权与基层秩序

第五节　结语

"乡治"传统在历史上不断发生演变，对于清代而言，其中的一重内涵可被理解为官、绅、民共同维持的地方公益事业。[①] 将矿产封禁案置于地方治理的脉络中进行考察，可为理解清代的基层治理模式提供更清晰的视角。

诞生于唐朝的书院，早期仅为士大夫研究学问、教育子弟的组织，本身并不参与具体的地方事务。明清以来，儒学经历了由强调内在道德修养的"理学"向具有社会性的道德秩序转型。在人口剧增、社会经济发展、地方公共事务与管理需求大增的背景下，书院功能也从教学向诸如封禁、团练之类的"地方公事"拓展。处在儒学转型与民间组织发展交接点上的书院，正是"以地方之人办地方之事"的代表。在这一过程中，士绅通过书院，以民间组织的身份参与"地方公事"，发挥领导作用。以书院为代表、具有稳定产权的民间组织，超越了士绅个体的生命范围，能够长期、稳定地维持地方公共事业。不同于具有强制权力的政府，民间组织往往借助产权交易、公约民议等非强制性的手段完成目标。对于地方官员而言，为了以较低的成本实现治理目标，往往充分调动体制内的胥吏、半体制内的歇家与体制外的士绅等多种主体的积极性。其中士绅通过民间组织传递有效信息，能够缓解因科层制造成的信息损耗。相应地，士绅对公共事务的广泛参与，亦在一定程度上影响到了传统社会基层治理的面向。由于士绅阶层本身倾向社会稳定而非经济效率，其所主导的民间组织在参与地方公共事务时，也更倾向通过诸如慈善、救济等事业维护稳定社会秩序，较少将开采矿产所带来的商业利益纳入考量范围，采取完全限制开采的策略。不难设想，在狮山禁止石灰开采后，长沙对于石灰的实际需求并没有相应地减少，相应原材料的缺乏在一定程度上限制了长沙城市的发展，同时狮山窑户的生计也受到了较大的损害，这显

[①] ［日］沟口雄山：《动荡的清末民初时期》，《中国的历史脉动》，第261页。

第七章 公共利益冲突中的产权交易与基层治理

然是士绅所主导的民间组织参与基层治理的局限性。①

以今人的视角审视传统时期的矿产封禁，极容易忽视其所反映的多面性。一方面，封禁限制了本区域矿产的开发，并不能真正适应当时社会经济发展对于矿产的需求；另一方面，基于"风水"理论的朴素自然观所开展的封禁行动，又在事实上保护了当地的生态环境，历史的复杂性也正因此得以体现。超越简单的价值判断，深入封禁案例，对于理解传统社会的基层治理模式具有一定的启发。

---

① 矿产封禁中，士绅所采取"完全封禁"的策略所带来的负面影响本质上属于经济利益与以生态环境为代表的公共利益之间的冲突，由于资料和篇幅所限，对此问题的讨论需留待日后。

第八章　论传统中国的基层自治与国家能力[*]

相对于西欧而言，大一统是传统中国突出的特征。但以往的感性认识乃至长期以来的主流思潮认为，历代王朝对基层进行严密的管制，以强化国家能力，维护大一统。然而，朝廷对基层社会的管理，是严密控制，还是趋于放任自由？是直接管制还是基层自治？近年来不少学者从不同的角度论证了民间组织在基层秩序中的角色，揭示了民间组织与政府之间相得益彰的复杂关系[①]，但尚无成果论述基层自治与国家能力的关系。

本章主要讨论两个核心问题。一是基层自治，指的是民间自我管理、自我服务、自我监督[②]。传统中国的基层自治，既不是西欧的自治政府，也不同于当代中国的村民自治，而是以各类民间主体自发提供公共品，并与政府有序连接的基层自治。西欧的城市自治政府拥有独立的法律制度和强制力[③]，当代中国的村民自治受到党组织的领

---

[*] 本章同名论文发表于《山东大学学报》（哲学社会科学版）2021年第1期，署名为龙登高、王明、陈月圆。

[①] 详见王日根《论明清乡约属性与职能的变迁》，《厦门大学学报》（哲学社会科学版）2003年第3期；杨国安《控制与自治之间：国家与社会互动视野下的明清乡村秩序》，《光明日报》2012年11月29日；吴雪梅《多中心互嵌：乡村社会秩序的又一种类型》，《光明日报》2011年12月15日。

[②] 此处借用了当前"基层群众自治制度"的内涵，即依照宪法和法律实行自我管理、自我教育、自我服务、自我监督的制度，但组织形式和作用都不同。

[③] 前近代西欧的城市自治独立制定法律，并可自行征收税收以维持城市财政。可见［比］亨利·皮朗（Henri Pirenne），《中世纪欧洲经济社会史》，乐文译，上海人民出版社2001年版，第48—54页。

第八章　论传统中国的基层自治与国家能力

导[①]。传统中国的基层自治是一种自生自发的形态，介乎独立性与从属性之间，作为制度遗产具有独特的学术价值与理论启示。二是国家能力（state capacity），这一概念最初产生于西方政治学界，简单而言可视为国家实现其意志与目标的能力[②]。传统中国的国家能力是在与民间社会互动的过程中塑造的，政府以民间组织为中介实现间接管理，民间主体得到政府的认可与支持而发展。

本章将在笔者的初步研究[③]基础之上进行系统论述。清代市场与社会的发育，使基层社会的能量得以扩大，民间主体的功能得到强化，甚至形成了与政府之间的市场化连接纽带。中央集权与专制政府的严厉管控，主要针对官僚体系与地方政府，属于政治上的强力管控。对于县以下的基层社会，在经济上实行"自由主义"，以自主自立自治的模式实现社会治理。这减轻了政府通过官僚体系实行直接管制或治理的压力，使得传统中国可以在有限的信息条件与短缺经济之下，以较低的成本维系"大一统"，构建其国家能力。这种治理模式不仅存在多层面与全方位的表现，而且具备其制度基础与内在的逻辑。

第一节　基层自治与政府间接控制

一　制度化的基层自治体系

传统中国的基层自治，以民间力量为主导，官方力量并没有直接参与其中，并大致形成了一套与之相应的制度体系。在基层行政层面，保长、乡约等虽然由政府任命，可称为准官吏，但不属于公务员系列，不领官俸。以村落为基础的"里"在完成其赋役征收功能的

[①] 《中华人民共和国村民委员会组织法》第四条规定："中国共产党在农村的基层组织，按照中国共产党章程进行工作，发挥领导核心作用，领导和支持村民委员会行使职权。"
[②] 学界对于"国家能力"概念本身的讨论相对多样，可参考黄宝玖《国家能力：涵义、特征与结构分析》，《政治学研究》2004年第4期。
[③] 详见龙登高《中国传统地权制度及其变迁》，中国社会科学出版社2018年版，第170—180页。

◈◈ 下篇　产权与基层秩序 ◈◈

基础上也具有一定的村落自治功能①。在实际运行中，保甲制度的运行是没有效率的，州县官也极少认真推行这一制度②。萧公权认为，保甲制度至少在中国南部地区是失败的，其作用十分有限③。受政府委托，保长完成赋役，乡约力行教化，但他们没有可支配的资源。在基层社会中，其地位低于获优免赋税的士绅，也受制于主导民间组织而控制公共资源的士绅。保甲、乡约没有报酬与经费，但基层事务开支不小，因此一些地方的民间组织从"大公产"中抽出一部分作为其公共事务的经费④。保甲等官方设计的制度在基层运转的无效率，往往是因为官方设计的初衷与民间自生自发秩序产生冲突。乡村社会自有其运转的逻辑与制度基础，而统治者在设计保甲制度时，总是力图避免受到乡村内生力量左右⑤。

因此，在基层自治体系中，各类民间主体是主要的行动者，政府一般只是起到间接的作用，如图 8-1 所示。在这一体系中，士绅扮演了重要角色，在诸多方面起到了不可或缺的作用⑥。在大部分情况下，对地方基层秩序的构建与维护，是基层社会精英们的自觉行动⑦。士绅通过科举考试获得功名，也同时被赋予了参与地方公共事务的身份和职责，亦能因此获得政府相应的表彰，享有一定的减免赋税的特权。科举制度因而与地方公共事务相连，激励士绅参与其中。道光年间湖南浏阳建设狮山书院时，政府就曾对捐款和"董事出力"的士绅给予增加记录、九品顶戴等不同程度的表彰⑧。

---

① 鲁西奇：《中国古代乡里控制的基本结构》，（澳门）《南国学术》2018 年第 4 期。
② 瞿同祖：《清代地方政府》，范忠信、何鹏、晏锋译，法律出版社 2011 年版，第 238—240 页。
③ Hsiao Kung-Chuan, *Rural China: Imperial Control in the Nineteenth Century*, University of Washington Press, 1960, pp. 67-70.
④ 胡庆钧：《从保长到乡约》，载费孝通、吴晗《皇权与绅权》，生活·读书·新知三联书店 2013 年版，第 184 页。
⑤ 王先明、常书红：《晚清保甲制的历史演变与乡村权力结构——国家与社会在乡村社会控制中的关系变化》，《史学月刊》2000 年第 5 期。
⑥ 周雪光：《黄仁宇悖论与帝国逻辑：以科举制为线索》，《社会》2019 年第 2 期。
⑦ 王日根：《明清民间社会的秩序》，岳麓书社 2003 年版，第 19—30 页。
⑧ 光绪《浏东狮山书院志》卷六，台北成文出版社 2014 年版，第 168—169 页。

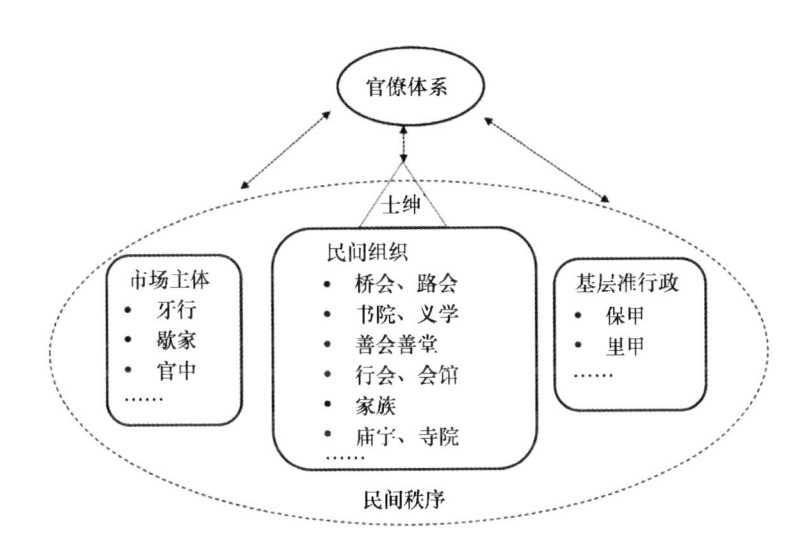

图 8-1 民间主体与基层自治

二 民间组织主导基层公共产品与公共服务

公共产品的提供，一般被认为是现代国家能力的核心所在。传统中国的基层公共品，并非由政府直接供给，而是主要依赖以士绅为核心的各种民间组织完成。多样化的民间组织全方位提供各类公共品，在政府的支持与配合下自发运行，是基层治理的中坚力量。

公共设施建设方面，桥梁、义渡、茶亭、道路、水利工程等等，通常由民间公益法人组织兴建与维护，免费使用。它们拥有法人产权的财产，具有独立性，理事会形式的组织治理模式使得管理公开透明，运行良好，长期延续[1]。政府对于民间自发形成的公共秩序亦往往加以尊重，山西洪洞、赵城、霍州三县交界处 15 个村自发组成的"四社五村"用水体系，由明清延续至当代，四社轮流主办水利工程、财务与祭祀活动[2]。救济与慈善的情况相类似，虽然政府有一些

---

[1] 龙登高、王正华、伊巍：《传统民间组织治理结构与法人产权制度——基于清代公共建设与管理的研究》，《经济研究》2018 年第 10 期。
[2] 祁建民：《自治与他治：近代华北农村的社会和水利秩序》，商务印书馆 2020 年版，第 115—125 页。

拨款，但往往由民间团体主持、参与。康熙二十年之前，征信录就已经被用于管理善会善堂的账目①。民间团体向社会公开财务，能够避免寻租行为。

主要由私塾、义学和书院构成的民间教育系统，也受到政府的鼓励与支持②。晚清千古奇丐武训，也能够利用地权市场、金融市场与法人产权制度来理财筹资，由理事会兴建和管理义学③。这一事例虽然极端，却具有普遍的制度基础。

宗教方面，历史上中国的宗教自由和多样化，与同时期欧洲的教派对立与纷争迥异。佛道寺庙与地方神祇遍布各地，不仅提供宗教与信仰服务，亦广泛提供各类公共品。寺庙以民间施舍置产，自魏晋以来就有放贷的传统④，为基层百姓提供金融服务，与原教旨的天主教、伊斯兰教禁止有息放贷大相径庭。以寺庙为中心开展的庙会，亦成为集会娱乐、商品交易的场所⑤。

其他民间主体也在社会各领域起到相当重要的作用。行会、会馆、商会等在工商各业中形成的行业协会，制订行业规则，不仅处理行业内部的协调事务，还能够有效协调与政府和社会的各种关系⑥。在金融领域，合会之类的民间金融组织由来已久。在体育、文娱方面也很多，如宋代杭州民间组织冲浪比赛，每年都有健儿伤亡，苏轼下令取消，但有令不行，因为民间有广泛的兴趣、资金支持与组织能力⑦。

家族、宗族可以视为以血缘为纽带的民间组织，不同程度地承担

---

① ［日］夫马进：《中国善会善堂史研究》，伍跃、杨文信、张学锋译，商务印书馆2005年版，第712页。
② 陈月圆、龙登高：《清代书院的财产属性及其市场化经营》，《浙江学刊》2020年第3期。
③ 龙登高、王苗：《武训的理财兴学之道》，《中国经济史研究》2018年第3期。
④ 周建波、张博、周建涛：《中古时期寺院经济兴衰的经济学分析》，《经济学（季刊）》2017年第3期。
⑤ 赵世瑜：《狂欢与日常——明清以来的庙会与民间社会》，北京大学出版社2017年版，第182页。
⑥ 参见彭泽益主编《中国工商行会史料集》，中华书局1995年版，第107—111页。
⑦ 龙登高：《南宋临安的娱乐市场》，《历史研究》2002年第5期。

了礼仪、赋役、经营、救济互助等职责①。家族普遍拥有族田，开展家族与基层社会的公共事务。

民间组织所提供的公共品还包括社会治安的维护。甚至在遇到匪乱的情况下，也是民间自救自卫，晚清团练就是如此，靠地方团练而兴的湘军还挽救了太平天国冲击下摇摇欲坠的大清王朝。光绪《嘉应州志·兵防》之《团练乡约章程》第一条"使乡自为守，民自为卫。且使乡相救援，民相卫护，然后可戢暴安良"，直接点明了民间自发组织维系治安的情况。类似地，准军事化的社学组织在晚清广州府各县普遍存在②。

综上所述，民间组织体系是一种普遍、全方位的存在，而且源远流长。各层面、各领域的民间组织相辅相成，彼此配合，推动着基层的自我管理与自我运行。

三 官不下县：政府间接控制和管理基层社会

"官不下县"，是指正式行政机构与官僚体系设置到县级，县以下实行间接管理，通过各种渠道与手段将国家权力延伸至基层社会。"官不下县"并非"皇权不下县"或"国权不下县"，尽管明清时期，在某些江南等地区发达的市镇，政府已增设了巡检司作为县以下的常设机构以维持水陆治安，也出现了同知、同判驻镇，或直接委派县丞、主簿管理。但这属于制度安排上的"权宜之计"，并没有在全国普遍铺开、纳入固定的官僚行政体系之中③。也就是说，政府权力对基层行使间接管理，不通过行政体系或官僚体系，而是通过各种民间中介主体来实现。

各类民间组织几乎都能得到政府的鼓励与支持。民间基础设施，政府虽然无力为之，但修桥补路被纳入官员考核的内容，县官无不大

---

① 科大卫：《皇帝与祖宗——华南的国家与宗族》，江苏人民出版社 2009 年版，第 11 页。
② 杨念群：《基层教化的转型：乡约与晚清治道之变迁》，《杨念群自选集》，广西师范大学出版社 2000 年版，第 300 页。
③ 张海英《"国权"："下县"与"不下县"之间——析明清政府对江南市镇的管理》，《清华大学学报》（哲学社会科学版）2017 年第 1 期。

下篇　产权与基层秩序

力支持，甚至亲自倡导和率先捐款。不少书院、救济、慈善等机构获得政府的资金补助，政府也可能拨入罚没的土地作为其资产。所谓的"官督民办"①，正是民间组织与政府合作的写照。

在民间组织之外，也有市场主体参与不同层面的公共管理。牙行、官中、歇家等为商品市场、地权市场提供中介服务的民间主体，通过交纳押金等方式获得政府授权，代理政府收取契税，并参与维护市场秩序，成为清代县衙与基层社会的一种市场化连接。歇家以市场为生，以其信息优势与活动优势，在政权与基层之间上传下达，并接受政府的委托，代理完成某些政府职能，包括类似包税商代为完成部分税关赋役的征纳②。牙行、歇家非官非吏，杜赞奇谓之赢利性经纪③，不需要政府编制与薪资，避免了官僚队伍的膨胀。官府采取了一系列激励与约束机制，促使代理人或包税商与利益相关方有效维护基层市场秩序。官中、歇家、牙行等公共管理的民间主体，与士绅和民间组织一起，成为政府连接基层社会的桥梁与纽带，协助政府低成本地实现基层的有效治理。这种政府依托民间主体实现公共管理，进而维持大一统政权的模式构成了传统中国基层治理体制的一大特色。

与基层自治的逻辑相似而表现更为突出的是，对边疆与少数民族地区等所谓"化外之地"，王朝先后实行羁縻制度、土司制度等。"因其故俗，治以宽大"④，尽量不干预其政体、宗教、法律与税收制度，在大一统的中央王朝框架之中保持高度自治，类似于本章开篇所说的自治政府，以较低的管制成本维持着统一国家的名分与秩序。

---

① 杨国安：《救生船局与清代两湖水上救生事业》，《武汉大学学报》（人文科学版）2006年第1期。
② 胡铁球：《明清歇家研究》，上海古籍出版社2015年版，第2—5页。
③ 杜赞奇：《文化、权力与国家》，江苏人民出版社1996年版，第37页。
④ （宋）王安石：《尚书祠部郎中集贤殿修撰萧君墓志铭》，见启功等主编《唐宋八大家全集　王安石集》，国际文化出版公司1997年版，第998页。

第八章　论传统中国的基层自治与国家能力

第二节　基层自治的制度基石

一　私有产权：独立与自由选择的制度基础

基层自治的前提是个体农户与民间组织的独立性。米塞斯曾强调，"私人拥有生产手段乃市场经济的基本制度"，以私有产权为基础，土地或资本的所有者才能通过满足他人的需求获得财产收益[1]。在传统中国，农民独立性的基石是土地私有产权与个体家庭农庄自主经营，民间组织的独立性则来自于"法人产权"及其自主发展。

在私有产权制度下，农民可以建立自己的农庄，拥有独立、排他的财产，才有安身立命之基[2]。明清个体农户能够在获得土地所有权、占有权或使用权的基础之上，自由配置各种生产要素，自主、独立经营其家庭农庄[3]。劳动力逐渐获得基本的自由流动与选择权力，允许人口跨区域流动与跨社会阶层流动，民众通过创造和积累财富可以提升经济地位，通过科举制可以提高政治与社会地位。与之相对应，从战国至秦汉，平民百姓（庶人）开始突破等级制度而自由致富[4]，唐宋以来可称为"富民社会"[5]，至近代向市民社会演进。

土地私有与农庄独立经营为劳动力的自由选择奠定了基础。没有独立、排他的财产权就难以摆脱人身依附性与经济依赖性，如农民在魏晋南北朝或西欧中世纪依附于庄园，或在计划经济下的依附于人民公社与单位。中世纪西欧存在严格的等级制，农民依附于庄园，难以建立独立经营的个体农庄，这造成了前近代西欧无产者占总人口比例大约是近世中国的3—5倍。西欧的无产者被迫成为工商业者，在庄

---

[1] ［奥地利］路德维希·冯·米塞斯：《人的行动：关于经济学的论文》（下），余晖译，上海人民出版社2013年版，第701—702页。
[2] 龙登高：《中国传统地权制度及其变迁》，中国社会科学出版社2018年版，第17—18页。
[3] 龙登高、彭波：《近世佃农经营性质与收益比较》，《经济研究》2010年第1期。
[4] 李埏：《太史公论庶人之富》，《思想战线》2002年第1期。
[5] 林文勋：《中国古代"富民社会"的形成及其历史地位》，《中国经济史研究》2006年第2期。

园之外逐渐形成自治性城市,进而成为西欧变革的重要诱因①。

对组织与机构而言,拥有排他的法人产权,才有可能独立存在、自主发展。法人产权可以说是私有产权的衍生形态,反映了私有产权的发育程度。法人产权在公益机构、慈善机构、会馆等非营利性机构当中都有呈现,族田、庙田、学田也可归属法人产权。这些法人既是在政府档案中有登记的产权单位,同时也是交易单位,还是纳税单位。详见笔者的系列论文,此不赘述。

基于自发自主意愿的契约具有法律效力,"官有正典,民从私契"。宗族与不少民间组织所制定的规章制度具有一定程度的强制性,如民间为保护山林环境不被破坏的"禁约"和维护治安的"合约"。这些"约"实际上是民间社会自发形成的秩序,存在不同的类型与性质②,也得到了官方的认可与尊重,即使遇到皇帝的大赦也可行使"抵赦条款"。在清朝的民间词讼中,提交官府的诉讼只是民间同类纠纷中极小的一部分,甚至提交官府的词讼案件,最后也只有少部分由官府裁判,多数仍发回民间,根据民间惯习来解决③。

二 自然约束下的有限政府与经济自发演进

中国历史上专制与集权通常被渲染得无所不在,为所欲为。其实,传统社会与现代社会不同,受自然条件和技术水平的约束,专制程度与对资源的控制水平通常是有限的。在濮德培、墨子刻等看来,清代政府是一个有限政府(limited state)④。

交通运输条件和信息传递的限制。政府对于四方的控制力、资源汲取能力一般以首都为中心递减。这导致了两个后果,一是中央对地

---

① 参见 Kenneth Pomeranz, *Chinese Development in Long-Run Perspective*, Proceedings of the American Philosophical Society, Philadelphia, 2008.
② [日]寺田浩明《明清时期法秩序中"约"的性质》,《权利与冤抑——寺田浩明中国法史论集》,清华大学出版社 2012 年版,第 148 页。
③ 梁治平:《清代习惯法:社会与国家》,中国政法大学出版社 1996 年版,第 172—173 页。
④ Peter C. Perdue., *Exhausting the Earth: State and Peasant in Hunan*. Harvard East Asian Monographs, 1987, pp. 2–9.

第八章 论传统中国的基层自治与国家能力

方官的监督管理难度随着距离的增加而上升,二是皇帝与中央从地方敛取财物的工具与能力都受到制约。因而财富向中央集中的范围和程度都不高,地方特产、贡品或奢侈品供皇室消费,其数量始终有限。清代的数据表明,距离北京越远的区域,官府能够征得的土地税额与县级区划的数量都更少[1]。

金融工具的限制。当代金融机构有效集中了民众的财富,当金融机构由政府管控时,也就意味着政府可以借此汲取社会剩余。传统时期官方缺乏有效的金融工具,社会剩余只能通过赋税渠道流向政府,几乎不存在其他的资源汲取和调配方式。虽然政府可以通过铸造钱币的方式获取"铸息"收入,却要经常面对"铜荒"等原材料短缺的困境,也无法杜绝民间私铸。清代采用的是银铜复本位的货币体系,但白银主要来自日本、美洲及缅甸等地,不在官府控制范围之内。因此,传统中国的政府,在金融工具的限制之下,既无法有效汲取社会剩余,也无法充分获取发行货币的收益,掌握社会资源的能力存在天然的限制。

由于政府在非政治领域的放任,基层社会在很大程度上可以说是一个自组织体系。它主要不是靠外部指令来运行,而是按照相互默契的某种规则,各尽其责而又协调地自动地形成有序结构,并且这种自发力量表面上看起来很柔弱,长期而言却是坚韧顽强。从历史长河来看,其规则是由无序走向有序,由低级有序走向高级有序。为使纠纷的损失最小化,各方不断磨合形成规则,无论是地权市场还是交易契约,都逐渐形成一些约定俗成的习俗与惯例。凡此都不是政府能够先天规定的,一般都是政府认可民间的惯例,进而从国家法律上进行认可和规定。如典权交易规则由宋至清的演进,最终形成了"胎借—租佃—押租—典—抵押—活卖—绝卖"层次分明且具有内在逻辑的地权交易体系,促进了土地流转与生产要素组合,提高了经济效率[2]。传统中国保持着尊重民间惯例、协调而非对抗的精神,直至近代才发生了较大变化。

---

[1] Sng, Tuanhwee., "Size and Dynastic Decline: The Principal-Agent Problem in Late Imperial China, 1700 – 1850", *Explorations in Economic History*, 2014 (54), pp. 107 – 127.

[2] 龙登高、林展、彭波:《典与清代地权交易体系》,《中国社会科学》2013 年第 5 期。

尤其是在经济领域的意识形态方面，与民争利常受到指斥，而藏富于民则被视为祖宗之道。虽然政府专卖制度一直存在，但在宋以后多采取市场化取向，明清时期则全面走向式微，到鸦片战争前，政府专卖的商品只剩下盐和茶①。因此，民间与市场能够以自组织体系运行。在朴素的经济自由主义取向之下，传统经济仍能不断成长，产生了不少技术创新、制度创新。如世界最早的纸币，起先是由商人在成都平原自发创制的，是一种民间创新，随后逐渐被官府接受并成为正式制度。这是一个庞大帝国的低成本的治国之道，也是王朝与大一统能够长期存续的保障。

第三节　基层自治支持国家能力

国家能力不应简单以政府直接控制基层的强度，或可直接支配资源的多少来度量，更不应理解为政府权力超越一切约束与限制的能力。不同于以经济发展为导向的现代国家，对于传统中国而言，国家能力主要体现在以较低成本维系"大一统"，实现长期稳定治理。基层自治、政府间接控制的治理模式，成为凭借当时的国家能力实现长期稳定统治的制度机制与保障。

一　改善朝廷与地方的委托—代理关系

在朝廷与地方的委托—代理关系中，一是要克服激励不相容，二是要尽量避免信息传递失真。就前者而言，皇帝力求驱使官员在与朝廷目标和利益一致的轨道上卖命，同时又要防范官员中饱私囊。历朝官僚体系的制度建设中，均强化激励机制，严格监管、督察与约束机制。清代承袭明制，又多有创新，乾隆时期形成了"年终密考"制度，对地方官的考核和简选发挥了独特作用②。两千年的文官制度维系了大一统，成为中国特色的制度遗产。

---

① 林文勋、黄纯艳：《中国古代专卖制度与商品经济》，云南大学出版社2003年版，第373—374页。
② 常越男：《清代地方官"年终密考"制度述论》，《中国史研究》2019年第2期。

第八章 论传统中国的基层自治与国家能力

就后者而言，信息在委托—代理链条上传下达过程中容易扭曲与失真。每一级政府、每一个官员，都会根据其部门本位、自身利益、个性偏好与判断能力对信息加以筛选。链条越长，层级越多，信息失真与扭曲越突出。"州县不以实闻，上下相蒙"[1]，或像当今"上有政策，下有对策"。在信息传递滞缓，交通运输不便的时代，天高皇帝远，尾大不掉的现象也颇堪忧虑。

通过基层自治与官不下县，可以缩短朝廷与地方的委托—代理链条，以期克服官僚体系信息传递失真，也减轻激励不相容问题。基层自治作为制度基础，支撑基层社会经济的相对稳定，短小精悍的官僚体系能够摆脱烦琐复杂的基层事务，专注于完成朝廷委托的国家事务，有效地构建了传统中国的国家能力。

在西欧，现代国家取代封建制的过程中确立了文官体系，但覆盖范围小，通常只有数百万、上千万的人口。而长达两千年历史的中国文官体系，覆盖范围相当于整个欧洲[2]。相比较而言，传统中国文官体系不能不说具有其独特性，短小精练的官僚体系控制广土众民，黄宗智称之为"简约的集权治理"[3]，这离不开政府对基层秩序的间接管理，基层自治与国家治理能力相辅相成，相得益彰。

二 分散风险，降低管理成本

中国幅员辽阔、民族众多，基层社会具有高度的分散性与多样性。基层官员代表朝廷治理地方，当权力直达底层时，固然有助于政府动员力的提升，但却也意味着责任与风险的集中，基层矛盾连累或归咎于中央的可能性大幅提高。但是如果对地方适当放权，允许基层自治，则危机能够就地消化。由此减少系统性风险，朝廷更不会成为指责的对象。尤其是在相对较为封闭的传统中国，即使某一区域基层

---

[1] （宋）司马光：《资治通鉴》卷二五二，岳麓书社1990年版，第386页。
[2] ［美］王国斌、罗森塔尔：《大分流之外：中国和欧洲经济变迁的政治》，周琳译，江苏人民出版社2018年版，第12—33页。
[3] ［美］黄宗智：《集权的简约治理——中国以准官员和纠纷解决为主的半正式基层行政》，《开放时代》2008年第2期。

民众抵制地方官吏，也很难引起其他区域民众的共鸣，更难以同时出现反对中央的浪潮。

更何况，在幅员辽阔的中国，政府直接管控基层意味着庞大的官僚体系。但传统短缺经济下政府的税基有限，税收能力也受到官僚体系的效率与技术条件等方面的制约。李伯重发现，以华亭、娄县地区为代表的江南，政府税收所占GDP的比重为4—5%[1]，石锦建的研究亦表明，明代财政收入占GDP的比重，由15世纪初的9%，稳定下降至15世纪末的4%左右[2]。官僚体系的规模受到财政条件的限制，朝廷将权力彻底渗透到基层将面临高昂的成本，收益却十分有限。因而通过基层自治的方式能够有效减轻管理成本，并维持基层社会的基本稳定。

因此，明清两代都维系着一个官员人数较少的官僚体系。与此同时，官僚体系直接参与的基层事务也十分有限，清代光绪时全国公共建设的投入每年仅150万两[3]，平均到每个县不过区区数百两。

三 激发民众的创造力

基层自治所表现出的草根民主或朴素民主，公开化、透明化，可以激发民众的创造力。这种民间自生自发的制度可以因地制宜，通过各地的创新尝试，民众能够自由地进行选择处理。具有生命力的制度被自愿选择、移植，不断得到改善和扩展。反之，不具备竞争力的制度，则会被淘汰。义渡、廊桥、水利设施等由公益建造、免费使用的制度，在各地推广，呈相互砥砺之势。当民间拥有自我决策的权力时，各地不同的约束条件下，竞争与创新会带来更适合当地情况的制度安排。

---

[1] 李伯重：《中国的早期近代经济——1820年代华亭—娄县地区GDP研究》，《清华大学学报》（哲学社会科学版）2009年第3期。

[2] 石锦建：《中国历史上财政收支和政权稳定关系的研究：1402—1644》，博士学位论文，清华大学，2017年。

[3] [美]贾米森：《中华帝国财政收支报告》，载[美]费正清、刘广京编《剑桥中国晚清史 1800—1911》（下卷），中国社会科学院历史研究所编译室译，中国社会科学出版社1993年版，第79页。

四　基层自治或能制衡官僚体系

依赖官僚体系中监管督察部门对官员的约束，实际效果有限。需要来自政府外的力量，而独立的士绅和民间组织有时可能成为这种约束因素。基层自主自立，或可以抗衡官员的狐假虎威，甚至可以和中央遥相呼应，自下而上地监督官员，能够把权力关进笼子。极端的例子是朱元璋，允许民众将他们认为的不法官员"绑缚赴京治罪"！

清代"刁生劣监"（"刁衿劣监"）深受官僚厌恶，因为他们帮百姓诉讼[①]，甚至直接越级告状，挑战地方官员话语权，可能使官员威风扫地。其实，这恰恰反映了士绅利用其信息、知识和民间力量能够对官员的权势产生某种制衡力。从长期而言有利于消化潜在的冲突因素，使之在萌芽状态中得到解决，而不致累积成为大问题。实质上既有利于基层，也有利于国家。

在感性和直线思维下，似乎政府和官员的权力不受约束，国家能力更强。现在"权力关进笼子"成为常识，从长远和整体的视野来看，官员和政府受到制衡，政府能力可能反而增强。英国光荣革命的历程表明，政府受到议会的约束与监督，是政府信用增强的重要途径，从而为政府融资以支持战争提供了帮助。在近代西欧，只有那些既实现了财政体制的中央集权（fiscal centralization），同时政府行政权力又受到制度约束的国家（limited government），国家财政能力才能得到更大地提升[②]。在16—18世纪西方各国的竞争中，以英国为代表的国家税收更具合法性基础并提升了其公债信用，从而获得了更强的财政动员能力，而西班牙和法国则相形见绌[③]。

---

① 马俊亚：《被妖魔化的群体——清中期江南基层社会中的"刁生劣监"》，《清华大学学报》（哲学社会科学版）2013年第6期。

② Dincecco, M., "Fiscal Centralization, Limited Government, and Public Revenues in Europe, 1650 – 1913", *The Journal of Economic History*, 2009, 69 (1), pp. 48 – 103.

③ 黄艳红：《近代早期的国际竞争与财政动员：关于西荷与英法的比较研究》，《史学集刊》2020年第2期。

◈❖◈ 下篇 产权与基层秩序 ◈❖◈

第四节 政府直接控制的替代

传统中国基层自治的治理模式，体现在基层行政、市场主体、民间组织等非政府主体承担了基层公共品的提供与治理，从而有效缩减了官僚体系的委托—代理链条，使中央政府能够低成本地实现大一统政权对广土众民的有效统治，由此塑造了传统中国的国家能力。这种朴素的经济自由主义取向始终在与专制集权的博弈过程中消长，作为人类天性的朴素追求，在中国是强韧的，源远流长。但缺乏正式的制度体系支撑，当约束条件变动时，它无法抗衡政府权力的膨胀，在强势政府面前，它有时变得脆弱不堪。在王朝末期或暴政时期，这种取向时常受到违逆，而此时，王朝自身也就随着社会经济的衰落而崩溃。

近代这一传统受到逆转与扭曲，主要是如下原因：（1）近代公共设施与公共事务的需求增多，政府职能逐渐扩张，官僚体系向下渗透，原来由民间承担逐渐转为政府承担。（2）随着城市化的逐渐深化，19世纪之后部分地区的乡绅进城，清末科举的废除使士绅失去功名激励机制，20世纪前期出现了劣绅化，士绅有时反而成为基层秩序的破坏者。（3）近代中国落后挨打，产生了富国强兵的追求，集体主义、政府控制日益成为社会共识。（4）凯恩斯政府干预理论、计划经济理论成为20世纪中期世界主流思潮，同时也主导了中国社会经济走势。

随着政府直接管理日益向基层渗透，同时公共事务增多，政府承担的公共职能增强，作为官府中介的民间组织在近代或是逐渐官僚化，或是被替代，如代理官府收税的牙行、"官中"，变成官吏直接征税。民间组织拥有的"公产"，有的被强制转化为公共设施，如清末的"公产兴学""庙产兴学"。[1] 到了20世纪中后期，民间组织甚至一度被意识形态视为政府的对立面而被连根铲除。在计划经济时

---

[1] 徐跃：《清末庙产兴学政策的缘起和演变》，《社会科学研究》2007年第4期。

第八章 论传统中国的基层自治与国家能力

期,家族被视为封建残余而清除。历史上长期存在的各种"会""社",要么不复存在,要么被改造成为准政府性的事业单位。

为了获得对基层的强控制力与组织力,政府包揽了一切,变成了无限责任政府,承担了大多数公共事务与全部风险。主流思潮认为,教育、医疗、公共事业与基础设施,都必须而且只能由政府承担。这种计划经济时代的思潮至今仍很有影响,以至于忽视了公共品的供给主体是可以多样化的,政府之外的供给者也可以是有效率的,政府直接供给反而会存在种种弊端。事实上,政府的经费的唯一来源即税收,于是财政体系与纳税人均不堪重负,并失去了多样性与创造性,政府与民间都失去活力。

传统中国未能自发走向"资本主义",近代中国落后挨打,使人们强烈怀疑中国传统经济的活力,寄望于强有力的政府控制来推动中国现代化,这成为20世纪的中国主流思潮[1]。特别是在中国救亡图存的民族危难中,民间经济自由主义与基层自治的传统日渐式微,几近消失于国家治理与学人视野之中,被人遗忘或受到曲解。正本清源,独特的制度遗产能带来理论创新与现实启示。

---

[1] 龙登高:《中国史观的20世纪偏误及其探源》,《清史研究》2020年第6期。

第九章　比较视野下的传统经济变迁*

近代中国从天朝大国断崖式跌落至贫穷落后挨打的境地，百年举国慨叹。1850年到1949年整整一百年间，中国经济总量陷入停滞，几乎没有增长，只是原地踏步；人均收入则从43.8元大幅度下降至34.98元。[1] 中国的工业增加值在世界总值中的比重，1850年尚占7.2%，而到1953年则降至0.3%。中国的人均工业产值从1850年略高于印度的19美元，一百年后减至8美元，仅为印度人均工业产值的1/3，直到改革开放之初的1980年，才堪堪与印度相当，约为60多美元。与此同时，我国与发达国家的差距更是越来越大，1980年相差约百倍。[2] 自19世纪中叶到20世纪90年代，中国的工业产值占世界工业产值的比重始终低于美、英、德等传统工业国家。且在相当长的历史时期内，中国工业产值占全球比重一直小于5%，1960年的工业产值比重甚至只占0.8%。[3] 如图9-1所示，中国经济在改革开放之前，长期处于低谷，与其他国家相比可以说是天壤之别，让人不禁扼腕叹息。

---

* 本章原题为《近代中国经济落后的根源——基于传统经济变迁视角的考察》，署名为龙登高、丁春燕、马芳，原文发表于《湖南大学学报》（社会科学版）2021年第2期。
[1] 王玉茹：《中国近代的经济增长和中长周期波动》，《经济学（季刊）》2005年第1期。
[2] 徐毅、巴斯·范鲁文：《中国工业的长期表现及其全球比较：1850—2012年——以增加值核算为中心》，《中国经济史研究》2016年第1期。
[3] 管汉晖、刘冲、辛星：《中国的工业化：过去与现在（1887—2017）》，《经济学报》2020年第3期。

第九章 比较视野下的传统经济变迁

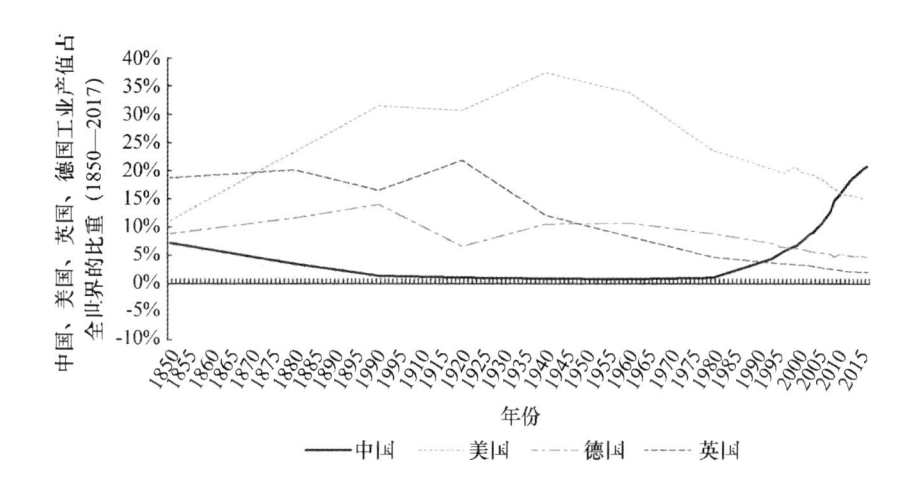

图9-1 中、美、英、德工业产值占全世界的比重

数据来源：管汉晖、刘冲、辛星《中国的工业化：过去与现在（1887—2017）》，《经济学报》2020年第3期。

有鉴于此，有志之士纷纷反思：或归咎于土地私有制导致兼并集中与农民贫困；或归咎于市场经济导致混乱与动荡；或归咎于儒家文化，并走向全面否定中国传统文化与制度的极端；或归咎于外国资本，以致畏于开放，裹足不前。在感性诉求与政治激情之下，凡此种种均成为"革命的对象"。然而以上观点均未经严格的学术检验。21世纪以来，我国学术界的反思日趋活跃，对于中国近代经济落后原因的探讨思路也日益广阔。一些学者从政治、文化和社会生活等宏观角度进行研究，王国斌认为中国和西欧社会处于不同的社会架构和发展机制之中，两者分别有其自身的内在逻辑；[①] 邓钢矫正了欧洲中心论的认知，认为中国传统经济自有其制度理性和效率，这是传统中国能够实现长期经济发展的重要前提；[②] 李伯重提出不能以西方中心论为

---

① ［美］王国斌：《转变的中国：历史变迁与欧洲经验的局限》，江苏人民出版社2008年版。
② ［英］邓钢：《中国传统经济——结构均衡与资本主义停滞》，茹玉骢、徐雪峰译，浙江大学出版社2020年版。

169

基础而蔑视和全盘否认中国历史传统;[1] 龙登高认为经济成长方式转变与社会和文化并没有必然联系,无需将偶发性的经济勃兴与衰败归咎于此。[2] 一些学者则从货币、储蓄等微观经济因素进行研究。例如江伟涛从明清和民国时期的对比出发,探索国家能力与近代经济发展的联系,认为近代经济落后与国家能力不足密切相关。[3] 刘巍将国民储蓄作为突破口,认为近代多次战争赔款导致国民储蓄不足,投资和供给陷入瓶颈,进而导致经济增长缓慢甚至停滞倒退。[4] 另外,货币紊乱、[5] 进出口贸易、[6] 经济三元结构[7]等相关研究成果均表明当今学者对近代中国落后的原因的探索已不再囿于传统成说。

探寻近代经济落后的原因,需要在学界新的认识与成果基础之上进行系统性反思与综合考察。[8] 近年来随着中国工业产值成为世界第一,国人也开始有了自信重新反思历史。

本章认为,近代中国经济落后被归咎于中华传统及其未能原发性产生工业革命,存在逻辑困境:其一,英国率先产生工业革命是唯一的特殊现象,不能由此推论中国与其他国家的经济缺乏生命力;其二,英国工业革命并非传统制度基础上顺其自然演进的产物,恰恰是后起之秀更容易完成对传统的否定与革命,并将西欧的新技术与新制度集其大成,从而实现创新。反之,也不能推论中国传统的制度与文化阻

---

[1] 李伯重:《"江南经济奇迹"的历史基础——新视野中的近代早期江南经济》,《清华大学学报》(哲学社会科学版)2011年第2期。

[2] 龙登高:《中西经济史比较的新探索——兼谈加州学派在研究范式上的创新》,《江西师范大学学报》2004年第1期。

[3] 江伟涛:《近代以来中国的市场经济与国家能力变迁——一个关于中国近代落后原因的解释》,《南方经济》2020年第2期。

[4] 刘巍:《储蓄不足与供给约束型经济态势——近代中国经济运行的基本前提研究》,《财经研究》2010年第2期。

[5] 贺水金:《不和谐音:货币紊乱与近代中国经济、社会民生》,《社会科学》2008年第5期。

[6] 丁日初、沈祖炜:《对外贸易同中国经济近代化的关系(一八四三——九三六)》,《近代史研究》1987年第6期。

[7] 林刚:《长江三角洲近代经济三元结构的产生与发展》,《中国经济史研究》1997年第4期。

[8] 笔者曾做过初步探讨,详见拙著《中国传统地权制度及其变迁》第八章(中国社会科学出版社2018年版),本章在此基础上进行拓展和深化论述。

◈◈ 第九章 比较视野下的传统经济变迁 ◈◈

碍了近代化之路；其三，其他国家都是通过学习和模仿走向工业化的，于是问题的症结应该集中于为什么中国学习模仿之路如此举步维艰，也就是要集中讨论19世纪乃至到20世纪中国由传统经济向现代经济转型失败的原因。正本清源，不仅事关对传统经济的基本判断，也关系到中国特色历史内涵的认知乃至中国道路的选择等重大问题。

第一节 传统经济的生命力

20世纪的主流思潮认为，中国传统经济未能原生性地产生工业革命，导致中国不能率先进入近现代社会而落后于西方，这一历史事实说明了中国传统经济发展滞缓，缺乏活力，相比西欧存在诸多弊端，甚至一无是处。然而，从世界范围内看这一问题存在逻辑困境，值得全面反思。

其一，从世界历史的角度看，英国工业革命原发性的产生与完成，并不具备普遍性，甚至有学者认为这一事件具有特殊性。[1] 揆诸世界，无论曾经领先英国的西班牙、法国与荷兰，还是曾经领先西欧的中东地区、印度，都未能成为工业革命的原发地。反而由后起之秀英国的曼彻斯特、兰开夏这些相对落后的地区率先发生，进而席卷英国乃至世界，对此现象的解答不一而足。[2] 因此没有原发性地产生工业革命并不能推导出传统中国经济滞后和缺乏生命力。就历史事实来看，明清时期中国最发达的江南地区与荷兰或英格兰的经济发展各有千秋。[3]

---

[1] [美] 彭慕兰：《大分流——欧洲、中国及现代世界经济的发展》，史建云译，江苏人民出版社2004年版。

[2] 马德斌：《中国经济史的大分流与现代化——一种跨国比较视野》，浙江大学出版社2020年版，第3页。Acemoglu, D., Johnson, S., & Robinson, J., "The Rise of Europe: Atlantic Trade, Institutional Change, and Economic Growth", *The American Economic Review*. 2005, 95 (3), 546–579. 传统观点认为，大航海开启了西欧海洋贸易与殖民地经济，资本原始积累推动了工业革命。然而，西班牙和葡萄牙作为开辟新航路和美洲殖民地的最早和最多的获益者，也并没有引发工业革命，反而是后起的英国捷足先登。

[3] 李伯重：《江南的早期工业化（1550—1850）》，中国人民大学出版社2010年版。

表 9-1 主要对长三角与英格兰的经济指标做了大致的比较。就人均 GDP 来看，由于黑死病之后英国人口大减，英国追上中国；1700 年，中国人均 GDP 相当于英格兰的 69.7%，长江三角洲远高于全国平均数；19 世纪初，中国仅为英格兰的 31.4%，长三角地区人均 GDP 仍相当于英格兰的 56%。但就人口数量来看，长三角的人口数量约为英格兰的 3 倍、荷兰的逾 10 倍，在短缺经济时代，能够养活更多的人口也是一个相当重要的经济指标。在城市化率上，长三角地区则与英格兰相当，均为 21% 左右。

表 9-1　　　　　　经济发展水平比较：长三角与英格兰

		中国全境	江南（长三角）	荷兰	英格兰
1800 年人口：万		约 40000	约 3000	254	1094
人均 GDP	1840 1800 年 1700 年	599 654 1089	988（1820 年） 1185	1838 （1820 年）	2521 2080 1710
城市化率 （19 世纪前期）		7%	21%（江南全境） 40%（松江 1820 年）		21% （1800 年）

资料来源：(1) 英格兰数据，引自 S. Broadberry, Bruce Cambell, Alexande Klein, Mark Overton and Bas van Leeuwen, *British Economiv Growth, 1270-1870*, Cambridge: Cambridge University Press. 2015.

(2) 中国全境数据，引自 Broadberry, S., H. Guan, and D. D. Li, "China, Europe and the Great Divergence: A Study in Historical National Accounting, 980-1850", *Oxford Economic and Social History Working Papers*, 2017.

(3) 长三角人均 GDP 为华娄地区数据、荷兰人口数据，引自 Li, Bozhong, & Jan Luiten van Zanden. "Before the Great Divergence? Comparing the Yangzi Delta and the Netherlands at the beginning of the nineteenth century", *The Journal of Economic History*, 2012. 72 (4): 956-989. 中译文载《清史研究》2020 年第 6 期。

(4) 长三角城市化率，引自龙登高《江南市场史》，清华大学出版社 2003 年版。

其二，英国工业革命经历了 17—19 世纪剧烈的动荡变革才得以完成，这并非得益于其传统优越性。因此，这种对 18 世纪以前西欧

第九章 比较视野下的传统经济变迁

传统文化与制度的过度崇拜,甚至追溯到"优越的"希腊罗马传统的工业革命解释论,显然是盲目的,缺乏对英国与西欧现代制度形成过程的全面了解。

事实上,西欧议会制度与现代国家治理机制,是各方力量在长期的博弈与革命过程中形成的。中世纪封建时代,国王对于分封领地与自治市镇没有征税的权力,① 必须各方协商,议会制度由此产生并不断改进。② 由于长期战争的巨大支出,国王屡屡借贷失信,逐渐催生了国债融资的新渠道。发行国债,重在信用基础,于是国王权力的约束与相应的制度逐渐确立起来。③ 而国债与特许公司股票的发行,又在借鉴荷兰制度的基础上推动了证券市场与金融工具的发展。④ 可见,制度的形成并非一蹴而就的,而是经历了一个漫长的过程。

在这一漫长的制度变迁过程中,英国与其他国家并无不同,也是纷争不断。17世纪之初,英国国王与议会因为财政税收的问题争执四起,后又有宗教问题的扰攘,司法权、对外关系也问题不断,内战、政变、暗杀、复辟、革命,一两百年间没有消停。尽管其人口不过400—600万,大抵只相当于同期中国一省之人口,然而其中蕴含的动荡与纷争,相较于1850—1950年间中国的混乱动荡,亦不遑多让。在1750—1840年的工业革命过程中,也无时不伴随着动荡不宁与风险。即使1840年代工业革命完成之后的数十年,经济飞速增长,但英国社会经济的动荡与丑恶,仍被马克思、恩格斯等深恶痛绝,欲消灭之而后快,甚至可以说如果没有英国与西欧在转型的过程中出现

---

① Blaydes and Chaney, "The Feudal Revolution and Europe's Rise: Political Divergence of the Christian West and the Muslim World before 1500 CE", *American Political Science Review*, 2013, Vol. 107, No. 1.

② Dan Bogart, Gary Richardson, "Property Rights and Parliament in Industrializing Britain", *The Journal of Law and Economics*, 2011, Vol. 54, No. 2: 241-274.

③ Sascha O. Becker, Andreas Ferrara, Eric Melander & Luigi Pascali, "Wars, Local Political Institutions, and Fiscal Capacity: Evidence from Six Centuries of German History", Working Paper, 2018. 详见陈志武、龙登高、马德斌编《量化历史研究》(第5辑),科学出版社2019年版,第190—192页。

④ 陈志武:《金融的逻辑》,国际文化出版公司2009年版。

下篇 产权与基层秩序

的严重贫富不均、社会斗争、工人暴动等社会问题的话，马克思、恩格斯的理论就不一定出现。[①] 也就是说，即使到19世纪中期，英国开启的制度也并不被视为一个美好的制度。随后，欧洲至20世纪前期又陷入两次世界大战，直至二战之后才迈入黄金时期，并迎来重大发展与深刻变革。

工业革命并非英国优越的传统文化与制度所造就的，与此相对照，中国与其他国家未能源生出工业革命，也并不能推导出其传统文化与制度的落后与腐朽。"穷则变"，如果社会经济状况相对稳定，可能变革动因反而不强。传统中国经济之所以没有发生变革，可能恰恰是因为其过于成熟与稳定，或谓"高水平均衡陷阱"，而不是因为18世纪中国危机不断，亟须变革。

其三，除英国以外的其他所有国家与地区，虽然没有原发性地产生工业革命，但通过学习和模仿来推进本国的工业化，更具有普遍性，英国只是原发性地产生工业革命的"孤例"。19世纪中后期西欧、美国相继通过学习和模仿"英格兰模式"完成工业革命，后有日本等国以及20世纪70年代亚洲"四小龙"、以色列等新兴工业化国家与地区跟进，90年代又有中国、俄罗斯等开始建立市场经济制度，表明后发国家的"模仿型"工业化转型更具有普遍适用性，即便可能缺乏良好的基础、传统和长久的时间积淀，也能够获得成功，日本明治维新就是典型。

在这一视角之下，探讨的真实议题就应该集中到：为什么19—20世纪的中国在学习和效仿推进工业化或现代市场经济制度之时，进展如此缓慢，道路如此曲折，障碍如此巨大？

在工业革命之前，无论东方还是西方，经济发展都是比较缓慢的。在此阶段，中国相比较周边国家而言，还处于经济与文化的高地。明清经济在当时的技术条件下相对稳定并趋于成熟，但相应地也就缺乏内生的变革动因，更难以催生新的质素和力量。19世纪以后，中国经济在外部刺激之下急剧衰落，尤其是随着西方列强的侵入和工

[①] 钱乘旦：《现代化过程中的失误现象》，《科学与现代化》2007年第3期。

业商品的倾销，中国经济结构逐渐发生改变，进入一个前所未有的深刻转型期。任何转型都会伴随着变化、动荡与痛苦，近代中国从农业转向工业化，从封闭转为开放，从传统经济转向现代经济的复合型经济转型更甚。受现代城市工业的挑战与刺激，土纱、土布业和土丝及织造业，受到了现代棉纺织厂和缫丝厂的排挤，手工业和半手工业者失业，农民家庭手工业无力竞争，产品逐渐失去市场，打破了原本的家庭手工业格局，家庭失去了重要的收入来源。传统乡村与市镇的衰败进一步加剧了社会经济的萧条，城市化与工业化进展缓慢，无法消化新增的劳动力，民众越来越多地陷入极端贫困。到19世纪末，茶叶、丝绸等中国处于传统优势甚至垄断地位的国际市场，也相继被英属印度与日本等攻占，又一波传统行业受到冲击，中国经济陷入漫长而痛苦的转型。

第二节　近代落后归咎于中国传统

　　由于近代中国的落后，20世纪的主流思潮及各种观点，几乎对中国传统制度与文化全面质疑与否定，并视之为落后的根源。应该说，中国传统制度与文化固然与世界其他地区一样弊端丛丛，但并非导致近代经济落后的根本障碍。

　　就中国传统产权制度而言，有两种截然相反的观点，殊途同归地将私有产权制度视为近代中国经济落后的原因。

　　一种观点认为，历史上中国没有像前近代英国一样建立起土地私有产权制度，所以不能为工业革命准备制度基础。这里有两个认识误区，既不了解英国的土地私有产权制度是在17—19世纪圈地运动中才逐渐形成的，也不了解中国传统地权制度。人们以远古《诗经》的"普天之下，莫非王土"来臆断后世的土地制度，事实上，传统中国土地私有产权制度源远流长，宋以后至明清趋于成熟。在成熟的土地产权制度之下，土地权利可以分层次、分时段地独立存在并进入市场进行交易，由此形成所有权、占有权、使用权等产权形态，以及相应的交易形式构成地权交易体系。凡此不同层面的产

下篇 产权与基层秩序

权形态均可以通过契约来获得产权凭证与交易凭证，形成了社会普遍认可的规则，并得到政府和法制的规范而具备法律效力。在此基础上的地权交易促进了生产要素组合与资源配置，农民可以通过买卖、典、押租、租佃等方式获得某种层面上的产权，增加经济效率与土地产出，这也成为中国传统经济长期领先世界的制度基础。[①] 何以到近代却成为经济崩溃之源？且在经过20世纪平均地权的多次探索之后，新世纪中国土地制度还是走向了土地确权与鼓励流转，即生产要素的市场配置。[②]

另一种观点则与之相反，认为传统中国建立了土地私有产权及其自由交易制度，但是这导致了中国经济的落后。原因在于私有产权制度会导致土地买卖、兼并和集中，出现"富者连阡陌，贫者无立锥之地"，失地农民纷纷破产，导致社会动荡，经济崩溃，进而引发农民起义或战争。然而，最新的研究成果表明，传统中国的土地集中程度事实上是被严重夸大的。地主富农占有土地的比例，政治口号激情表述为百分之七八十，而根据各土改区的普查数据，程度较高的南方各省仅为三成左右。[③] 这得益于潜在干扰地权交易的强权被制度所约束，保障了契约的效力和执行的连续性。如果说近代地权市场在一些地区的确出现了混乱，那恰恰是由于在晚清民国，割据一方的军阀不受约束，传统时期基本运行正常的地权秩序在近代军阀混战之下被强权与暴力侵扰所致。然而近代这种被破坏扰乱的地权市场，却被视为常态，甚至由此将土地私有产权视为万恶之源。

这两种观点截然相反，却推导出一个同样的结论，即土地制度导致近代中国经济的落后。换言之，不管中国存在何种土地制度，都被归咎为近代中国贫穷落后的根源。相比较而言，工业革命之前英国传统的产权制度很不完善，存在着土地产权不明晰、土地所有者缺位的

[①] 龙登高：《地权交易与生产要素组合，1650—1950》，《经济研究》2009年第2期；龙登高、林展、彭波：《典与清代地权交易体系》，《中国社会科学》2013年第5期。
[②] 龙登高：《从平均地权到鼓励流转》，《河北学刊》2018年第3期。
[③] 龙登高、何国卿：《土改前夕地权分配的检验与解释》，《东南学术》2018年第4期。

◈ 第九章　比较视野下的传统经济变迁 ◈

问题。在圈地运动开始之后，政府通过议会立法使圈地合法化，最终确立了土地私有产权制度，促进了对土地的投资与经营。明晰的产权降低了交易成本，地权交易又促进生产要素的流动与资源配置。这一推动西欧近代经济发展的私有产权制度是17—18世纪才逐渐发展起来的，与中国传统的私有产权制度并无二致，但不及中国那样源远流长。可见，土地产权制度导致落后一说仅仅是特殊历史阶段下的感性推断，经不起严格的学术检验。①

与此相似，人们也曾普遍认为，中国传统市场具有无法弥补的缺陷，如果听任民间经济或市场自由发展，经济秩序可能陷入混乱，近代中国的经济危机根源于此——今天我们终于认识到，周期性波动是经济发展的必然过程。但曾几何时人们将经济体系能永远平稳地运转下去视为目标，因此认为必须强化政府控制，希冀政府全面控制资源和配置资源，由政府实行整齐划一的管理，才能够实现经济的稳定发展。经过三十年的试错探索，人们才逐渐发现政府全面管制的计划经济是一条死胡同，而市场经济才是一条不可逆的道路。②正是通过改革开放与市场化的不懈探索，中国才有了今日的伟大成就，如在这一过程中，国有企业通过市场化、公司化与国际化改制，形成了国际竞争力，在短短几十年间实现了前所未有的跨越式发展。③计划经济向市场经济的成功转型，确立"市场在资源配置中起决定性作用"，促使人们对20世纪的主流思潮——非市场思维逐渐开始进行全面反思。

在近代贫穷落后的刺激下，人们普遍认为传统文化与资本主义、市场经济不相容，阻碍了近代中国的发展与转型，于是近代的精英群体希冀通过引进西方"先进"思想来全面取代中国"腐朽"文化，

---

① 龙登高：《中国传统地权制度及其变迁》，中国社会科学出版社2018年版。龙登高：《中国传统地权制度论纲》，《中国农史》2020年第4期；该文被《新华文摘》2020年第17期全文转载。
② 龙登高、常旭、熊金武：《国之润，自疏浚始——天津航道局120年发展史》，清华大学出版社2017年版。
③ 龙登高、王明、黄玉玺：《公共品供给的微观主体及其比较——基于中国水运基建的长时段考察》，《管理世界》2020年第4期。

以推进现代化。出现打倒孔家店,全面清理乃至清算传统文化,甚至废除汉字几乎成为学界的共识。① 从儒家道德伦理、民间风俗习惯、宗教信仰,到政治体制与经济制度,对传统制度与文化的否定广泛而全面。这一思维脉络在"文化大革命"达到无以复加的地步,传统中国的文化与制度无论好与坏,精华或糟粕,都以"革命"的名义不加区别地彻底推翻,对传统文化的颠覆和革命成为20世纪中国思潮的主线。以史为鉴,随着时代的发展,我们逐渐认识到,传统文化并非"万恶之源",中国近代的落后并不是由传统文化或所谓中国人的劣根性所致。一味地摧毁传统,并不能建立一个新社会;相反,我们要建立一个和谐社会,需要重视中国传统文化与社会制度,取其精华去其糟粕地加以利用。近年来中国社会又出现传统复兴的强劲呼声。尤其是中共十八大以来,习近平总书记先后对继承和弘扬中国优秀传统文化进行了多次论述,一再强调中华传统文化的历史影响和当代价值。

无论是传统土地产权制度,还是朴素的市场经济,抑或儒家文化甚至汉字,都曾被视为近代中国经济落后的原因,这其实是20世纪国人急于富国强兵的焦虑与偏误的深刻反映。当然,也有人盲目鼓吹中华文化与制度的优越性,则走向了另一个极端。

第三节 近代中国经济落后的直接原因

英国之外的其他国家都是通过学习和模仿而走向工业化与现代化的,那么近代中国经济落后首先应该从19—20世纪中国学习和模仿走向工业化和现代化的这一时段中探寻原因。

近千年来成功的国家,主要不在于其某一时段的快速增长,而在于能够有效避免经济萎缩(Shrinking)。② 近代中国不幸陷入了长期经济负增长的泥淖中,直接导致百年落后挨打,其最主要的原因就是战

---

① 龙登高:《中国史观的20世纪偏误及其探源》,《清史研究》2020年第6期。
② Broadberry S., J. Wallis, "Growing, Shrinking, and Long Run Economic Performance: Historical Perspectives on Economic Development", *NBER Working Paper*, No. 23343, April 2017

乱不止。战乱与动荡之下，既不可能存在运行良好的制度，也不可能出现和平时期的经济增长。对于这一基本点，人们也都了解，但往往熟视无睹，反而缘木求鱼，去寻求其他原因。

战乱和动荡导致的每一次经济负增长，都需要更高或更长时间的正增长才能恢复原有水平。太平天国横扫大半个中国，人口减少达3000万之巨，1850—1887年长达37年、年均-0.54%的经济萎缩，需要37.1年的同比例正增长率方能达到原本的水平，二者相加长达74.1年。尽管1887—1933年间中国的工业产值从196.41亿美元增长到258.43亿美元，增长了1.316倍。但是随之而来的日本侵华战争及随后的国共战争，导致1936—1949年长达13年惊人的-2.87%的年均增长率。如此罕见的经济萎缩，需要更高的正增长率（2.95%）或更长的时间（13.4年）方能恢复到原有水平，如表9-2所示。无怪乎1933—1952年期间，中国的工业产值从258.43亿美元下降到44.9亿美元，1952年中国工业产值仅为1933年的17.4%。这两次长时期的经济萎缩，加上同样数值的正增长，合计需要100.5年才能恢复到原有水平！更何况，其间还有甲午战争、八国联军及其巨额赔款以及长期的军阀混战，进一步促使中国经济与社会陷入衰弱的泥淖。中华人民共和国就是在这样一个遍布疮痍、百废待兴之上开始复苏和发展的，何其艰难。

表9-2　　　　　　　　近代中国人均国民收入增长情况

年份	1850—1887	1936—1949
年均增长率（%）	-0.54	-2.87
相同时长恢复到原位所需年均增长率（%）	0.54	2.95
相同年均增长率恢复到原位所需时长（年）	37.1	13.4
经济水平从负增长到恢复原位总计时间	74.1	26.4

数据来源：年均增长率出自王玉茹《中国近代的经济增长和中长周期波动》，《经济学（季刊）》2005年第1期。其他为作者自行估算。

下篇 产权与基层秩序

战乱还强化了其他导致经济衰落的因素,如笔者曾论述过的"传统经济向近代经济转型的裂变与失败""支持传统经济发展的统一大市场被破坏和分割"等重要因素。① 太平天国横扫之下,南北统一大市场的格局被打破,随后军阀混战、地方割据更使传统中国统一大市场的优势荡然无存,甚至转变为劣势和障碍。② 在近代军阀割据之下,暴力与强权侵扰市场的状况日益泛滥,市场失序成为必然,原有规则受到破坏,最终导致经济陷入混乱。

尽管如此艰难,中国过去150年的工业化进程仍取得一定的进展。1887—1933年期间,我国的工业产值属于平稳增长阶段,从196.41亿美元增长到258.43亿美元,增长了1.316倍。就工业资本的年均增长率来看,1911—1920年达6.63%,1920—1936年达10.15%,③ 如表9-3所示。中国企业不断学习和强化了工业制造能力,对外部市场的开放和国内市场的自由化两个因素深刻地影响了中国的工业化进程。④ 一旦中国走上正确的经济发展道路,其释放的能量是不可低估的,改革开放以来特别是21世纪中国经济的伟大成就充分昭示了这一点。

表9-3　　　　中国工业资本的年均增长率(单位:%)

1911—1920年	1920—1936年	1936—1947/1948年
6.63	10.15	-2.57

数据来源:陈争平《中国经济史探索》,浙江大学出版社2012年版,第234页。

近代中国的长期战乱,尤其是日本侵华战争,不仅使近代中国经

---

① 龙登高:《中国传统地权制度及其变迁》,中国社会科学出版社2018年版。
② 20世纪中期全国统一,但紧接着的计划经济之下大一统市场被条块分割。市场规则更受到前所未有的践踏而消失,计划经济之下市场受到政府的强大排斥,即使在改革开放四十年后的今天,市场规则仍不时受到挤压而扭曲。
③ 陈争平:《中国经济史探索》,浙江大学出版社2012年版,第234页。
④ Brandt L, Ma D., Rawski, T., "Industrialization in China", *IZA Discussion Papers*, No. 10096, 2016.

第九章 比较视野下的传统经济变迁

济陷入停滞衰落,更重要的是打断了中国的市场化进程。1937年以前,中国经济曾逐渐走上市场经济发展的轨道,但这一发展轨道被战争及其引发的变革彻底扭转了。

一是抗战初期,上海、武汉等地的企业大内迁导致企业对政府的依赖性大大增强。在此次内迁过程中,共有687家内迁企业,其中民营企业647家,战火中的长途迁徙和到达西南后的安置重建,都离不开政府和军队的支持和保护,内迁后企业与政府的关系加强。

二是全面抗战期间的战时经济体制,使政府控制经济空前强化。1938年中国国民党临时全国代表大会制定的战时"计划经济"方针,次年提出"编制经济",开启了政府管控经济的序幕,随后这一方针日益强化,管控范围也日益全面化。在资源、能源和重工业方面,资源委员会的垄断地位大大增强,在金融领域,四行两局成为国有垄断集团。在符合工厂法的企业数中,政府经营者占总数的比例,1933年仅为2.71%,至1942年已上升至17.45%,资本总额占比则高达70%。

三是抗战胜利后,没收敌伪资产使得国有经济进一步空前壮大,1948年上半年国家资本的产业已经占全国产业资本总额的80%以上,居于绝对主导的地位。

四是解放战争胜利之后,国家再次没收官僚资本及外国资本,进一步掌握了绝对的经济命脉。新政权顺其自然地演进到强化政府控制资源和配置资源,经"公私合营"的快速推进后,计划经济最终在中国全面展开。

改革开放四十年的经济奇迹与成就,表明中国能够走上工业化与市场经济道路,不会有根本性的传统障碍,或者说,中国传统是能够顺时而变的。真正的障碍,是那些顽固的利益集团,像晚清的满洲八旗统治者。另一方面也可以说,长期以来将实践中的困难归咎于传统,是推卸责任的托辞与借口。市场经济道路的选择来之不易,为此一百多年来付出了沉重代价和艰辛探索,绝不能够重蹈覆辙。

◈ 下篇　产权与基层秩序 ◈

第四节　结语

　　传统中国经济与制度被视为近代中国贫困与落后的根源，它未能原生性地催化工业革命。但工业革命在英格兰率先出现可以说是一个特殊现象，西欧、美国、日本、"四小龙"等都是通过学习和模仿英国而完成工业化的，这才具有普遍性的意义。因此，未能原发性产生工业革命不应该是近代中国落后的根源，而近代中国学习西方开启近代化之举步维艰，才是症结之所在。也就是说，探讨近代经济落后的根源主要应该集中于19—20世纪中国现代经济制度为什么转型失败。

　　将近代中国经济落后的根源归咎于传统经济、制度与文化的阻碍，还存在另一个逻辑困境。那就是，英国工业革命并非其经济发达、技术领先、制度优越、文化先进基础之上顺其自然的产物，恰恰是对其传统制度的否定与革命，包括农业革命、产权革命、政体革命、金融革命等，才推进了工业技术革命与制度现代化。其他西欧国家、日本也不是因为具备良好的传统基础才得以学习英国走向成功的。中国传统制度与儒家文化，也并非如马克斯·韦伯所说的与资本主义不相容。恰恰相反，18世纪以前中国在土地产权制度、要素市场与商品市场等方面都曾有所发展，经济水平也曾长期领先世界。

　　近代中国经济落后的直接根源，在于多次大规模战争导致了50年的经济负增长，加上同数值的正增长，合计要逾100年才能恢复到原有的水平，近代经济陷入停滞落后与极端贫困的深渊，传统经济向现代经济转型失败。与此同时，战争也打断了经济复苏，特别是日本侵华战争的发生，扭转了二三十年代中国市场经济发展的轨道与方向。

　　在19—20世纪长期贫困落后中挣扎和求索，从盲目的天朝上国跌入自卑与迷茫，于是主流思潮质疑和否定传统制度与文化，在试错探索中付出了高昂的代价。21世纪的今天，市场化与现代化取得了非凡的成功，也使国人树立了自信，能够以宏阔的历史视野去全面反思，去把握中国特色市场经济道路的渊源流变与发展趋势。

附录　中国史观的 20 世纪偏误及其探源[*]

如果今天有学者提出废除汉字，那一定被指斥为荒唐。然而，20世纪前期，钱玄同、鲁迅、蔡元培、陈独秀、傅斯年、胡适、郭沫若、吴玉章等各派学术领袖在废除汉字的诉求上却惊人的一致，并付之行动。这并非是孤立的现象，打倒孔家店，更是从五四运动到"文化大革命"轰轰烈烈地展开。

全盘否定中国传统文化与制度，革命成为主流思潮，其影响贯穿包括清代经济史在内的 20 世纪学术界，在不同程度上延续到现在。不过由感性到理性，由偏激到缓和，由片面到全面，由主观到客观，由主导到多元，各种偏差与认识误区仍然广泛存在。20 世纪史学偏差症结何在，是哪些原因所致，21 世纪应如何进一步反思，研究范式、思维路径、重大问题将发生什么变化？本文集中于清代经济史抛砖引玉，以期高明之论。

第一节　20 世纪的中国学界的主流思潮

一　土地产权制度被视为近代中国经济落后的根本原因

但有两种截然相反的观点。社会上普遍认为土地私有制造成土地买卖，导致土地兼并与集中，农民破产流亡，社会经济衰败直至崩溃。另一种学术观点恰好相反，认为传统中国缺乏私有产权制度，因

---

[*] 本章同名论文发表于《清史研究》2020 年第 6 期。

此不能像英国圈地运动之后确立私有产权制度进而推动工业革命。还有一种观点则臆测中国为土地国有制，每个新朝代都要重新分配土地。这些迥异的观点，背后有一个共同的出发点，都是基于近代中国经济落后的推测与想象。但它们都是偏颇的，甚至是错误的。土地集中严重，一直为全社会所诟病，1948年狄超白《中国土地问题讲话》估计地主富农占有68%的土地，此后长期俗称为百分之七八十，但现在连教科书都改为约百分之五十了，而不少学者仍未改变认知，更没有看到前沿成果，我们根据"土改"普查的准确数据，最新成果考证"土改"前夕南方前10%的乡村富有阶层占有土地约为30%。①

二 未能像英国一样源发性地产生工业革命，既表明清代经济的滞缓，也是近代经济落后的根源

与此相似，国际学界也探讨了法国、西班牙、印度、伊斯兰世界为什么没有产生工业革命的问题。事实上，英国之外的其他地区，都是通过学习和模仿"英格兰模式"而实现工业化的。没有出现自发性、源生性的工业革命，并不能由此说明中国传统经济的停滞与缺乏活力，更不能以此全面否定中国传统制度与文化。

还应该注意的是，英国之所以原创工业革命，并非其民族素质、传统文化与制度所致，更非希腊、罗马文化传统所决定，而是两百多年对自身的革命之后，集西欧各国之大成，通过长期的制度变革形成的新制度。

三 中国人缺乏自组织能力，缺乏民主与自由的传统，加之专制政府控制了一切，难以形成现代制度

与此相反，最近的一种观点认为清朝政府能力太弱，在近代化过程中没有发挥西欧前近代政府那样的作用。"中国人一盘散沙""一个中国人是一条龙，三个中国人变成虫"，这些说法曾深入人心。福

---

① 龙登高、何国卿：《土改前夕地权分配的检验与解释》，《东南学术》2018年第3期。

山《信任》断言,中国是一个低信任度的国家与民族,而英国、美国、日本则是高信任度的国家与民族。尽管此书的历史考察可谓满纸荒唐言,却不影响福山成为中国政界与学界的座上宾,备受最高礼遇。

事实上,清代民间组织等微观主体自发或政府授权提供基层公共产品、公共服务甚至公共管理。多为非政府、非营利性的民间组织,以法人产权拥有独立的财产,以董事会制度公开透明地经营,可以持续上百年、数百年乃至上千年地持续下去。通过这种制度,士绅在民间组织中发挥作用,具有较强的自组织性和朴素的民主机制。只是在20世纪的革命后,民间自发力量几乎被政府所替代了。①

四 朝代更替,循环往复,导致经济与社会缺乏活力(不过清朝统治长逾两个半世纪)

有人认为皇帝或专制中央集权的政府控制资源和配置资源,但基于历史上交通运输、信息、金融技术条件的天然限制,它并不能主导资源的控制和配置。相反,对基层社会多实现经济自由主义,② 在濮德培、墨子刻等看来,清廷是一种有限政府(limited state)③。就社会剩余掌控的税收体现来看,李伯重考证清朝江南一带税收仅占GDP的5%左右,④ 远低于西欧近代国家的水平。清政府直接经营的领域很少,仅限于盐等极少数专卖品。

大一统政府缺乏效率,腐败丛生,此类论述很多,但这种状况的根本改善只是出现在二战之后的西方国家。黄仁宁认为中国缺乏数字管理,社会治理效率低下,历代政府在征税方面所体现出来的组织效

---

① 龙登高、王正华、伊巍:《传统民间组织治理结构与法人产权制度》,《经济研究》2018年第10期。
② 龙登高:《历史上中国民间经济的自由主义朴素传统》,《思想战线》2012年第3期。
③ 濮德培(Peter C. Perdue)、墨子刻(T. A. Metzger)、马若孟(Rymon Myers)等关于"东方专制与有限政府"(Oriental despotism and limited state)的讨论,见 Peter C. Perdue, *Exhausting the Earth: State and Peasant in Hunan*, Harvard East Asian Monographs, 1987.
④ 李伯重:《中国的早期近代经济——1820年代华亭-娄县地区GDP研究》,中华书局2010年版。

率低下。但只要与西欧比较，就会发现这并非症结所在。西欧各国是在近代财政军事国家形成过程中，征税能力逐渐增强的，而且其政府规模仅相当于中国一两个省。黄仁宇亲历抗日战争，退伍后赴美留学，深切感受到落后挨打，深刻影响了其史观，可谓20世纪后期中国史观的代表。

当今腐败杜而不绝，在政府控制资源的前提下，权力与市场的结合，催生了腐败与寻租。在计划经济时期，政府全面控制和配置资源，按等级、以身份分配。在传统时期奉行藏富于民，反对"与民争利"，政府控制资源有限，从源头上减少了腐败。

五　关于中国历史上的"恶"

曾经流传一种说法，中国的地主剥削最严重，中国的皇帝最残暴。清朝以外族征服华夏，征服过程及维持统治的暴力与血腥，留下一段罪恶的历史。但也应该看到，暴力政权可以说是东西方的通病。一些黑恶因素，即使在近现代的西方仍然存在，直到19世纪中期美国仍盛行黑奴制，直到20世纪60年代黑人仍受到公开的歧视，公共厕所分黑白，公交车上黑人女性要给白人男子让座。直到今天某些歧视仍未完全消失，以至新冠肺炎疫情期间发生全美的Black Life Matters的激进运动。另一方面，恶创造历史，[1] 欧洲战争与竞争不断，但由此也推进金融制度、工具与技术的进步，客观上为资本主义发展准备了条件。

第二节　比较视野下挖掘和提炼历史遗产

传统经济、制度与文化导致了清代的落后，20世纪的这种史观之下，传统制度遗产的挖掘受到忽视，或有所偏差。正本清源，挖掘和整理历史遗产，从比较视野寻求中国传统经济的特点，并在此基础

---

[1] 李伯重：《火枪与账簿：早期经济全球化时代中国与东亚世界》，生活·读书·新知三联书店2017年版。

上进行理论创新，应该而且已经成为 21 世纪清代经济史的着力点。

一　清朝通过简练的文官体系维持大一统集权统治，西欧则在财政军事国家形成与竞争过程中不断制度创新

朝廷以持续执政和稳定税收为要。虽然皇帝似乎是可以任性的，影视剧给人的印象影响了学者的思维与想象，但另一面，更多的皇帝勤勉理政以延续祖宗基业，也存在谏官等约束自身的某些制度。皇帝的意旨主要通过官僚体系来实现。从委托—代理的角度，作为皇帝的代理人，官员有可能以其权利中饱私囊，鱼肉民间，因此朝廷实现严厉的管制，成体系的考核、激励与约束机制，尽管克服激励不相容难度很大，以致出现朱元璋恨不能摧毁自己亲手建立的官僚体系，允许民间将贪官绑赴入京的极端做法。皇帝与朝廷对官僚体系的控制是极为严厉的，贬谪、抄家乃至杀头，但这种严酷主要不是针对普通百姓与商人。清朝官僚通常都有自家的田产，辞官回家仍可当一个足谷翁，保持自身的独立，所以偶有犯颜力谏者。当然，中西方的古代传统政治制度都不可能杜绝腐败与寻租。

不过，通过文官体系维持大一统，这在王朝时期大体上实现了。朝廷直接管制的文官体系与政府直接征税的体制，体现了清朝国家能力的特征。王国斌[①]比较西欧与中国的差异，在西欧民族国家中央集权体制形成之前，文官体系在中国已存在两千年，而西欧的文官体系通常只能覆盖数百万至千万的人口，中国则是覆盖全欧的地域。一是小而精的有限政府，明代 1427 个县，5800 多名地方官维持了大一统，清朝与之相若。二是基层自主之下委托代理链条简短，尽可能克服信息传递扭曲和信息不对称。应该说，中国文官体系的遗产，相比较西欧近代国家确立过程中形成的文官体系，其历史之长、规模之大，仍是值得挖掘的。

西欧议会成为权力约束的制度，是不同利益群体之间的制衡的产

---

① ［美］王国斌、罗森塔尔：《大分流之外：中国和欧洲经济变迁的政治》，周琳译，江苏人民出版社 2018 年版。

物。最初是国王与其所属的封建领主、自治市镇商议征税等事务而形成的制度。因为国王不能在分封出去的领地上征税，国王和领主也不能在其授权出去的自治市镇随意征税，随着社会剩余增加，国家开支的增加，于是与领主和市镇商谈征税等事务。在英国，新兴的财富拥有者进入议会，辉格党人逐渐主导了议会，呼应了航海拓殖、圈地运动带来的社会流动，推进了产权及相关制度的形成。① 过去感性地归功于西欧文化、基督教乃至言必称希腊罗马，并由此反思中国缺乏对应的推动要素，显然走向了歧途。

政府权力受到限制并不意味着财政能力就不能得到提升，只有那些既实现了财政体制的中央集权化（fiscal centralization），同时政府行政权力又受到制度约束的国家（limited government），国家能力才能得到更大地提升。二者的同时作用才是西欧兴起的真正原因。② 在16—18世纪西方各国的竞争中，财政动员能力（税收和公债）起着决定性的作用。英国与联省共和国的政治制度使其税收更具合法性基础并提升了其公债信用，从而能够更好地动员民间财政资源，西班牙和法国则相形见绌。③ 由封建制孕育出来的王权约束制度特别是议会制度，西欧具有例外性（European institutional exceptionalism）④。

战争与冲突是国家能力形成的关键动因，促使西欧国家建立中央集权的税收制度与融资渠道。⑤ 相比之下，清朝完成军事征服之后，

---

① ［美］David Stasavage：《政治制度、国家形成和经济增长》（席天扬整理），载陈志武、龙登高、马德斌主编《量化历史研究》（第1辑），浙江大学出版社2014年版。

② M. Dincecco, "Fiscal centralization, limited government, and public revenues in Europe, 1650‐1913", *The Journal of Economic History*, 2009.

③ 黄艳红：《近代早期的国际竞争与财政动员：关于西荷与英法的比较研究》《史学集刊》2020年第2期。

④ Blaydes and Chaney, "The Feudal Revolution and Europe's Rise: Political Divergence of the Christian West and the Muslim World before 1500 CE", *American Political Science Review*, Vol. 107, No. 1, 2013.

⑤ Sascha O. Becker, Andreas Ferrara, Eric Melander & Luigi Pascali, "Wars, Local Political Institutions, and Fiscal Capacity: Evidence from Six Centuries of German History", *Working Paper*, 2018. 详见陈志武、龙登高、马德斌主编《量化历史研究》（第5辑），科学出版社2019年版，第190—192页。

依靠官僚体系维持大一统，战争远不如西欧各国兵连祸结，其目的也不是通过战争掠夺财富，而是防御守土，大体是财政有钱才打仗，[1]以消除隐患。

二 基层自发秩序及其制衡力量

清政府对基层社会及其公共领域实行间接统治。农民与士绅拥有独立的私有财产，民间组织拥有独立法人产权的财产，士绅、民间组织提供基层公共产品与公共服务。政府允许或授权民间组织对基层社会实行间接管理，官不下县，缩短了委托代理链条，从而低成本实现大一统。但另一方面，由于基层自立，导致政府在公共建设方面缺位，未能推动公共经济与财政制度的变革，法律体系更未能走向独立和成熟。而20世纪的大势，就是政府控制逐渐强化，日益深入基层社会，与清代形成对照和反差。

士绅与民间组织也在一定程度上对官僚体系形成制衡作用。基层自主自立提供公共品，政府在这方面鼓励、支持甚至仰仗民间力量。不少士绅帮助百姓与政府交涉甚至诉讼，让官员颇为头痛，斥之为"刁生劣监"。[2] 这实际上是基层社会对官僚体系的一种制衡，反映了不同利益群体之间的博弈。任何制衡与博弈，必然会体现于为了各自利益的争吵不休，现代民主体制下更是如此。这又牵涉国人对于民主的误区，或斥之为资产阶级的民主，或以为民主就是高大上，认为民主是西方概念，传统中国不存在民主因素。其实朴素民主并不"高雅"，在草根阶层维护自身利益的公共事务中自然出现，民间组织的"首士""董事"都是由民主推选而成，公开透明的运作，抑制了寻租与腐败。过去常说中国人缺乏素质与公德，并以今匡古地推测传统时期基层社会缺乏自主性提供公共产品和公共服务，显然是偏颇的。

---

[1] 李怀印：《全球视野下清朝国家的形成及性质问题——以地缘战略和财政构造为中心》，《历史研究》2019年第2期。

[2] 马俊亚：《被妖魔化的群体——清中期江南基层社会中的"刁生劣监"》，《清华大学学报》2013年第6期。

三 产权制度构成社会的基石，也是中国传统经济具有一定活力的原因

从普遍和长期的角度，私有产权以契约为表达，农民的土地房宅产权，不受朝代更替的影响。[①] 而民间组织数十年、数百年延续，法人产权基本上不受侵扰。就工商业而言，家族企业在清代一二百年历史不在少数。

不少学者提出，传统中国虽然有契约，但不可执行。民间契约可被任意撕毁，当然是指来自政府或官吏不受约束的强权，但近20年来遍览契约与刑科题本（司法档案），还绝少看到这样的具体事例；民间纠纷不少，官府概以契约条文为仲裁。契约大体上是得到法律和政府的认可和保护。深居紫禁城的皇帝当然不可能亲自去践踏契约、掠夺民财，相反皇帝担心其代理人官员强权侵扰地权市场，于是规定官员任内禁止购买房宅。地权交易由民间自由进行，已经形成较成熟的契约格式、中人保人、违约惩罚机制。当所有权交割时，必须到政府办理手续，与政府鱼鳞图册相一致。鱼鳞图册以图与文载明地块四至，载明业主与承粮户，《汤溪鱼鳞图册》从清代延续至民国，未曾中断。政权鼎革基本上不影响产权延续与契约的效力，不仅包括所有权，也包括田面权、典权、永佃权、租佃权。

汉唐"官从正典，民从私契"的传统表明，官府着重于官僚体系典章建设，民间自主，根据各方契约行事，所谓"任依私契"。官府不重视民法建设，但绝非不保障契约与产权，相反高度尊重民间惯例，甚至还有抵赦条款。但土地所有权转让涉及征税，政府不敢马虎，官契格式和手续还是严谨的。

产权体系的确立被视为英国工业的制度基础，但与议会制度一样都是各利益群体博弈的产物，并非其既有传统。18世纪以前的英国法律体系很难说是鼓励创新的，英国的产权体系十分僵化，无法应对市场需求的变化灵活地调整产权配置。在圈地运动的过程中，新兴财

---

① 龙登高：《中国传统地权制度及其变迁》，中国社会科学出版社2018年版。

富阶层通过议会制订一系列新的法律，18世纪之后才逐渐改观。①

比较中国与西欧前近代的产权形态与经营方式，发现传统中国的特征——基于土地私有产权与市场交易的个体农户经营，具有低门槛、可分割性、可复制性、易恢复性，造就了农业时代庞大的农民中产阶级，保障了经济与社会的相对稳定。这种稳定性和本质属性的自我强化，另一方面抑制了变革和异质因素的成长。由此解释了中国传统经济的本质特征及其与西欧经济发展道路的分异。

四　商业与金融

"重农抑商"一直备受诟病，并被视为阻碍中国资本主义因素成长的政策与制度。然而张亚光的最新考证，此四字连用在古籍中是找不到的，"重本抑末"连用也很少，"抑商"单独出现的也很少，三四十余处而已。② 可见，这一被根深蒂固地视为传统中国的弊端，也是20世纪学界所渲染层累放大的。事实上，宋代开始系统性征收商税，打击商人对政府本身并不有利。

虽然中国也有世界最早的纸币，清代的钱庄与票号，但现代金融工具的滋生与资本的发育的确远逊于前近代西欧。但也应看到，现代金融工具在西欧的形成，直接而强大的推动力是政府为战争融资而借贷特别是发行公债。国家信用与政府合法性因权力受到约束而增强，借贷和发行公债具备更强的信用基础。议会对预算和国债进行管理，国王的信用显著提升，政府借助国债或短期证券融资的能力大大增强。中央银行的先声是1694年诞生的英格兰银行，也是政府授予特许权的股份制公司，但其设立的初衷也是为政府融资，直接的目的在于开辟市民储蓄渠道，用以筹集对路易十四战争的军费。

---

① Bogart, Dan , Gary Richardson, "Property Rights and Parliament in Industrializing Britain," *The Journal of Law and Economics* , 2011, 154（2）.

② 张亚光未刊成果表明，"重农""重本""抑末"的使用不少，但"末"并不能等同于商业。从"四民"之"士农工商"来看，工商并非"末业"。赵靖先生睿智地区分了末业与工商业。此外，为学者所诟病的所谓市籍、商籍，主要特指唐以前城里的"市"区营业者。明清的"商籍"还专门指为流动迁徙的商人子弟异地参加科举考试提供的制度便利，而这又是徽商等争取到的权利。

儒家文化阻碍资本主义，韦伯《新教伦理与资本主义精神》《儒教与道教》的主要论据其实已被儒家文化地区经济崛起的事实所证伪，但仍然为人们津津乐道。而且，就资本放贷而言，基督教、伊斯兰教的教旨都是禁止放贷收息的，马丁路德仍坚持这一原则，直到加尔文进一步改革之后。中国历朝可能抨击高利贷，但并不会禁止这些经济活动。与西欧国家不同，中国通常是多元宗教与民间信仰，其中佛教与基督教、伊斯兰教迥异，寺庙普遍经营放贷。[①] 朝廷、地方官府经常以其资金通过民间金融机构"发典生息"，但极少借贷，直到晚清战事频发，而1898年的第一支国债，变成了贵族官员的摊派。

商人依赖于政府，或者被政府任意宰割，被20世纪现实刺激所造成的先入为主的历史想象与夸大。商人对朝廷的捐输，主要集中于盐商、十三行等特许权商人群体，而西欧特许权商人与政府的关系可能更为密切。粮食、纺织品、铁器、药材、文化用品等大宗商品流通，并不依赖政府，因为政府并不控制资源与配置资源。在洋务运动之前，依赖政府的商人与企业的确存在，但并非一种普遍性的、一般性的存在。

五 清朝以稳定为取向，抑制了动荡与变化，与竞争中不断改变的西欧迥异

农业社会基础上的清朝大一统政权，其政治经济文化在周边世界形成一个高地，其首要的追求是稳定，而不是改变自身，变换成另一种制度。历史上，制度变革的最强驱动力，往往不是发生在稳定的制度高地，在欧洲也突出发生于英国这样的后起之秀。西欧各国处于竞争甚至战争中，相互借鉴与学习，不断改变自身，以期在竞争中处于优势，获得战争的胜利，于是新的制度不断出现和演进，英国集其大成。从某种程度上来说，17—18世纪的英国，就是一个变革中的国家，而同时期的清朝，则呈保守性取向。大一统很可能抑制了竞争，

---

① 周建波、孙圣民、张博、周建涛：《佛教信仰、商业信用与制度变迁——中古时期寺院金融兴衰分析》，《经济研究》2018年第6期。

减缓了变化，但它带来的规模效应等优势则不可忽视。以其减缓了变化而处处苛求，也就是因为没有发生工业革命就认为它一无是处，恰恰是20世纪史学的盲区。

农业社会，土地是资源配置的轴心。在此基础上稳定发展，是清代政府和社会的追求主旨；而不是说这一制度要自我否定走向以资本为轴心的社会，才能表明其具有活力。探讨农业社会向工业社会，或地权社会向资本主义社会转变固然重要，但应切忌陷入迷思，因为它没有否定自身，所以它一无是处，或弊端丛丛，并由此而忽视制度遗产的挖掘与整理。

第三节　走出误区的清代经济史研究创新

走出中国史观的20世纪偏误，其实学界早已迈出了坚实的步伐，新成果不断涌现。主流思潮也受到冲击，但其新观点、新范式仍有待拓展。

一　方法论启示

中国史观的20世纪偏差与误区，首要的根源在于近代中国落后挨打，仁人志士奋起求索，也在学术上有急切的反映。其次，对西方制度的历史渊源缺之深刻的认知，八九十年代中国在世界经济中的相对地位达到历史最低点，与欧美的经济发展水平差别较之20世纪初更为突出，进一步刺激了国人的神经。其三，以今度古的思维虽然考虑了历史与文化的连续性，但忽视了20世纪底朝天式革命之后的深刻变化，与革命前的传统社会迥然相异、截然相反的现象与制度比比皆是。

研究清代经济与制度史，首先应该从普遍性、一般性的现象出发，当然也不能忽视其特殊性、偶然性、个别性现象。打江山和失江山的王朝交替时期，不是这个王朝的一般性的表现，但往往对后人产生深刻的印象，特别是清末，正逢千年未有之变局，其动荡对国人的影响很大，并以此推及有清一朝乃至历朝。

◈◈ 附录　中国史观的 20 世纪偏误及其探源 ◈◈

现代学术概念对历史的解释是学术研究之本。有人认为市场、产权、法人等概念都是现代的或西方的产物，不能以此去描述和解释清代历史。这种警醒是必要的，但学术研究就是以现代学科体系的文字、概念、范畴去解释历史。另一方面学术研究还需要理论提升，不可缺少概念范畴与体系的支撑。当然，对于现代学术概念的使用，应该是在本质上、内核上基本具备的情况下进行，但与现代或西欧相比，这些学术概念落实于历史空间的表现形式可以多种多样。

二　近代经济落后的根本原因

近代中国落后挨打，其根源并非土地私有制，更不是汉字和儒家文化，最大和最直接的影响是长期战争，最根本的原因是经济转型的失败。

19 世纪中国经济在外部刺激之下急剧地相对落后，而近代国内战争与外部侵略频仍，无有宁日，对经济衰败雪上加霜。英法联军、太平天国、甲午战争、八国联军、军阀混战、抗日战争、国共内战。就战争对经济的破坏程度、范围和延续时间来说，抗日战争与太平天国，是无与伦比的巨大灾难，导致严重的长期经济负增长。1850—1887 年长达 27 年间的年均 -0.54% 左右；1936—1949 年更达到惊人的年均 -2.87%，[①] 连续 14 年的全面战争，经济与社会满目疮痍。长期战乱之下超过 40 年的经济负增长，需要多少年的成倍的正增长才能恢复到原有水平。S. Broadberry 等考察千年来经济增长发现，成功的国家不在于几十年的快速增长，关键在于能否避免经济收缩（Shrinking）。[②]

长期转型阶段难以避免动荡而导致贫穷落后。一方面原有经济结构被打破，旧的经济秩序处于混乱之中；另一方面，新的经济结构与秩序迟迟未能建立和稳定下来，经济凋敝，民生困苦。与此相对照，早已完成近代转型的西方经济快速增长，西方商品与资本强势进入中

[①] 王玉茹：《中国近代的经济增长和中长周期波动》，《经济学（季刊）》2005 年第 1 期。
[②] Broadberry S., J. Wallis., "Growing, Shrinking, and Long Run Economic Performance: Historical Perspectives on Economic Development", *NBER Working Paper*, No. 23343, April 2017.

国市场，相形之下，中国的停滞与落后显得尤为突出。近代经济转型期的痛苦、混乱，英国、法国在近代转型时期都经历了这样的阶段，在世界范围来说是一种普遍规律，但近代中国尤为突出。

此外，落后挨打是因为国际规则的不完善，武力规则起主导作用，这是清末与民国改革开放不成功的原因。① 近代中国从开放中获得的收益有限，相反本国经济与人民生活受到的冲击要大得多，于是排外情绪更为普遍和强烈。在当今世界平等交易的 WTO 规则之下，改革开放获得有利的外部环境，而落后国家与小国也并未遭受挨打的命运。

三 非市场思维及其渊源流变

20 世纪中国主流思潮是趋向于排斥或缺乏市场思维的。无论是对土地私有产权的非议，对地权交易的担忧，还是自耕农最优论、租佃制不公平与低效率论、平均地权等为人们所信奉，其片面性都是缺乏市场思维所致，都是建立在土地等生产要素不流动前提下的静态思维，对市场配置资源的疑虑和否定。②

中国经历了朴素的市场经济演进，应该说具有一定的历史传统。即使近代经济转型艰难，但到 1937 年前的十年，中国经济逐渐走上正轨，走上市场经济发展的探索轨迹。全面抗战期间的战时经济体制，政府控制经济空前强化；抗战胜利后没收敌伪资产，国有经济力量居主导地位。当解放战争胜利，再次没收敌产与外资后，国有经济已经居于优势地位。长期战乱后百废待兴，20 世纪中期强化政府控制的经济学主流思潮与计划经济的苏联模式，遂在中国全面展开。

尊重历史而不盲从先贤。20 世纪国人在救亡图存的历史背景下，很难以当今的市场经济逻辑去思考传统经济的特点，去探寻近代经济落后的原因。相反，毋庸讳言，20 世纪中国甚至许多国家的主流思潮是非市场经济的乃至反市场经济，这可以理解历史时期的选择，但

---

① 陈志武：《金融的逻辑》，国际文化出版公司 2009 年版。
② 龙登高：《中国传统地权制度论纲》，《中国农史》2020 年第 2 期，亦见本书第一章。

附录 中国史观的 20 世纪偏误及其探源

不能以前人特定历史下的思潮与选择来限制今天的现实，甚至以市场经济转型过程中出现的一些混乱现象来否定市场经济。如果那样，我们既无法准确把握清代经济特征及其落后的根本的原因，可能也无法全面理解今天市场经济建设的道路。21 世纪的今天，以市场经济的历史视野去反思，可望更好地把握历史渊源流变与长期趋势。

本章所论中国史观的 20 世纪偏差与误区，荦荦大端，发乎宏阔，已经或有待严密论述，其未来创新空间与学术进步，不论是对清代经济史，还是对 21 世纪的史学，或中西比较研究，都令人期待。

参考文献

一 中文参考文献

(民)丁翰钦:《鳊鱼山六里义渡志·岁用》,湖南省图书馆藏,民国元年(1912)道善堂刻本。

(民)龙镇汉:《茶陵县鳌溪义渡会谱》,湖南省图书馆藏,民国十九年(1930)刻本。

(明)吴道行,(清)赵宁等修纂:《岳麓书院志》,岳麓书社2012年版。

(清)《钦定户部则例》,同治十三年刊本。

(清)陈文学:《武陵县龙湾上公义渡志》,湖南省图书馆藏,光绪二十七年(1901)刻本

(清)戴凤仪:《诗山书院志》,厦门大学出版社1995年版。

(清)光绪《大清会典事例》,文海出版社1992年版。

(清)贺会淇竹春氏纂集:《永锡桥志》,光绪八年(1882),政协安化县委员会重印,安化县进良文印社2015年印。

(清)黄六鸿撰、周保明点校:《福惠全书》,广陵书社2018年版。

(清)黄六鸿:《福惠全书》,清康熙三十八年(1699)金陵濂溪书屋刊本,见官箴书集成编纂委员会:《官箴书集成》第3册,黄山书社1997年版。

(清)江芝润:《桃花港黄獭溪口小河义渡志》,湖南省图书馆藏,民国十三年(1924)鉴龟堂刻本。

(清)钱泳:《履园丛话》,中华书局1979年版。

参考文献

（清）乾隆《朱批奏折》。

（清）义渡会：《南浮义渡印谱》，湖南社会科学院图书馆藏，光绪三十二年（1906）刻本。

（清）周黎光：《鳊鱼山利涉义渡志》，湖南社会科学院图书馆藏，民国五年（1916）重印乾隆二十五年（1760）济众亭本，刻本。

（宋）蔡襄著，吴以宁点校：《蔡襄集》，上海古籍出版社1996年版。

（宋）谢深甫《庆元条法事类》，清钞本。

（宋）郑刚中《北山集》，文渊阁《四库全书》本。

[奥地利] 路德维希·冯·米塞斯：《人的行动：关于经济学的论文》（下），余晖译，上海人民出版社2013年版。

[比] 亨利·皮朗（HenriPirenne），《中世纪欧洲经济社会史》，乐文译，上海人民出版社2001年版。

[美] 杜赞奇：《文化、权力与国家——1900—1942年的华北农村》，王福明译，江苏人民出版社1996年版。

[美] 费正清、刘广京编：《剑桥中国晚清史（1800—1911年）》（下），中国社会科学院历史研究所编译室译，中国社会科学出版社1985年版。

[美] 李怀印：《华北村治——晚清和民国时期的国家和乡村》，岁有生、王士皓译，中华书局2008年版。

[美] 罗纳德·科斯：《企业、市场与法律》，盛洪、陈郁译校，格致出版社2009年版。

[美] 彭慕兰：《大分流——欧洲、中国及现代世界经济的发展》，史建云译，江苏人民出版社2004年版。

[美] 王国斌、罗森塔尔：《大分流之外：中国和欧洲经济变迁的政治》，周琳译，江苏人民出版社2018年版。

[美] 王国斌：《转变的中国：历史变迁与欧洲经验的局限》，李伯重、连玲玲译，江苏人民出版社2008年版。

[孟加拉] 尤努斯：《穷人的银行家——诺贝尔和平奖得主尤努斯传记》，吴士宏译，生活·读书·新知三联书店2006年版。

[日] 夫马进：《中国善会善堂史研究》，伍跃、杨文信、张学锋译，

商务印书馆2005年版。

［日］沟口雄三：《转型期的明末清初》，《中国的历史脉动》，乔志航、龚颖等译，生活·读书·新知三联书店2014年版。

［日］森田明：《清代水利与区域社会》，雷国山译，山东画报出版社2008年版。

［日］寺田浩明：《权利与冤抑——寺田浩明中国法史论集》，王亚新等译，清华大学出版社2012年版。

［香港］科大卫：《皇帝与祖宗——华南的国家与宗族》，卜永坚译，江苏人民出版社2009年版。

《东川书院公业纪要》，《中国书院文献丛刊》（第一辑），国家图书馆出版社、上海科学技术文献出版社2018年影印本。

《国民政府公报》，国民政府文官处印铸局印行，1948年1月9日。

《还古书院志》，《中国书院文献丛刊》（第二辑），国家图书馆出版社、上海科学技术文献出版社2019年影印本。

《湖州爱山安定两书院征信录》，同治光绪间续刻本，《中国书院文献丛刊》（第二辑），国家图书馆出版社、上海科学技术文献出版社2019年影印本。

《龙湖书院志》，同治光绪间续刻本，《中国书院文献丛刊》（第二辑），国家图书馆出版社、上海科学技术文献出版社2019年影印本。

《清朝续文献通考》，商务印书馆1995年版。

《清德宗实录》，中华书局1987年版。

《清高宗实录》，中华书局1985年版。

《审计部公报》，国民政府审计院编，1946年，108—109期。

《宋会要辑稿》，上海古籍出版社2014年版。

《宋史》，中华书局1985年版。

《武训地亩帐》，人民出版社1975年版。

《武训历史调查记》，人民出版社1951年版。

《新编事文类要 启札青钱附清明集》，台北大化书局1980年版。

《应当重视电影〈武训传〉的讨论》，《人民日报》，1951年5月

20日。

《虞山书院志》，明万历三十六年刻本，《中国书院文献丛刊》（第二辑），国家图书馆出版社、上海科学技术文献出版社2019年影印本。

《岳阳、慎修两书院合志》，光绪二十二年刊本，台北成文出版社2014年影印本。

《资治通鉴》，中华书局1956年版。

安徽省博物馆编：《明清徽州社会经济资料丛编》第1集，中国社会科学出版社1988年版。

曹伊清：《法制现代化视野中的清末房地产契证制度——以南京地区房地产契证为范本的分析》，博士学位论文，南京师范大学，2012年。

曹伊清：《房地产契证制度与清末社会稳定——以南京地区房地产契证为范例的分析》，《北方法学》2010年第1期。

曹伊清：《清末房地产法律制度运作之二元结构——以交易参与者为视角的分析》，《学习与探索》2011年第6期。

曾伟：《风水话语与煤炭禁采：清代晋东南煤禁碑生成研究》，《地方文化研究》2017年第4期。

常越男：《清代地方官"年终密考"制度述论》，《中国史研究》2019年第2期。

陈宝良：《中国的社与会》，浙江人民出版社1996年版。

陈娟英、张仲淳编著：《厦门典藏契约文书》，福建美术出版社2006年版。

陈月圆、龙登高：《公共利益冲突中的产权交易与基层治理——清代狮山书院与山林封禁的考察》，《中国社会经济史研究》2021年第2期。

陈月圆、龙登高：《清代书院的财产属性及其市场化经营》，《浙江学刊》2020年第3期。

陈争平：《中国经济史探索》，浙江大学出版社2012年版。

陈志武、龙登高、马德斌主编：《量化历史研究》（第5辑），科学出版社2019年版。

陈志武、龙登高、马德斌主编：《量化历史研究》（第一辑），浙江大学出版社2014年版。

陈志武：《金融的逻辑》，国际文化出版公司2009年版。

陈志英：《宋代物权关系研究》，中国社会科学出版社2006年版。

戴建国：《宋代的民田典卖与"一田两主制"》，《历史研究》2011年第6期。

[英]邓钢著，茹玉骢、徐雪峰译：《中国传统经济——结构均衡与资本主义停滞》，浙江大学出版社2020年版。

邓洪波：《古代书院的董事会制度》，《大学教育科学》2011年第4期

邓洪波：《湖南书院史稿》，湖南教育出版社2013年版。

邓洪波：《中国书院史》，武汉大学出版社2013年版。

邓洪波：《中国书院制度研究》，浙江教育出版社1997年版。

邓洪波主编：《中国书院学规集成》（第一卷），中西书局2011年版。

丁春燕、龙登高：《清代官中与基层治理》，《中国经济史研究》2021年第4期。

丁萌萌：《地权市场的制度演化（1650—1950）》，《中国经济史研究》2013年第1期。

丁日初、沈祖炜：《对外贸易同中国经济近代化的关系（一八四三——一九三六)》，《近代史研究》，1987年第6期。

方行、经君健、魏金玉主编：《中国经济通史·清代经济卷》，中国社会科学文献出版社2007年版，第1315页。

费孝通、吴晗：《皇权与绅权》，岳麓书社2012年版。

福建师范大学历史系编：《明清福建经济契约文书选辑》，人民出版社1997年版。

龚君、魏志文：《瓜镇义渡局始末》，《档案与建设》2016年第5期。

管汉晖、刘冲、辛星：《中国的工业化：过去与现在（1887—2017)》，《经济学报》2020年第3期。

光绪《浏东狮山书院志》，台北成文出版社2014年影印本。

郭宇宽《作为投资家的武训》，《同舟共进》2013年第5期。

◈ 参考文献 ◈

韩启：《建设美国——美国工业革命时期经济社会变迁及其启示》，中国经济出版社 2004 年版。

何国卿：《传统农地押租制多重功能的制度经济学研究》，硕士学位论文，清华大学，2012 年。

贺水金：《不和谐音：货币紊乱与近代中国经济、社会民生》，《社会科学》，2008 年第 5 期。

洪子雅、吴滔：《桥舟合济：明清武宁开发与交通路线的控制与管理》，《地方文化研究》2015 年第 4 期。

胡铁球：《明清税关中间代理制度研究》，《社会科学》2014 年第 9 期。

胡铁球：《明清歇家研究》，上海古籍出版社 2015 年版。

黄宝玖：《国家能力：涵义、特征与结构分析》，《政治学研究》2004 年第 4 期。

黄艳红：《近代早期的国际竞争与财政动员：关于西荷与英法的比较研究》，《史学集刊》2020 年第 2 期。

黄宗智：《集权的简约治理———中国以准官员和纠纷解决为主的半正式基层行政》，《开放时代》2008 年第 2 期。

黄宗智：《中国历史上的典权》，《清华法律评论》第一卷第一辑，清华大学出版社 2006 年版。

姬元贞：《明清土地契约中对"信"的追求》，《人民法院报》2018 年 4 月 20 日。

贾米森：《中华帝国财政收支报告》，载费正清、刘广京编：《剑桥中国晚清史 1800—1911（下卷）》，中国社会科学院历史研究所编译室译，中国社会科学出版社 1985 年版。

江苏省财政志编辑办公室编：《江苏财政史料丛书》第 1 辑，方志出版社 1999 版。

江伟涛：《近代以来中国的市场经济与国家能力变迁——一个关于中国近代落后原因的解释》，《南方经济》2020 年第 2 期。

姜修宪：《〈孔府档案〉所见官中探研》，《中国社会经济史研究》2019 年第 2 期。

井扬：《明清临清运河钞关研究》，硕士学位论文，山东大学，2008年。

孔艳：《明清时期湘江长沙段历史地理问题探讨》，硕士学位论文，上海师范大学，2011年。

蓝勇：《清代长江救生红船的公益性与官办体系的腐败》，《学术研究》2013年第2期。

蓝勇：《清代长江上游救生红船制绩考》，《中国社会经济史研究》2005年第3期。

李伯重：《"江南经济奇迹"的历史基础——新视野中的近代早期江南经济》，《清华大学学报》（哲学社会科学版），2011年第2期。

李伯重：《火枪与账簿：早期经济全球化时代中国与东亚世界》，生活·读书·新知三联书店2017年版。

李伯重：《江南的早期工业化（1550—1850）》，中国人民大学出版社2010年版。

李伯重：《序》，载龙登高《中国传统地权制度及其变迁》，中国社会科学出版社2018年版。

李伯重：《中国的早期近代经济——1820年代华亭—娄县地区GDP研究》，《清华大学学报（哲学社会科学版）》2009年第3期。

李伯重：《中国的早期近代经济——1820年代华亭—娄县地区GDP研究》，中华书局2010年版。

李伯重：《中国全国市场的形成，1500—1840》，《清华大学学报》1999年第4期。

李德英：《民国时期成都平原的押租与押扣——兼与刘克祥先生商榷》，《近代史研究》2007年第1期。

李怀印：《全球视野下清朝国家的形成及性质问题——以地缘战略和财政构造为中心》，《历史研究》2019年第2期。

李坚：《清代韩江流域的渡口及其管理》，《国家航海》2015年第11辑。

李琳琦：《徽商与清代汉口紫阳书院——清代商人书院的个案研究》，《清史研究》2002年第2期。

李埏：《太史公论庶人之富》，《思想战线》2002年第1期。

梁其姿：《施善与教化：明清时期的慈善组织》，北京师范大学出版社2013年版。

梁诸英：《风水观念与基层秩序——对明清皖南禁矿事件的考察》，《中国矿业大学学报》（社会科学版）2011年第4期。

廖涵：《清代江西铜塘山之封禁考》，《长江文明》2018年第1期。

廖华生：《士绅阶层地方霸权的建构和维护——以明清婺源的保龙诉讼为考察中心》，《安徽史学》2008年第1期。

林枫、陈滨：《清代福建书院经费初探》，《中国社会经济史研究》2008年第1期。

林刚：《长江三角洲近代经济三元结构的产生与发展》，《中国经济史研究》1997年第4期。

林丽金：《闽东北廊桥田地桥的历史文化》，《黑龙江史志》2015年第5期。

林鸣、王孟钧、罗冬等：《港珠澳大桥岛隧工程项目管理探索与实践》，中国建筑工业出版社2019年版。

林世云：《清代桂东南地区的桥梁与渡口研究》，硕士学位论文，广西师范大学，2013年。

林文勋、黄纯艳：《中国古代专卖制度与商品经济》，云南大学出版社2003年版。

林文勋：《中国古代"富民社会"的形成及其历史地位》，《中国经济史研究》2006年第2期。

刘伯骥：《广东书院制度》，台北"国立"编译馆中华丛书编审委员会1978年版。

刘道胜：《明清徽州的民间资产生息与经济互助》，《史学月刊》2013年第12期。

刘高勇：《官牙与清代国家对民间契约的干预——以不动产买卖为中心》，《赣南师范学院学报》2008年第1期。

刘秋根、张冰水主编：《保定房契档案汇编（清代民国编）》，河北人民出版社2012年版。

刘巍：《储蓄不足与供给约束型经济态势——近代中国经济运行的基本前提研究》，《财经研究》，2010年第2期。

龙登高、常旭、熊金武：《国之润，自疏浚始——天津航道局120年发展史》，清华大学出版社2017年版。

龙登高、丁春燕、马芳：《近代中国经济落后探源——基于传统经济变迁视角的考察》，《湖南大学学报》（社会科学版）2021年第2期。

龙登高、龚宁、孟德望：《近代公共事业的制度创新：利益相关方合作的公益法人模式—基于海河工程局中外文档案的研究》，《清华大学学报》（哲学社会科学版）2017年第6期。

龙登高、何国卿：《土改前夕地权分配的检验与解释》，《东南学术》2018年第4期。

龙登高、林展、彭波：《典与清代地权交易体系》，《中国社会科学》2013年第5期。

龙登高、潘庆中、林展：《高利贷的前世今生》，《思想战线》2014年第4期。

龙登高、彭波：《近世佃农的经营性质与收益比较》，《经济研究》2010年第1期。

龙登高、王苗：《武训的理财兴学之道》，《中国经济史研究》2018第3期。

龙登高、王明、陈月圆：《论传统中国的基层自治与国家能力》，《山东大学学报》（哲学社会科学版）2021年第1期。

龙登高、王明、黄玉玺：《公共品供给的微观主体及其比较——基于中国水运基建的长时段考察》，《管理世界》2020年第4期。

龙登高、王正华、伊巍：《传统民间组织治理结构与法人产权制度——基于清代公共建设与管理的研究》，《经济研究》2018年第10期。

龙登高、温方方、邱永志：《典田的性质与权益——基于清代与宋代的比较研究》，《历史研究》2016年第5期。

龙登高、温方方：《传统地权交易形式辨析——以典为中心》，《浙江学刊》2018年第4期。

龙登高、温方方：《论中国传统典权交易的回赎机制术——基于清华馆藏山西契约的研究》，《经济科学》2014年第5期。

龙登高：《从平均地权到鼓励流转》，《河北学刊》2018年第3期。

龙登高：《地权交易与生产要素组合，1650—1950》，《经济研究》2009年第2期。

龙登高：《地权市场与资源配置》，福建人民出版社2012年版。

龙登高：《江南市场史》，清华大学出版社2003年版。

龙登高：《廊桥遗梦：清代公共设施的经营模式与产权形态》，中国经济史学会年会主题演讲，2016年。

龙登高：《历史上中国民间经济的自由主义朴素传统》，《思想战线》2012年第3期。

龙登高：《南宋杭州娱乐市场》，《历史研究》2002年第5期。

龙登高：《中国传统地权制度及其变迁》，中国社会科学出版社2018年版。

龙登高：《中国传统地权制度论纲》，《中国农史》2020年第4期；该文被《新华文摘》2020年第17期全文转载。

龙登高：《中国传统市场发展史》，人民出版社1997年版。

龙登高：《中国史观的20世纪偏误及其探源》，《清史研究》2020年第6期。

龙登高：《中美首府城市的历史比较与制度分析》，2017年第2期；本文全文转载于《中国社会科学文摘》2017年第4期，简本刊载于《经济学家茶座》2017年第2期。

龙登高：《中西经济史比较的新探索——兼谈加州学派在研究范式上的创新》，《江西师范大学学报》2004年第1期。

马德斌：《中国经济史的大分流与现代化——一种跨国比较视野》，浙江大学出版社2020年版。

马建石、杨有裳主编：《大清律例通考校注》，中国政法大学出版社1992年版。

马俊亚：《被妖魔化的群体——清中期江南基层社会中的"刁生劣监"》，《清华大学学报》（哲学社会科学版）2013年第6期。

毛晓阳：《清代宾兴公益基金组织管理制度研究》，人民出版社 2014 年版。

孟雪：《清代书院经费研究》，硕士学位论文，山东师范大学，2019 年。

民国《平潭县志》，《中国地方志集成 福建府县志辑》20，上海书店出版社 2000 年版。

缪小龙：《廊桥遗梦闽浙寻——闽东北、浙西南贯木拱廊桥考》，载于首届海峡两岸土木建筑学术研讨组委会编《首届海峡两岸土木建筑学术研讨会论文集》，2005 年，第 35—44 页。

南京市地方志编纂委员会编：《南京房地产志》，南京出版社 1996 年版。

南京司法行政部编：《民事习惯调查报告录》，中国政法大学出版社 2000 年版。

南满洲铁道株式会社调查课：《满洲旧惯调查报告书》后篇第二卷，东京印刷株式会社，大正二年（1913）。

彭凯翔、陈志武、袁为鹏：《近代中国农村借贷市场的机制——基于民间文书的研究》，《经济研究》2008 年第 5 期。

彭凯翔：《从交易到市场》，浙江大学出版社 2015 年版。

彭泽益主编：《中国工商行会史料集》，中华书局 1995 年版。

祁建民：《自治与他治：近代华北农村的社会和水利秩序》，商务印书馆 2020 年版。

钱乘旦：《现代化过程中的失误现象》，《科学与现代化》2007 年第 3 期。

清华大学图书馆馆藏契约。

邱澎生：《商人团体与社会变迁：清代苏州的会馆公所与商会》，博士学位论文，台湾大学，1995 年。

邱澎生：《由公产到法人——清代苏州、上海商人团体的制度变迁》，（台北）《法制史研究》2006 年第 10 期。

瞿同祖：《清代地方政府》，范忠信、何鹏、晏锋译，法律出版社 2011 年版。

任小燕：《清代传统书院董事制度及其流变的历史考察》，《教育学报》2016年第6期。

上海市档案馆编：《清代上海房地契档案汇编》，上海古籍出版社1999年版。

沈琦：《"18世纪交通革命"：英国交通史研究的新方向》，《光明日报》2018年6月18日。

施沛生：《中国民事习惯大全》，上海书店出版社2002年版。

石锦建：《中国历史上财政收支和政权稳定关系的研究：1402—1644》，博士学位论文，清华大学，2017年。

史吉祥、宋丽萍：《清代吉林土地买卖文书选编》，《清史研究》1993年第4期。

史五一：《徽州桥会个案研究——以〈纪事会册〉为中心》，《徽学》2010年第6卷。

四川大学历史系、四川省档案馆编：《清代乾嘉道巴县档案汇编》（上），四川大学出版社1989年版。

四川省档案馆，四川大学历史系主编：《清代乾嘉道巴县档案选编》，四川大学出版1989年版。

宋美云主编：《天津商民房地契约与调判案例选编（1686—1949）》，天津古籍出版社2006年版。

苏州历史博物馆、江苏师范学院历史系、南京大学明清史研究室：《明清苏州工商业碑刻集》，江苏人民出版社1981年版。

台湾银行经济研究室：《台湾私法物权编》（中），台湾省文献委员会1999年版。

唐致卿：《近代山东农村社会经济研究》，人民出版社2004年版。

天津市档案馆编：《天津市档案馆馆藏珍品档案图录（1656—1949）》，天津古籍出版社2013年版。

同治《浏阳县志》，《中国地方志集成　湖南府县志辑》13，江苏古籍出版社2002年版。

王安石著，启功等主编：《唐宋八大家全集　王安石集》，国际文化出版公司1997年版。

王剑锋、贺冰洁:《也论典权制度的存废》,《武汉理工大学学报》(社会科学版)2003年第5期。

王庆云:《石渠馀记》,北京古籍出版社1985年版。

王日根:《论明清时期福建民办社会事业的发展》,《中国社会经济史研究》1993年第3期。

王日根:《论明清乡约属性与职能的变迁》,《厦门大学学报(哲学社会科学版)》2003年第3期。

王日根:《明清民间社会的秩序》,岳麓书社2003年版。

王先明:《绅董与晚清基层社会治理机制的历史变动》,《中国社会科学》2019年第6期。

王垚、王春华、洪俊杰、年猛:《自然条件、行政等级与中国城市发展》,《管理世界》2015年第1期。

王玉朋:《清代南京救生事业初探》,《兰州学刊》2014年第2期。

王玉茹:《中国近代的经济增长和中长周期波动》,《经济学(季刊)》2005年第1期。

王云《明清山东运河区域社会变迁》,人民出版社2006年版。

王云红、杨怡:《中国传统民间契约履约机制探析》,《公民与法》(法学版)2016年第7期。

王正华:《晚清民国华北乡村田宅交易中的官中现象》,《中国经济史研究》2018年第1期。

韦庆远、鲁素:《清代前期矿业政策的演变》(上、下),《中国社会经济史研究》1983年第3、4期。

吴弘明整埋:《津海关年报档案汇编(下册)(1889—1911)》,天津社会科学院出版1993年版。

吴洪成:《重庆的书院》,西南师范大学出版社2008年版。

吴积雷:《桥约:珍贵的木拱廊桥建桥合同》,《兰台世界》2012年第13期。

吴积雷:《浙南木拱廊桥造桥习俗》,《语文学刊》2012年第4期。

吴琦、鲜健鹰:《一项社会公益事业的考察:清代湖北的救生红船》,《中南民族大学学报》(人文社会科学版)2007年第4期。

参考文献

吴向红：《典之风俗与典之法律》，法律出版社2008年版。

吴雪梅：《多中心互嵌：乡村社会秩序的又一种类型》，《光明日报》2011年12月15日。

吴燕霞：《廊桥中的民间信仰——基于福建省屏南县的田野调查》，《东南学术》2012年第5期。

鲜健鹰：《地域社会史的一个视角：清代湖北津渡研究》，硕士学位论文，华中师范大学，2007年。

肖奔：《从清朝民国渡志看湖南义渡》，硕士学位论文，湖南师范大学，2014年。

邢培华、张庆年：《武训档案文献史料述略》，《档案学研究》1993年第3期。

徐晓光：《从清代民国天柱县碑文看清水江流域义渡习惯法与公益道德》，《贵州师范大学学报》（社会科学版）2015年第5期。

徐毅、巴斯·范鲁文：《中国工业的长期表现及其全球比较：1850—2012年——以增加值核算为中心》，《中国经济史研究》2016年第1期。

徐跃：《清末庙产兴学政策的缘起和演变》，《社会科学研究》2007年第4期。

徐跃：《清末民国时期四川民间慈善组织十全会》，载于中国社会科学院近代史研究所、清华大学人文学院历史系、《清华大学学报》（哲社版）编辑部编《第七届晚清史研究国际学术讨论会论文集：中国近代制度、思想与人物研究》（下册），2016年，第888—924页。

许光县：《清代团体土地所有权探析——以义田制度为中心的考察》，《西北大学学报（哲学社会科学版）》2013年第3期。

许檀：《明清时期的临清商业》，《中国社会经济史》，1986年第2期。

严锴、严昌洪：《清代社会公益事业中的官民互动——以李本忠捐买阴阳山入官封禁案为例的考察》，《湖北大学学报》（哲学社会科学版）2018年第1期。

杨国安：《国家权力与民间秩序：多元视野下的明清两湖乡村社会史

研究》，武汉大学出版社2012年版。

杨国安：《救生船局与清代两湖水上救生事业》，《武汉大学学报》（人文科学版）2006年第1期。

杨国安：《控制与自治之间：国家与社会互动视野下的明清乡村秩序》，《光明日报》2012年11月29日。

杨国安：《明清两湖地区基层组织与乡村社会研究》，武汉大学出版社2004年版。

杨念群：《杨念群自选集》，广西师范大学出版社2000年版。

杨文华：《地方士绅与清代四川城乡津渡建设》，《农业考古》2015年第3期。

杨文华：《清代四川民间义渡的社会功能整合》，《求索》2016年第7期。

杨文新：《宋代僧徒对福建桥梁建造的贡献》，《福建教育学院学报》2004年第1期。

杨学为，乔丽娟，李兵：《科举图录》，岳麓书社2013年版。

杨永俊：《江西万载客家东洲书院"乐输"材料论析》，《江西社会科学》2009年第11期。

伊巍：《近代疏浚公共事业的制度创新与变迁——以津沪航道治理为例（1897—1949）》，博士学位论文，清华大学，2019年。

于保明：《找准定位发挥优势打造一流首府城市》，《中国改革报》2010年3月12日。

于锡强：《瓜镇义渡念曾祖——略记曾祖父于树滋与镇江瓜镇义渡局》，《镇江日报》2011年8月5日。

余伟：《婺源〈保龙全书〉的整理与研究》，硕士学位论文，江西师范大学，2010年。

俞祖成：《日本公益法人认定制度及启示》，《清华大学学报》（哲学社会科学版）2017年第6期。

张传玺主编：《中国历代契约会编考释》，北京大学出版社1995年版。

张富美：《清代典买田宅律令之演变与台湾不动产交易的找价问题》，

参考文献

载陈秋坤、许雪姬主编《台湾历史上的土地问题》,"中央"研究院1992年版。

张海鹏、王廷元主编：《明清徽商资料选编》,黄山出版社1985年版。

张俊：《清代湖北桥梁、渡口的修建与管理研究》,《理论月刊》2004年第3期。

张明主编：《武训资料大全》,山东大学出版社1991年版。

张世带：《闽东北木拱廊桥桥碑》,《大众考古》2015年第9期。

张小林：《清代北京城区房契研究》,中国社会科学出版社2000年版。

张小林：《清代顺治朝北京城区房契研究》,《中国史研究》1999年第1期。

张晓婧：《清代安徽书院研究》,博士学位论文,安徽师范大学,2014年。

张新宝：《典权废除论》,《法学杂志》2005年第3期。

张研、毛立平：《从清代安徽经济社区看基层社会乡族组织的作用》,《中国农史》2002年第4期。

张研、牛贯杰：《19世纪中期中国双重统治格局的演变》,中国人民大学出版社2002年版。

张艳芳：《明清时期的桥渡田地》,《历史教学》(高校版)2009年第10期。

张仲礼著、李荣昌译：《中国绅士：关于其在十九世纪中国社会中作用的研究》,上海社会科学院出版社1991年版。

张自清、张树梅、王贵笙纂修：民国《临清县志》,凤凰出版社2004年版。

章毅、冉婷婷：《公共性的寻求：清代石仓契约中的会社组织》,《上海交通大学学报》(哲学社会科学版)2011年第6期。

赵尔巽等撰：《清史稿》,中华书局1977年版。

赵亮、龙登高：《土地租佃与经济效率》,《中国经济问题》2012年第2期。

赵世瑜：《狂欢与日常——明清以来的庙会与民间社会》，北京大学出版社 2017 年版。

赵晓耕、刘涛：《论典》，《法学家》2004 年第 4 期。

郑小春：《封山育林与晚清徽州乡村社会的日常生活——对〈禁山簿册〉的考察》，《社会科学》2017 年第 12 期。

中国第一历史档案馆，中国社会科学院历史研究所合编：《乾隆刑科题本租佃关系史料之二：清代土地占有关系与佃农抗租斗争》，中华书局 1988 年版。

中国第一历史档案馆，中国社会科学院历史研究所合编：《乾隆刑科题本租佃关系史料之一：清代地租剥削形态》，中华书局 1982 年版。

中国第一历史档案馆编：《光绪朝朱批奏折》，中华书局 1993 年版。

中国社会科学院人口研究中心编著：《中国人口年鉴》，中国民航出版社 1998 年版。

周建波、孙圣民、张博、周建涛：《佛教信仰、商业信用与制度变迁——中古时期寺院金融兴衰分析》，《经济研究》2018 年第 6 期。

周雪光：《黄仁宇悖论与帝国逻辑：以科举制为线索》，《社会》2009 年第 2 期。

周艳华：《基于碑刻文献的潇湘古渡——永州老埠头研究》，《湖南科技学院学报》2016 年第 1 期。

祝瑞洪、庞迅、张峥嵘：《京口救生会与镇江义渡局》，《东南文化》2005 年第 6 期。

庄纶裔：《卢乡公牍》，清末排印本。参见官箴书集成编纂委员会《官箴书集成》第 3 册，黄山书社 1997 年版。

二 外文参考文献

Acemoglu, D., Johnson, S., & Robinson, J., "The Rise of Europe: Atlantic Trade, Institutional Change, and Economic Growth", *The American Economic Review*. 2005, 95 (3), 546–579.

Blaydes, Chaney, "The Feudal Revolution and Europe's Rise: Political

Divergence of the Christian West and the Muslim World before 1500 CE", *American Political Science Review*, 2013, 107 (1)

Bogart D., Richardson G., "Property Rights and Parliament in Industrializing Britain", *The Journal of Law and Economics*, 2011, 54 (2)

BrandtL, Ma D., Rawski, T., Industrialization in China, IZA Discussion Papers No. 10096, 2016.

Broadberry S., J. Wallis, "Growing, Shrinking, and Long Run Economic Performance: Historical Perspectives on Economic Development", *NBER Working Paper*, No. 23343, 2017.

Broadberry, S., H. Guan, and D. D. Li. "China, Europe and the Great Divergence: A Study in Historical National Accounting, 980 - 1850", *Oxford Economic and Social History Working Papers*, 2017.

Dincecco M., "Fiscal centralization, limited government, and public revenues in Europe, 1650 - 1913", *The Journal of Economic History*, 2009.

Hao Yu, Liu Zhengcheng, Weng Xi, Zhou Li - an, "The Making of Bad Gentry: The Abolition of an Exam, Local Governance and Anti - gentry Protests, 1902 - 1911", *working paper*, Peking University, 2019.

HeWenkai, "Public Interest and the Financing of Local Water Control in Qing China, 1750 - 1850", *Social Science History*, 2015, 39, (3), pp: 409 - 430.

Hsiao Kung - Chuan, *Rural China: Imperial Control in the Nineteenth Century*, University of Washington Press 1960.

Jensen Michael, "Eclipse of the public corporation", *Harvard business Review*, 1989.

Li, Bozhong, Jan Luiten van Zanden., "Before the Great Divergence? Comparing the Yangzi Delta and the Netherlands at the beginning of thenineteenth century", *The Journal of Economic History*, 2012. 72 (4): 956 - 989.

MaDebin. "State Capacity and Great Divergence, the Case of Qing China

(1644 – 1911)." *Eurasian Geography and Economics*, 2013, 54 (5 – 6), pp: 484 – 499.

Ostrom E., Lam W. F., Lee M., "The performance of self – governing irrigation systems in Nepal", *Human Systems Management*, 1994, 13, (3), pp: 197 – 207.

Ostrom E., Walker J., Gardner R. "Covenants with and without a sword: self – governance is possible", *American Political Science Review*, 1992, 86 (2), pp: 404 – 417.

Ostrom V., Ostrom, E., "Legal and political conditions of water resource development", *Land Economics*, 1972, 48 (1), pp: 1 – 14.

Peter C. Perdue, *Exhausting the Earth: State and Peasant in Hunan*, Harvard East Asian Monographs, 1987.

Pomeranz K., "Chinese Development in Long – Run Perspective", *Proceedings of the American Philosophical Society*, Philadelphia, 2008.

Rakove, Jack N., "The Collapse of the Articles of Confederation", in Barlow, J. Jackson; Levy, Leonard W., Masugi, Ken, *The American Founding: Essays on the Formation of the Constitution*, 1988, pp. 225 – 45.

S. Broadberry, Bruce Cambell, Alexande Klein, Mark Overton and Bas van Leeuwen., *British Economiv Growth, 1270 – 1870*. Cambridge: Cambridge University Press. 2015.

Salamon L. M., "The new governance and the tools of public action: An introduction", *Fordham Urban Law Journal*, 2011, 28 (5), 1611 – 1674.

Salamon L. M., Toepler S., "Government – nonprofit cooperation: Anomaly or necessity?", *International Journal of Voluntary and Nonprofit Organizations*, 2015, 26 (6), 2155 – 2177.

Sng Tuanhwee, "Size and Dynastic Decline: The Principal – Agent Problem in Late Imperial China, 1700 – 1850", *Explorations in Economic History*, 2014, 54, pp: 107 – 127.

Wang, Al, *City of the river: the Hai river and the construction of Tianjin, 1897 – 1948*, PhD Dissertation, Washington State University, 2014.

参考文献

William S. Dietrich, *In the Shadow of the Rising Sun: The Political Roots of American Economic Decline*, Penn State Press, 2008, pp. 165.

Xu C., "The fundamental institutions of China's reforms and development", *Journal of economic literature*, 2011.49 (4), pp: 1076-1151.

岸本美绪：《清代民間の找价價問題》，《東方史學》2003年第4期。

滨下武志、岸本美绪等编：《東洋文化研究所藏中国土地文书目录解說（上）》，东京大学东洋文化研究所1983年版。

清水金二郎：《契の研究》，株式会社大雅堂1945年版。

民间契约留影

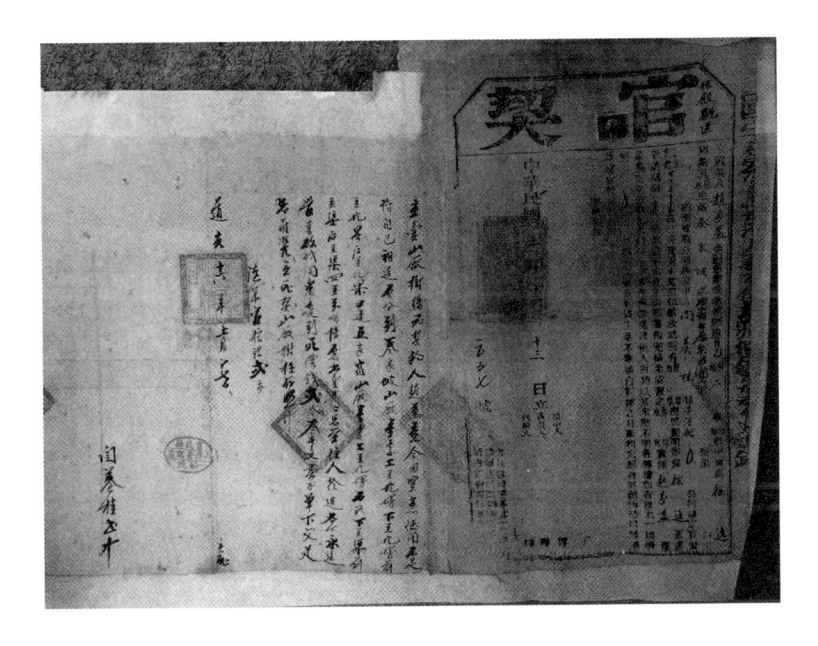

道光十一年（1831）立卖山场树株契
(清华大学中国经济史研究中心李光明特藏，未编号)

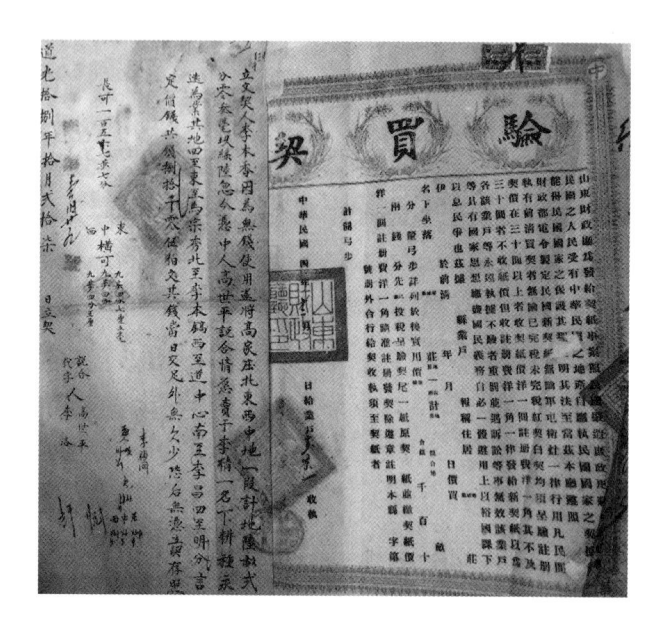

民间契约

道光十八年（1838）立卖地文契
（清华大学中国经济史研究中心李光明特藏，未编号）

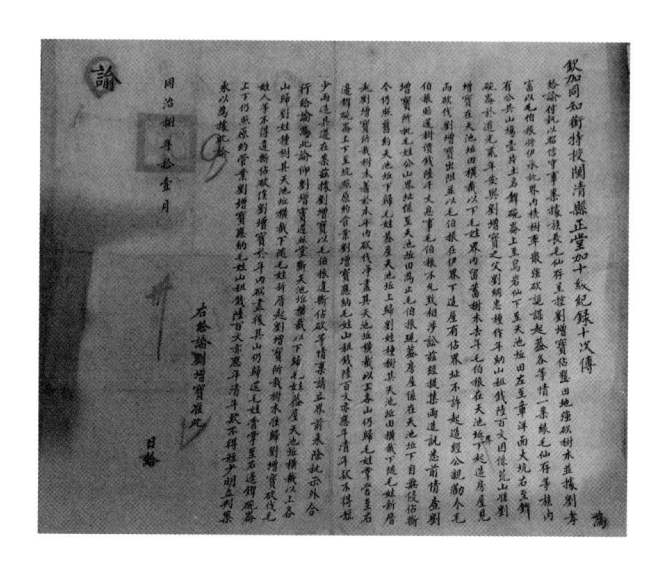

同治八年（1869）福建闽清县谕示
（清华大学中国经济史研究中心李光明特藏，未编号）

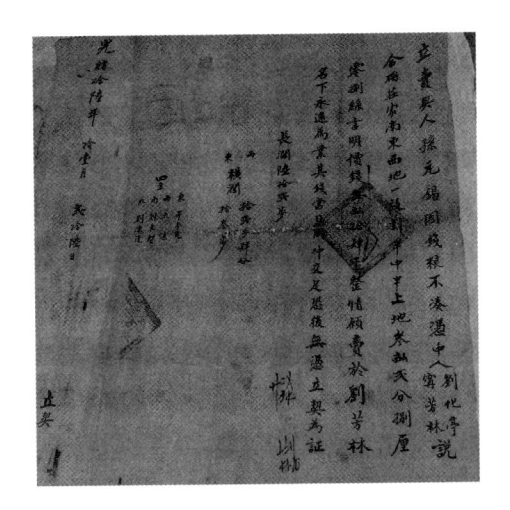

光绪十六年（1890）山东乐陵县卖契
（清华大学中国经济史研究中心李光明特藏，未编号）

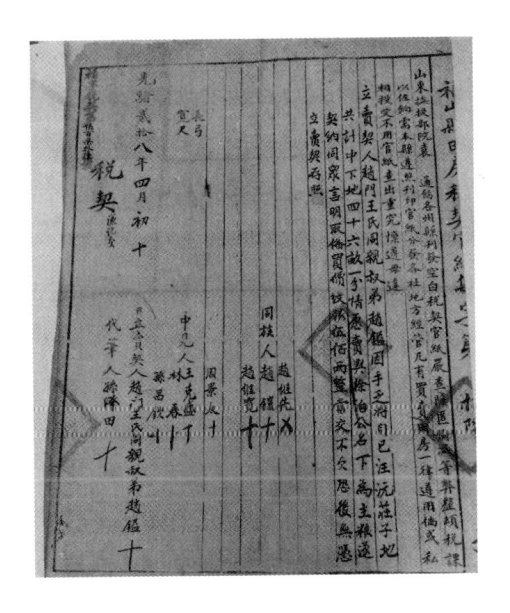

光绪二十八年（1902）山东福山县税契
（清华大学中国经济史研究中心李光明特藏，未编号）

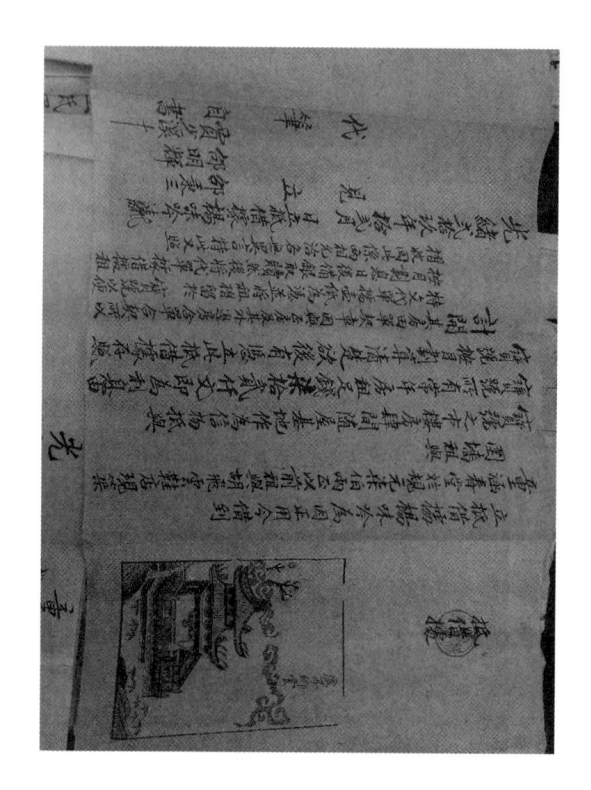

光绪二十九年（1903）上海童涵春堂抵借据
（清华大学中国经济史研究中心李光明特藏，未编号）

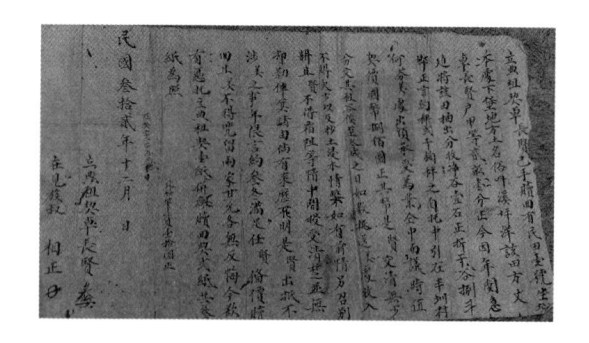

民国三十二年（1943）立典租契
（清华大学中国经济史研究中心李光明特藏，未编号）

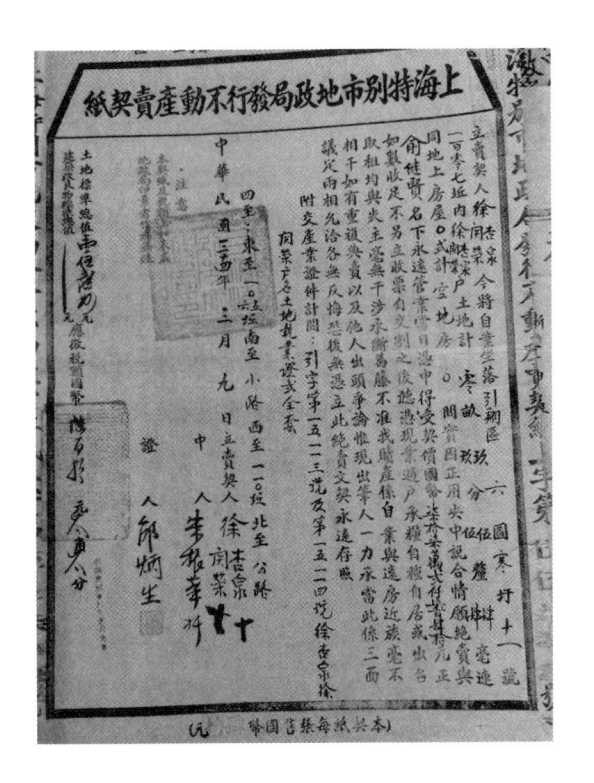

民国三十四年（1945）上海市土地卖契
（清华大学中国经济史研究中心李光明特藏，未编号）